立国根本，在乎教育。教育根本，实在教科书。教育不革命，国基终无由巩固。教科书不革命，教育目的终不能达也。

——《中华书局宣言书》

中华书局与近代文化

周其厚　著

中 华 书 局

图书在版编目(CIP)数据

中华书局与近代文化/周其厚著. – 北京:中华书局,
2007.4
ISBN 978 – 7 – 101 – 05598 – 6

Ⅰ.中… Ⅱ.周… Ⅲ.中华书局 – 文化史 – 近代
Ⅳ.G239.22

中国版本图书馆 CIP 数据核字(2007)第 039346 号

书　　名	中华书局与近代文化	
著　　者	周其厚	
责任编辑	俞国林	
出版发行	中华书局	
	(北京市丰台区太平桥西里38号　100073)	
	http://www.zhbc.com.cn	
	E – mail:zhbc@ zhbc.com.cn	
印　　刷	北京瑞古冠中印刷厂	
版　　次	2007 年 5 月北京第 1 版	
	2007 年 5 月北京第 1 次印刷	
规　　格	开本/700×1000 毫米　1/16	
	印张 16　插页 16　字数 220 千字	
印　　数	1 – 3000 册	
国际书号	ISBN 978 – 7 – 101 – 05598 – 6	
定　　价	36.00 元	

中华书局创始人陆费逵先生

中华书局上海总厂大楼

香港分厂

中华书局分局图

编辑所

总办事处

雕刻部

排字科

物理化学仪器制造部

标本模型制造部

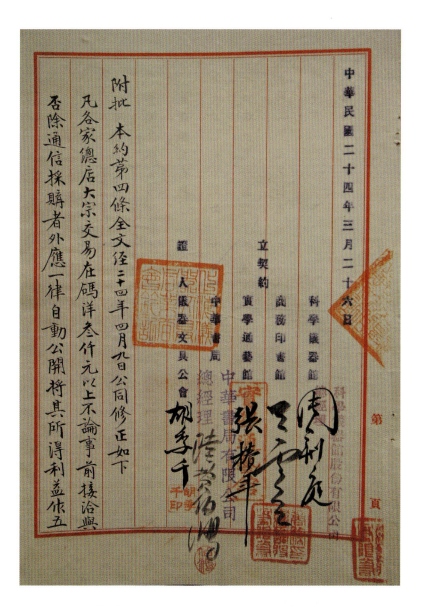

中華民國二十四年三月二十六日 第　頁

立契約

科學儀器館
商務印書館
實學通藝館

證 中華書局
人 總經理 陸費伯鴻
中華書局股份有限公司

文具公會
胡季千
張楨年

附批 本約第四條全文徑二十四年四月九日公同修正如下

凡各家總店大宗交易在碼洋叄仟元以上不論事前接洽與

否除通信採購者外應一律自動公開將其所得利益作五

中华书局与科学仪器馆、商务印书馆、
实学通艺馆就销售仪器文具所定之契约

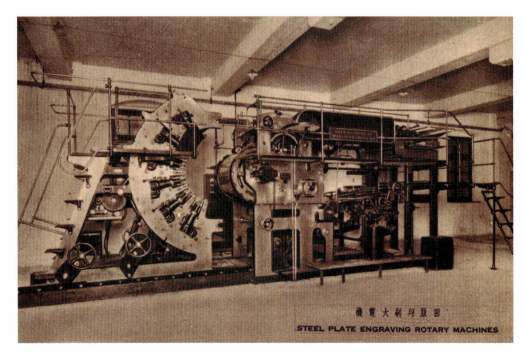

凹版印刷大电机

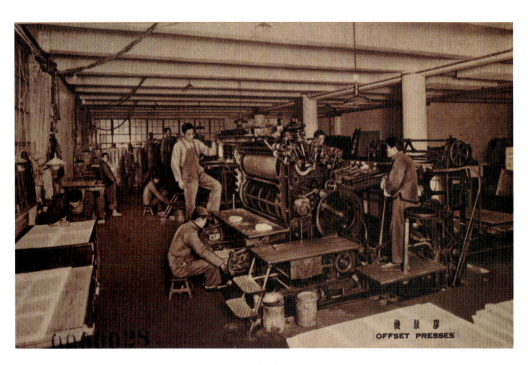

胶版机

卷筒印书机

图书装订

中华书局所承印中央银行之纸币

中华书局所承印广西银行之纸币

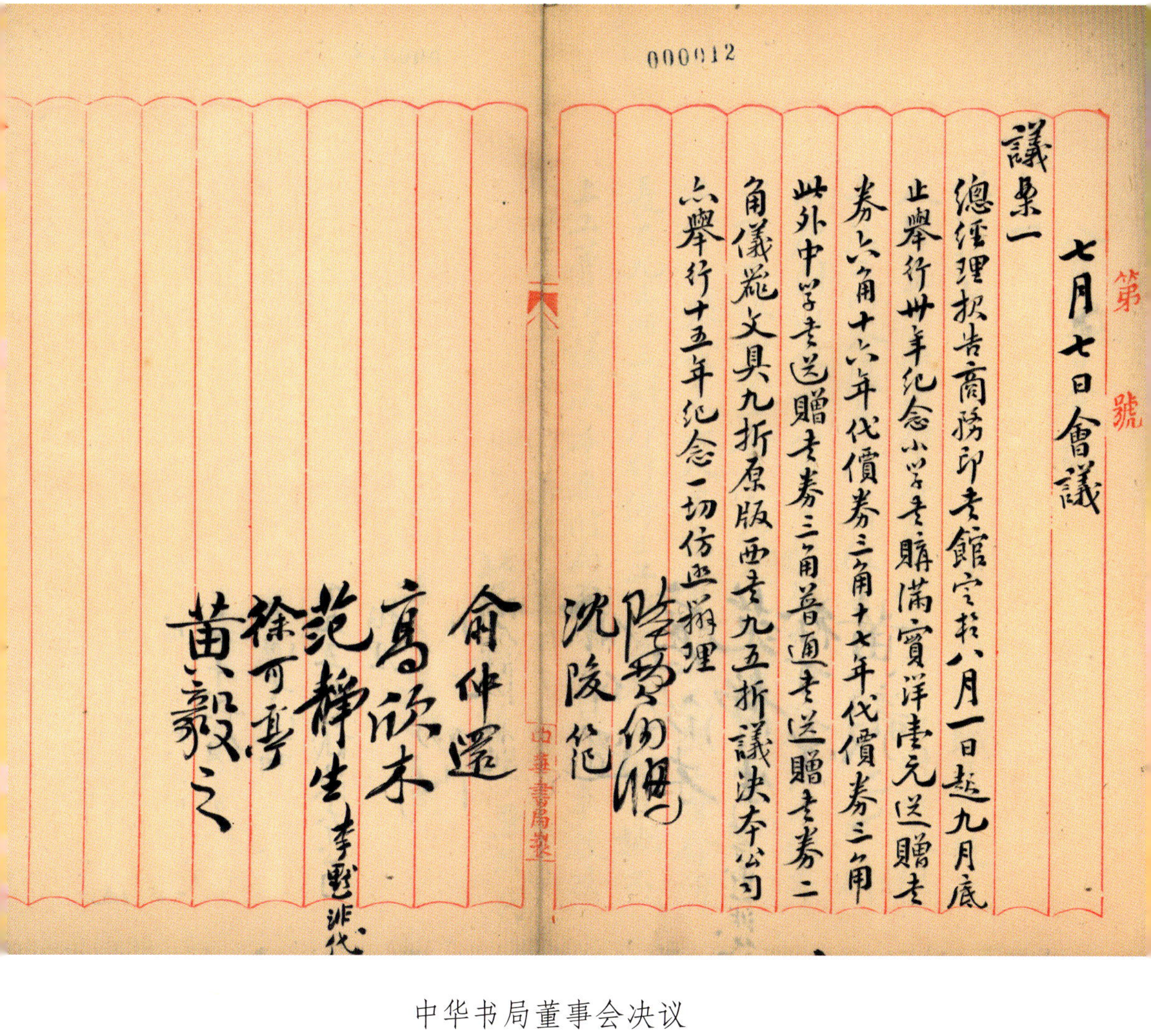

七月七日會議

議案一

總經理擬告商務印書館定於八月一日起九月底
止舉行卅年紀念小學教科書購滿實洋壹元送贈
券六角十六年代價券三角十七年代價券三角
此外中學書送贈券三角普通書送贈券二
角儀器文具九折原版西書九五折議決本公司
六舉行十五年紀念一切仿此辦理

陸費伯鴻

沈陵龍

俞仲還

高欣木

范靜生 李璧非代

徐可亭

黃毅之

中华书局董事会决议

中华书局教科书

四部备要

古今图书集成

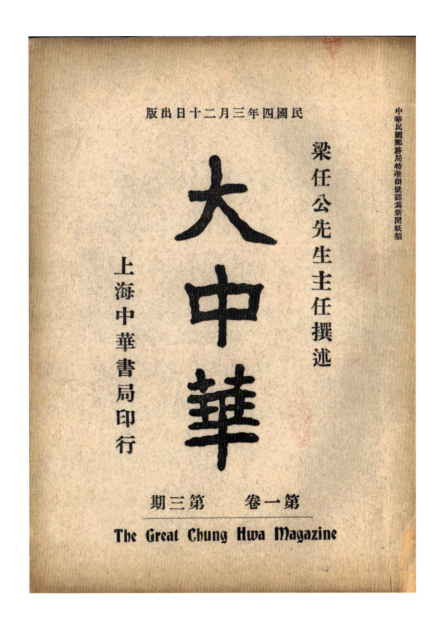

民國四年三月二十日出版

梁任公先生主任撰述

上海中華書局印行

中華民國郵務局特准掛號認爲新聞紙類

大中華

第一卷　第三期

The Great Chung Hwa Magazine

　　陆费逵《大中华宣言书》:"《大中华》之目的有三:一曰养成世界智识,二曰增进国民人格,三曰研究事理真相,以为朝野上下之南针。"

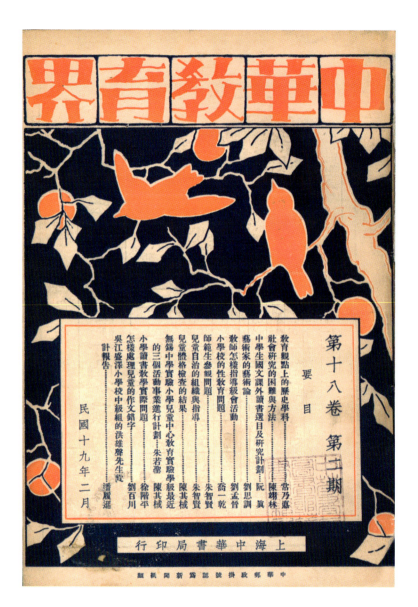

中華教育界

第十八卷 第二期

要目

民國十九年二月

上海中華書局印行

中華郵政掛號認爲新聞紙類

中华教育界

中華婦女界

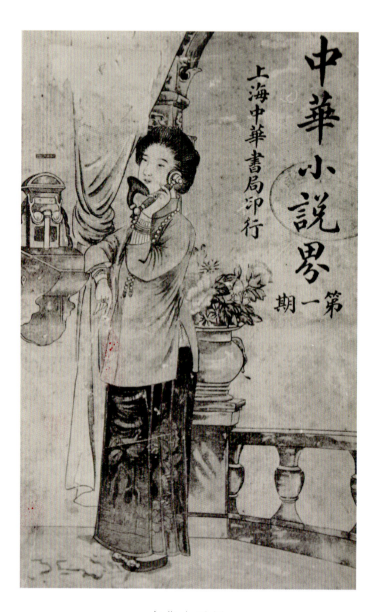

中华小说界

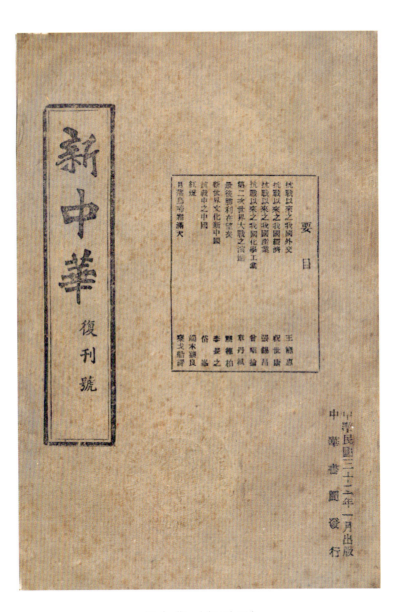

新中華 復刊號

中華民國三十二年一月出版
中華書局發行

新中华（复刊号）

小朋友

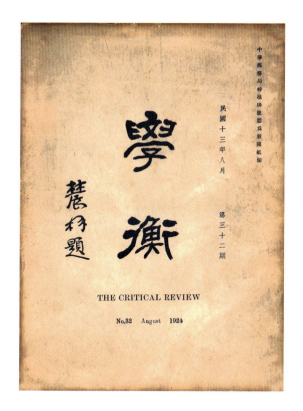

学衡

留美学生季报

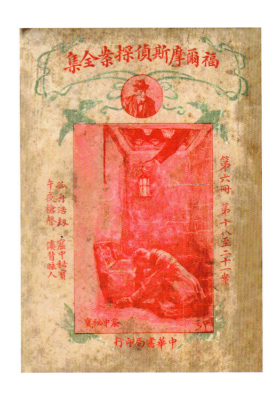

《福尔摩斯侦探案全集》　周瘦鹃译

《结婚集》　梁实秋译

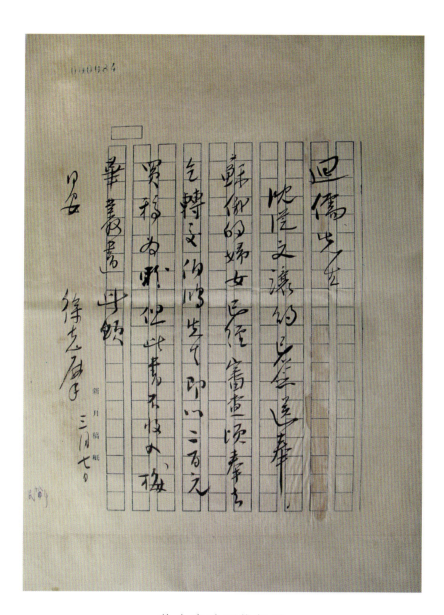

迎儒先生

沈从文嘱的已遵送奉

辟雍的妇女已经篇画顷奉去

乞转交伯鸿先生印以二百元

买稿为酬但此书不收如、梅

华蓥书　毋纸

足下　徐志摩　三月七日

徐志摩致万维超函

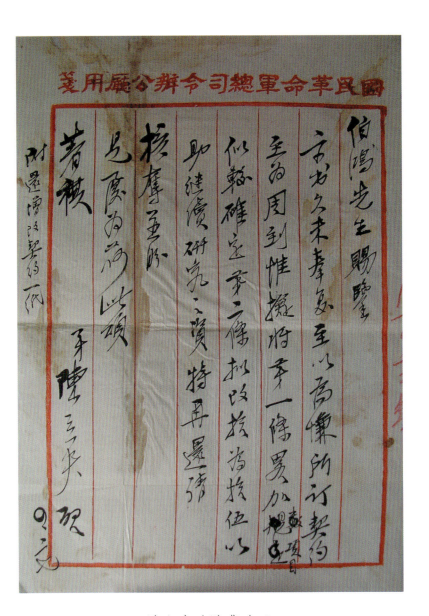

伯鴻先生賜鑒

　　頃書久未奉復至以為歉所訂契約

至為周到惟擬將第一條略加增益〔數項目〕

至為周到惟擬將第一條略加增益

似較確定第二條擬改核為核伍以

助建設研究之實特再達謝

核權至於

足履為荷此頌

著祺

　　　　　　弟陳立夫頓首

附還濱改契約一紙

陈立夫致陆费逵函

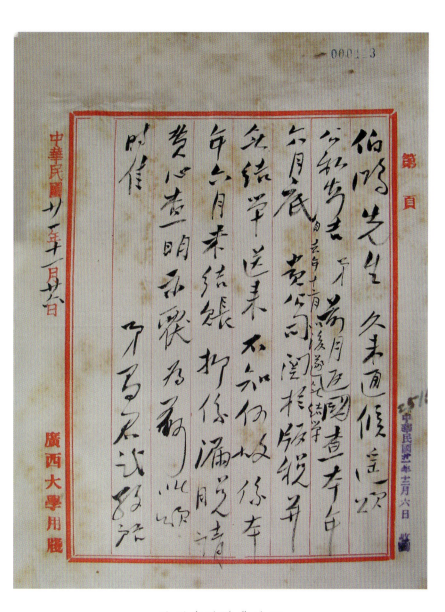

伯鳴先生　久未通候　遠

念私衷　前月返國查本年

六月底　黃公同閱於版稅并

名結算　送來不知何故停本

年六月未結賬　打係漏脱　請

費心查一明示覆為荷　此頌

時綏

马君武致陆费逵函

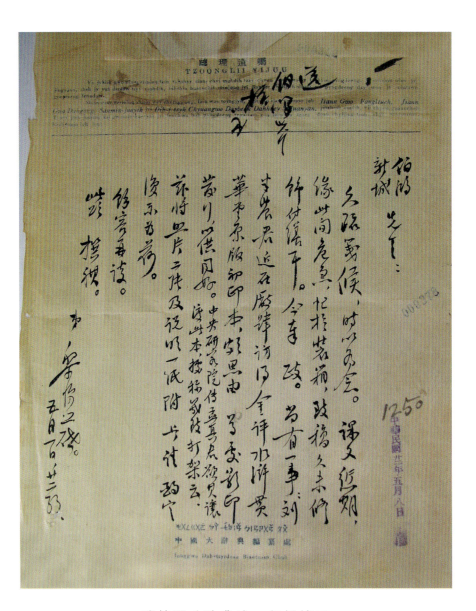

黎锦熙致陆费逵、舒新城函

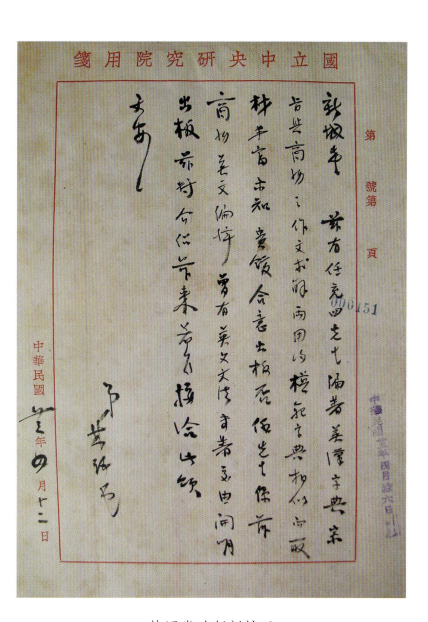

新城兄 蘇方任克四先生編著英漢字典系

告其高物之作文書的兩用的模範之典权应采取

林平官未知費饋合意出拍卖伍先生保存

商物其文編譯 曾有英文文憑書著之由問明

出版示付令仁弟來著之檢冷此領

語堂

中華民國 廿三年 四月十二日

林语堂致舒新城函

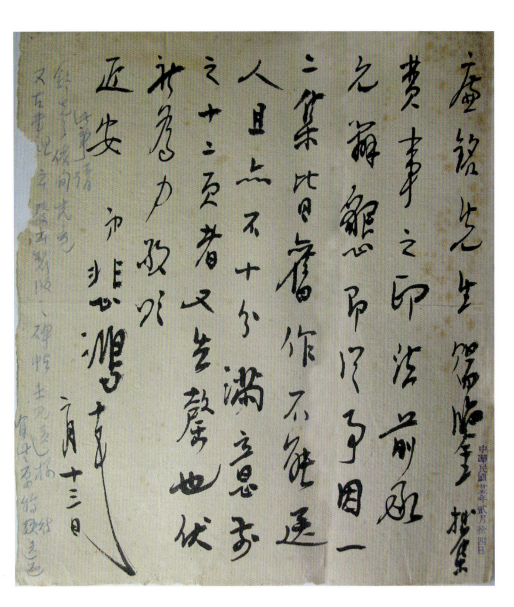

徐悲鸿致吴廉铭函

目　录

序

中华书局创办于1912年元旦,至今历95年。在将近一个世纪的时间里,中华书局对中国文化教育事业的发展做出了很大的贡献。

我知道中华书局的名字,是在上世纪三十年代上小学的时候。当时学校使用的教材和课外读物中,就有中华书局出版的。后来,上中学、大学,阅读中华书局出版的书籍也增多了。

新中国成立后的五十多年来,中华书局出版了一大批中国近代的文集、笔记、日记、档案等。这对于中国近代史、文化史等的研究和教学帮助甚大。就我个人而言,不论研究或教学,都离不开这些书籍。

上世纪五十年代后期,我不仅是中华书局的读者,同时也是作者。我任教的北京师范大学历史系中国近代史教研组,因为学生学习中国近代史这门课程时阅读史料的需要,决定编辑一部自1840年鸦片战争至1919年五四运动前较系统的参考资料。在编选工作进行中,我与当时中华书局近代史组负责人李侃、编辑刘德麟同志联系,他们很感兴趣,给予支持。这部《中国近代史参考资料》是按历史顺序分编出版,第一编分两册,1840年至1842年为第一册,1843年至1864年为第二册,于1960年出版。当第二编的资料还在选编时,1962年中宣部召开文科教材会议,会上除定下编教材外,还要编参考资料。《中国通史参考资料》由翦伯赞、郑天挺两位教授任主编,我负责近代部分,上下两册。由于承担了这项新的任务,原来那部参考资料没有继续编选;在邵循正教授的指导下,经教研组老师们的共同努力,《中国通史参考资料》终于按期完成,由郑老审定后,中华书局于1965年出版。1980年,中华书局又出版了此书的修订本。

除教学参考资料外,中华书局还出版了我参与编撰的《中国近代史》教材。1975年,李侃、李时岳同志和我在哈尔滨参加学术讨论会,其间我们酝酿为大学历史系编写一部中国近代史教材。会后,经过策划,编写教材的工作就启动了。山东大学、山东师范学院、中央民族学院、吉林大学、北京师范大学等校历史系多位教师参加了教材的编写。1977年,中华书局出版了初版。此后,经过三次修订,至 1994 年出第四版。到现在已印了近 30 次,约 130 万册。这部教材,对高校历史系教学和广大读者起了良好作用,荣获国家优秀教材一等奖。此外,我主编的《中国近代文化概论》,也于 1997 年由中华书局出版。2002 年,该书经过专家评审,被教育部研究生工作办公室列为研究生教学用书。

作为中华书局的作者,对于中华书局尤其是近代史编辑室编辑们的工作态度和作风,有了直接的了解和深切的感受。担任我主持或参与编写的书稿的责任编辑如刘德麟、陈铮同志等,对书稿的审读都十分认真,发现问题(包括标点符号),就在书稿边上写了意见,或贴上小纸条,有的页上几乎写满了。这种敬业的精神,认真负责的态度,令人感佩。在书稿修订的往返过程中,在与编辑的不断接触中,我和原总编李侃、现总编李岩、编审刘德麟、陈铮同志等结下了深厚的友谊。

周其厚同志在北京师范大学历史系攻读中国近现代史博士学位时,跟我谈了他对学位论文选题的想法。他觉得中华书局和商务印书馆是民国期间很有影响的两家出版社,关于商务印书馆,已有几种研究著作出版,而对中华书局的研究则相对薄弱,打算以之作为学位论文的题目,加以研究。我赞成他的选题计划,并建议他去请教当时任中华书局副总编的李岩同志。李岩同志不仅支持他的选题,而且给予具体帮助和指导,向他介绍了中华书局的历史情况,为他的研究提供了资料的方便,使得周其厚同志较为顺利地完成了他的学位论文《中华书局与近代文化》。这篇学位论文答辩通过后,周其厚同志又对它作了必要的修改。在中华书局将为其出版时,我回忆了一点往事,以为之序。

龚书铎

2006 年 11 月

引　言

出版物是人类文明得以延续的重要物质载体。毫无疑问,出版界与一个国家的文化发展有着密切的关系。近代以来,西力东侵,中西碰撞,中国社会处于动荡与转型之中。期间,以民营出版为主体的近代出版业在中西文化冲突、会通和融合中扮演了不可或缺的角色,从而承担起建构与发展近代新文化的重要使命。1912 年 1 月 1 日,随着清王朝丧钟的敲响,中华民国在南京宣告成立。就在同一天,我国民营出版业的又一支生力军——中华书局亦诞生于上海。自此,它与民国时期的政治、文化和教育事业结下了不解之缘。中华书局成立伊始,就鲜明地亮出了自己的旗帜:培养共和国国民;采取人道主义、政治主义、军国民主义;注重实际教育;融和国粹欧化。为了实现这一宗旨,中华书局以出版书刊积极参与社会,成为介绍和传播近代思想文化的重镇之一,在中国近代化的行程中写下了光辉篇章。

中华书局与近代教育的发展休戚相关,可以说,它身兼出版与教育的双重功能。以陆费逵先生为代表的创业者们,长期服务于出版事业,深知出版与教育、出版与社会发展的关系。中华书局以编撰"中华教科书"起家,不仅开有史以来中国教科书的新纪元,而且也是推翻帝制、建立共和后的第一套教科书。此后,教科书成为其经营书业的重要业务,各种名目的教科书不断出版发行。那时,很多人在中、小学时代,从中华书局出版的各科教科书中,获得了基础文化知识。直到今天,他们念及于此,仍饱含深情,感谢中华书局教科书对自己的滋润。著名史学家邓广铭先生谈到上小学时使用的中华书局编印的课本说:"这些教科书使我的耳目一新,扩展了我的视野,也开拓了我的思路。"涉及国语、外文、修身、心理、社会、自然等为数众多、门类齐全的教科书,不仅适应了民国新式教育的需要,而且对于当时的学科建设也做出了很大贡献。中华书局发行教育杂志,出版教育丛书,建立函授学校,承办国语专修学校,提倡国语运动、平民教育、实利教育等,对当时的教育方针、现状和未来的发展趋势,做了有益的探索,对新式思潮的确立起了积极的推动作用。

中华书局出版了多种工具书,既有综合性的《中华大字典》《辞海》,又有专业性的《外交大辞典》、《经济学大辞典》、《中外地名辞典》等。其中,《中华大字典》历时数年,于1915年出版,它以《康熙字典》为蓝本,在修正其错误的基础上多有改进,尤其在举例、释义、音韵诸方面成绩突出。《辞海》的编纂,中华书局更是投入了大量的人力、物力和财力。期间数易主编,编写者凡百余人,内容涉及到科学文化知识的各个领域,是一部名副其实的百科辞典,被今人誉为"现代辞书编纂的最突出成就","在中国辞书编纂史上具有开创性的意义"。工具书的编辑和出版,反映了一个国家文明成果的浓厚积淀,并在开阔人们视野、传播思想文化方面,产生了重要而深远的影响。

中华书局传播西方文化、承继传统文明,在民国初年的社会思潮、五四新文化运动和三十年代的文化建设中,抓住机遇,出版了大量有关自然科学和社会科学的译作、专著。其中有《民约论》、《唯物史观解说》、《达尔文物种原始》、《学理管理法》和莎士比亚、托尔斯泰、巴尔扎克、莫泊桑、肖伯纳等人的名著。同时,中华书局为整理国故运动的兴起和发展推波助澜,影印出版了一批国学巨著,如《四部备要》、《古今图书集成》、《二十四史辑要》等,规模宏大,惠泽学林,深受学术界的欢迎,堪称世纪文化工程。

"风乍起,吹皱一池春水"。中华书局的崛起,不仅壮大了民营出版业的力量,而且改变了清末以来出版业的格局,使独占鳌头地位的商务印书馆感到不小的压力。双方在教科书出版、著作印行、古籍整理和创办刊物等方面展开了激烈的竞争,并在竞争中不断推陈出新。总起来说,这种竞争在促进它们各自发展的同时,也带动了其他出版机构的革新,如强调精品、注重形象、多出书、出好书等,从而使整个出版业出现了欣欣向荣的局面,也有力地推动了学术思想界的繁荣。民国年间各种学说、思想的引进,各种学派、主义的论争,知识界异常活跃的文化气氛,无不体现着包括中华书局在内的诸多出版机构的努力。

中华书局在发展过程中几经风雨,历尽磨难,走过了一段不平坦的道路。其中有初创艰难、"民六危机"、同业竞争、社会动荡、天旱水灾、国内战争、日本侵华等,但中华书局终于挺过来了,并最终成长为近代中国两大出版机构之一。据不完全统计,从1912年至1949年,中华书局出版各类图书5700种以上,先后编辑出版的期刊杂志达20余种;从初创时的2.5万元资金,至1937年鼎盛时资本达400万元;在各地设立分局40多处,并在印刷技术设备方面号称远东第一。中华书局的卓越成就,在于中华人将营业与发展文化、教育事业很好地结合在一起。中华书局编辑群体学者荟萃,名家众多,如陆费逵、戴克敦、张相、吕思勉、梁启超、张闻天、范源廉、田汉、左舜生、舒新城、钱歌川等人;中华书局的作者、译者当中不乏文化名人,如蔡元培、叶圣陶、李达、马君武、李劼人、郁达夫、巴金等人。他们以教育大众,开启民智为己任,使得中华书局超出了仅仅为图谋利益而为的单纯的企业本身,而更成为一个文化学术组织。其创办人陆费逵先生多次强调,出一部有价值的书籍供献于社会,则社会上读过此书的人们,在无形中受益匪浅;反之,如提供以诲淫诲盗的书籍,则其比提刀杀人还要厉害。"我们希望国家社会进步,不能不希望教育进步;我们希望教育进步,不能不希望书业进步。我书业虽然是较小的行业,但是与国家社会的关系,却比任何行业大些"(陆费逵:《书业商二十周年纪念册·序》)。正是具有这样一种社会责任感,才使得他们采取了于营业之中,发展教育及文化,于发展教育文化之中,维持营业。也就是说,采取发展教育文化与维持公司生存兼顾的方针。

中华书局与民国一起诞生,数年间成长为一家有影响的大出版机构,几经沉浮,立足书业,并涉及到文化领域的诸多层面。然而,长期以来,对于中华书局在近代文化上的贡献,没有得到人们应有的关注和评价。只是在改革开放以后,随着中国近代出版史、文化史和教育史研究的深入,才出现了一批有代表性的成果。学术界对它的发展状况、对近代文化的促进作用,以及相关的人和事进行了梳理,提供了一些有价值的史料,并提出了有见地的观点。这些学术研究,或从整体上概述中华书局近代期间,筹划有道、经营有方,如重视印刷,重视发行,重视推广,重视人才,重视商业利益但不惟利是图,重视经营一体化的发展;或只从某个方面论述中华书局的成就,如创立、出版概貌、《大中华》、《新中华》、《中华教育界》、《小朋友》等。在纪念中华书局成立七十周年的时候,曾在中华书局工作多年的一些老职工,以及与之关系密切的一些老先生,撰写了一些回忆性的文章,中华书局将其编印成册,即《回忆中华书局》(上、下编)。其中上编所收二十四篇文章,从各个侧面讲述了中华书局自 1912 年成立至 1949 年的有关情况。2001 年,中华书局应书局同仁的要求,学界的呼吁,将该书上、下编合为一册再版。这些回忆性的文章,饱含着人们对书局的人和事之深深的情意,为我们了解解放前中华书局的历史提供了宝贵的史料。另外,上海市新闻出版局、中华书局总厂职工运动史编写组编著的《中华书局总厂职工运动史》一书,中共中央党校出版社 1991 年出版,介绍了书局职工参加革命运动和对敌斗争的事迹。

与此同时,作为一代出版家,中华书局的创办人和当家者陆费逵先生,服务我国书业三十多年,对我国近代出版事业、文化教育的发展做出了重要贡献。他的奋斗生涯与中华书局的命运休戚相关,学术界一向给予较多的关注。研究的重点,首先集中在陆费逵先生的教育思想,如对民国学制的贡献、探讨教育方针、教学改革、教育行政、课程制度、提倡简俗字、职业教育和女子教育等。的确,陆费逵先生虽然没有接受过正规的学校教育,但他自学成才,曾主编商务印书馆的《教育杂志》,创办中华书局的《中华教育界》等教育类刊物,对于教育与国家兴衰存亡的关系有过大量的阐述。对此,学术界给予了充分的肯定。其次,对于陆费逵先生的出版思想、活动,也多有论述,如陆费逵创办中华书局之艰辛历程,策划出版,对我国近现代出版事业起过重要的积极作用。尤其是具有实业家的修养、先进的领导能力、预见的眼光、学人的素养、商人的精明、出版家的执着,出版中外书籍、关注印刷技术,以及对近代出版业的开拓和经营管理等方面,学术界并没有忽视。陆费逵先生的事业在中华书局,中华书局的成就离不开陆费逵先生的艰苦奋斗,陆费逵先生在我国近代出版事业的地位之确立得力于此。再次,陆费逵先生作为一位自学成长的教育家和出版家,其早年苦学,创办书局,团结同人,果敢决断,救世情怀,亦儒亦商。他不平凡的一生,也受到学术界的重视,因而不少学者对此进行简要叙述。值得提出的是,2002 年 1 月,由王益倡议、出版工作者俞筱尧和刘彦捷主编的《陆费逵与中华书局》一书问世,书中“怀念与研究”栏目中,收入 24 篇有关陆费逵先生和中华书局的学术论文,反映了学术界最新研究成果。

作为近代第二大民营书业的出版者,中华书局具有以传播文化香火为使命的文化自觉,影响着社会生活的诸多方面。应当说,学术界对它的评价是中肯的,实事求是的。中华书局是辛亥革命的产物,一开始就积极投入到近代中国文化建设中去,以高品位、高质量的图书刊物奉献给广大读者,享有很高的声誉,对我国文化事业做出了不可磨灭的贡献。

不难发现,上述学术界对陆费逵先生和中华书局的研究,在一定程度上丰富了中国近代出版史和文化史的内容。同时,也为继续深化这一课题的探讨奠定了良好的基础。但毋庸讳言,学术界对中华书局的研究所存在的不足之处还是较为明显的。一是以人物为研究对象时较为单一,主要集中在创办者陆费逵先生一人身上。而对其他于书局贡献颇大的学者文人则鲜有论及,不能不说是一大缺憾。再者,对陆费逵先生的研究也大多仅限于某一个侧面,且叙事性和回忆性的成份占了相当的比例,而针对他的文化观与出版理念之间的关系,以及出版素质的考察则较为少见。二是在近代社会剧烈的转型时期,就整个中华书局的创立和发展历程,它的出版物与近代思想文化的关系尚缺乏系统的、深入细致的研究。中华书局是在什么背景下出版宏篇巨著的? 其出版物又是如何适应近代中国风云变幻、跌宕起伏的社会政治和文化思潮的? 没有对这些问题的把握,则很难理解中华书局,乃至整个民营出版业,与近代社会、文化演变的相互关系,更遑论其在文化教育史上的地位和作用。

就整个近代出版业对近代文化思想和教育事业的贡献来讲,除商务印书馆外,非中华书局莫属,两大书业犹如两颗耀眼的明星,共同谱写了中国近代精神产品的乐章。以致有学者指出,如果没有商务、中华等为代表的出版社,那么,中国现代文化史将要改写。关于商务印书馆在近代文化史上的地位和影响,已有大量的论文和专著出版①,而对于同样做出重大贡献的中华书局及其与近代文化的互动关系的研究,则显得相对冷清得多,至今未曾见有专门的学术著作问世,这与它在近代社会文化发展进程中所处的地位是不相称的。

“出版是通过一定的物质载体,将著作制成各种形式的出版物,以传播科学文化、信息和进行思想交流的一种社会活动。出版物凝结着人类的思想和智慧,集聚了科学技术的发明创造和实践活动的经验与成果,反映了社会生活的各个侧面。”(许力以:《出版和出版学》)因此,无论如何,对出版业来说,出版不仅是一种生产商品的产业,而更是一种积累和传播人类文明的社会活动,它通过生产特殊的商品——出版物来影响社会,并推动社会的发展。一个时代的出版物又是它所处的社会文化的聚焦点,中国近代文化主要是靠出版的图书报刊等保留下来的,以中华书局为代表的近代民营出版业,为中西文化的交流和传播做出了重要的贡献,至今令我们难以忘怀。中国近代出版史是中国近代文化史的一部分,而且是很重要的一部分。研究中华书局的文化出版理念和活动,它的出版物对近代中国社会思想文化的影响,会推动中国近代文化史研究的进一步

---

① 代表性的专著有:汪家熔的《商务印书馆馆史及其他》,中国书籍出版社 1998 年;吴湘的《从印刷作坊到出版重镇》,广西教育出版社 1999 年;[法]戴仁的《商务印书馆(1897—1949)》,商务印书馆 2000 年;杨扬的《商务印书馆:民间出版业的兴衰》,上海教育出版社 2000 年;王建辉的《文化的商务——王云五专题研究》,商务印书馆 2000 年;李家驹的《商务印书馆与近代知识文化的传播》,商务印书馆 2005 年。同时,对商务印书馆代表人物张元济的研究成果,更是随处可见。

深入。

笔者在研究中华书局时,并非就事论事,而是将其放在近代社会剧变和文化发展这个大背景下,围绕着政治变革、教育转型、中西文化冲突和交流、社会思潮的变迁等诸问题,以深入探究中华书局与近代文化思潮的辩证关系。同时,试图以下列问题为主线,力争对近代文化史上的中华书局有一个明晰的认识:1. 中华书局是在一种什么样的政治、文化背景下诞生的? 它又是如何融入到当时的教育与文化发展中的? 2. 中华书局与近代教育的关系? 它在教科书、工具书、教育丛书和新式教育思潮的形成中作用如何? 3. 中华书局在中西文化的介绍和传播中有哪些作为? 在促进近代文化形成和发展中地位究竟如何? 4. 中华书局与近代学术的关系? 对推动近代学术的发展贡献如何? 等等。

本书所指的近代,是指 1840 年鸦片战争至 1949 年新中国成立的这段时间。具体到中华书局,则是指 1912 年到 1949 年。本书所指的文化是从观念形态上来理解的、与政治和经济相对应的狭义文化。笔者的目的在于,以中华书局作为切入点,从社会文化的视角来理解近代出版业兴起后,对近代文化的发展和创造所产生的影响。打破单纯从出版角度来研究出版业的局限性,或许能够促使人们对近代文化问题的再思考。

第一章　中华书局的创立与发展

　　历史上任何一项发生重要影响的事业,都是一定社会环境下的产物。酝酿于清末、诞生于民元、发展于民国时期的中华书局,成为近代仅次于商务印书馆的第二大民营出版业,正是由于近代社会变革和文化变迁的大环境,为它的产生和成长造就了必要的时空条件。

　　鸦片战争以后,随着中西文化冲突和交流,西方传教士因传教而兴办出版业,以及清末新旧思潮的激荡,从而诱因了近代民营出版业的崛起。1912年民国建立,政体的变更带来文化教育的变革。这种状况,为近代出版家陆费逵创办中华书局、立足民国书业提供了良好的机遇。

第一节　中华书局的创立

一、近代民营出版业的兴起

　　鸦片战争的炮火洞开了清王朝长期闭锁的大门,中国被迫纳入世界资本主义发展体系之内,由此,拉开了近代中西文化冲突和交流的序幕。担负着沟通两种异质文化的近代出版业,也应运而生。

　　最先承担起中西文化交流媒介的是西方传教士。他们以不平等条约为护身符,梯航东来,传教布道,并在十九世纪六十年代以后达到高潮。值得注意的是,传教士为了扩大教会的影响,也在不断调整着传教策略。其中,通过办报纸、出书籍、办学校、设医院等手段,进行了一系列的西方文化渗透。可以说,他们不自觉地充当了西学东渐的最初媒介。与从事文化事业密切相关的近代出版机构,也是由西方传教士创办的。以欧式活字印刷技术印行的第一部中文书籍是《新旧约中文圣经》,这是英国传教士马礼逊创办的英华书院在1819年出版的。但由于清政府的禁教政策,教会中文出版机构还只是处于萌芽状态。鸦片战争以后,这种局面随之渐为改观。纷纷涌入中国大陆的外国传教士开始活跃于通商口岸,并以这些较为开放的沿海、沿江城市为桥头堡,向广大内地进行宗教辐射。但是,面对地域广阔、人口众多的中国,单凭传教士们深入民间进行演讲,收效甚微。何况,由于长期的闭关锁国,中国社会对外国人形成了一种天然的敌视心理。儒家文化也是一道坚厚的阻挡屏障,社会上层的士大夫阶层自不必说,即使社会下层的弱势群体也不感兴趣,他们当中的少数人入教大都为生计所迫,这令满怀宗教热忱的传教士苦恼万分。

　　不久,西方传教士开始觉察到,开创传教新局面的重要工具是建立出版机构,以出版书籍、印刷报纸、发行杂志作为征服中国人思想的手段。美国传教士玛卡雷·布朗的表白,就明确地反映了他们的这种心理。他说:"单纯的传教工作是不会有多大进展的……我们还有一个办法,一个更迅速的办法,这就是出版书报的办法。"(广学会编:《没有更迅速的道路》)在他们看来,通过出版物可以最大限度地影响中国人的思想观念,"别的方法可以使成千的人改变头脑,而文字宣传则可以使成百万的人改变头脑"(顾长声:《从马礼逊到司徒雷登》)。因此,介绍福音知识的最好手段,必定要利用出版物,就是印好的传单和书籍。然而,一个突出的问题是,"理论在一个国家的实现程度,决定于理论满足于这个国家的需要程度"。文化传播是一种双向的活动,它不仅仅靠传播者的努力,更要考虑接受者的状态。"对于没有音乐的耳朵说来,最美的音乐也是毫无意义的。"传教士对中国的强行宗教渗透,同样遇到了这样的困境。经过一番调查研究,他们认识到中国士大夫阶层在社会中的影响力,"很早以来,中国人最大的特征就是注重学问以及他们对之所树立的荣誉。他们的英雄人物不是武士,甚至也不是政治家,而是学者。……这般士大夫们充斥帝国各地而且受高度的尊敬,事实上他们乃是这个帝国的真正灵魂,并实际地统治着中国"。就是说,有地位有学问的人怎么说、怎么信,一般的人们往往跟着怎么说、怎么信。既然如此,那么"要影响整个中国,就必须从他们下手:只有当我们愈是博得士大夫的尊敬,我们在中国的事业才愈能顺利进行"(顾长声:《传教士与近代中国》)。下一步的工作,就是靠出版,靠坚持不懈地宣传。与此同时,伴随着西力东侵的强劲,中西之间的差距令士大夫阶层中的不少人感觉到,中国已面临着"数千年来未有之强敌"和"数千年来未有之变局"。他们关心时事,倡导经世致用,提出学习西方,以其所长而为我所用。这是中国主动迈出脚步,走向世界的先声,它揭示中国近代化的发展方向。近代社会的动荡,民族危机的日益严重,学西方、译西书、变成法,逐步成为有识之士寻求救国之路的不二法门。正与明末清初意大利传教士利玛窦等人穿儒服、尊圣贤以迎合当时的士林风尚一样,进入近代中国的传教士们也了解到西学是使士人阶层容易接受,并借之以布道福音的重要工具。企图以显示西方科技的发达,向中国人表现文明西方的基督同样值得尊敬和接受。他们毫不掩饰地说:"我们的目的是教导中国的上层人士和知识阶层的男女人士,让他们知道中国的贫困可以被拯救,人类四分之一的人可以得到新生。为取代最终将使个人和国家都将毁灭的自私,我们要把基督的爱和慈悲普施于一切人。……为了实行这个宗旨,我们认为应利用中国政府和知识界中的领袖人物来发展我们的工作。""出版以启迪中国人民智力的一类书籍,把西方的学艺和科学传授给他们。"(顾长声:《从马礼逊到司徒雷登》)这样,传教士和中国部分士大夫找到了协作的契合点,这就是创办出版机构,合作翻译中外书籍。

1843年,英国传教士麦都思在上海设立墨海书馆,是为在中国大陆最早的教会出版机构。它由原设在巴达维亚(今印度尼西亚雅加达)的一家印刷所迁移而来,拥有较为先进的铅印设备,印刷机是铁制印刷车床,长约1丈多,宽约3尺,以牛牵引产生动力。时人叹为奇观,曾有诗记曰:"车翻墨海转轮圆,百种奇编宇内传。忙煞老牛浑未解,不耕禾陇耕书田。"墨海书馆当时最负盛名的译书出版机构,一大批著名的传教士如麦都思、伟烈亚力、艾约瑟、慕维廉等人,与王韬、黄胜等中国学者合作,出版了不少有关数理科技方面的著作,如《数学启蒙》、《谈天》、《重学》、《地理全志》、《几何原本》、《代微积拾级》等。1845年,美国长老会将设在澳门的一家印刷所迁至开埠通商的宁波,名为华花圣经书房。1860年,华花圣经书房搬迁到交通便利、商业繁荣的上海,并改名为美华书馆,由传教士姜别利主持。该馆印刷技术较为先进,在实践中有所创新,玛高温、郭实蜡等传教士对此馆的译作出版多有作为。但是,在近代中国出版书最多、影响最大的教会出版机构当属广学会。它于1887年由英、美传教士创办于上海,初名同文书会,1894年改为现名。由时任清政府海关总税务司的赫德任董事长,韦廉臣、李提摩太先后任总干事,其成员主要有林乐知、慕维廉、丁韪良、艾约瑟、李佳白等人。其职责是翻译、编写和出版西方的宗教读物及其他书籍。中国学者沈毓桂、蔡尔康等服务该会多年,在与外人的合作译书中做出了贡献。广学会出版著作涉及范围广泛,既有宗教、政治、法律、教育,又有实业、天文、理化、地理、博物等,同时,发行《万国公报》等多种报刊,拥有较多的读者。康有为、梁启超等维新派曾受到广学会译作的启发,倾向变法的光绪帝仅在 1898 年,就购置 89 种广学会出版的书籍。

　　包括上述三家在内,传教士在 1895 年前先后设有 18 家出版机构。其中,除印行大量的宗教书籍而外,主要出版物为医学、天文、物理学、生物学、史学、商学、数学、航海、历书、年鉴等,基本上属于自然科学范畴内。以出版机构较为集中的上海为例,据熊月之统计,1843—1860 年间,教会出版物共有 171 种,而纯粹宗教宣传品的有 138 种,占 80.7%,其他方面的科技书籍文献只有 33 种,占 19.3%(熊月之:《西学东渐与晚清社会》)。由此可以反映出,近代中西文化交流的第一个层次。

　　太平天国失败以后,清政府揭起"中体西用"的洋务旗帜,对翻译出版事业给予了相当的重视。于是官办出版机构随之而兴,最有代表性的为江南制造总局翻译馆和京师同文馆译书处。江南制造总局翻译馆设立于 1867 年,以翻译自然科学和实用技术的书籍为主,是甲午战前最重要的官办出版机构。京师同文馆自开办以来,就确立以译书为要务。1876年开始设立印书处,有印刷机 7 部,活字 4 套。其他如上海、福建、广东、天津等洋务厂局馆堂中也大都设有印书处,以选译有关西学方面的制造之书。官办出版机构,聘用一批传教士服务其内,如江南制造总局翻译馆聘请的傅兰雅、伟烈亚力、林乐知、玛高温、金楷理等人。尤其是傅兰雅在这里供职达 28 年,参与翻译西书 77 部,占该馆出版部数的 47.2%。同文馆聘用丁韪良、毕利干、德贞等人,分别译出《国际公法》、《化学指南》、《化学阐原》、《全体通论》等名著。

　　总起来说,无论是教会出版业,还是清政府官办出版机构,尽管它们对于近代中西文化交流做出最初的贡献,但它们的不足之处还是较为明显。它们的出版物内容过于局限,前者受其宗教性质决定,以宗教书籍为大宗;后者拘于"中体西用"之方针,以自然科学和实用技术为主。对鸦片战争以后的中国而言,近代化不仅仅指物质技术这个浅层次方面,更重要的还在于指社会制度,以及人们的思想意识近代化,而且是一种更为深层次的近代化。以此为标准来衡量近代出版,除了先进机器和技术设备这个必要条件而外,出版物内容更为全面、更为广泛、更为适合时代潮流应占有十分重要的地位。因为只有这样,它才能成为完全意义上的中西文化交流之载体。由此可见,教会出版和官办出版的诞生,还不足以说明中国出版业走上近代化。

　　然而,以此为契机,西方较先进的印刷机器、排版技术开始逐渐输入,为我国出版业由传统向近代过渡提供了一定的物质基础。过去,我国出版事业基本上以木刻为主,或木制活字等。当铅字排印、石版印书方法东渐而来后,引起了国内出版技术和观念的变革。郭嵩焘参观墨海书馆后,曾写道:"刷书用牛车,范钟为轮,大小八九事。书板置车箱平处,而出入以机推动之。其车前外方小轮,则机之所从发也,以皮条套之。而屋后一柱转于旁设机架。车拽之以行,则皮条自传,小轮随之以动,以激转大轮。纸片随轮递转,则全板刷印无遗矣。皮条从墙隙中拽出,安车处不见牛也。西人举动,务为巧妙如此。"(《郭嵩焘日记》)美华书馆以电镀方法创制中文字模,以取代传统的镌刻旧法,大大提高了工效。用这种方法制成的活字及铅字,有大字、中字、小字、极小字数种,凡《康熙字典》上有的字都有,字典上没有的字也有。同时,美华书馆在排字架的改革以及印刷技术上,也表现了快速和灵巧。先进出版技术的引进,引起了有识之士的关注,他们将机器印刷与文明程度联系起来,指出:"自欧洲机器印刷之学兴,世界文明生一大变革。由是观之,机器印刷之关系其重大可知矣。中国近时虽渐有用机器印刷者,然简陋者多,精美者少,未足以为组织文明之具也。夫印刷之巧拙,即代表其国文明程度之阶级。泰西诸国注意于印刷之改良,倍加郑重,故所以成之图画书籍精工无匹,而出版愈多,文明之程度愈增,国势亦因之以强。征诸日本,可为殷鉴,以较我国千百年来绝不以此经意者,其优劣悬殊,殆不可以道里计矣。"(《大陆报》,1902年)到20世纪初年,铅活字凸印、石印术、制版照相术、平版胶印、雕刻凹印、影写凹版、泥版、纸型铅版和珂罗版技术,已逐渐输入中国,这就为中国出版由传统向近代化的过渡提供了坚实的物质基础。

19世纪80年代以后,与其他民族工业直接引进机器一样,一些富商大贾购置较先进的印刷机器,在通商较早、交通便利的通商口岸建立出版机构,由此,近代民营出版业渐次兴起。

1882年,买办出身的徐润在上海创办同文书局,为内地民营出版机构设立之始。关于该书局的缘起,他在《徐愚斋自叙年谱》中说,当看到英商点石斋石印书局①,"用机器将原书摄影石上,字迹清晰,与原书无毫发爽,缩小放大,悉随人意,心窃慕之,乃集股创办同文书局,建厂购机,搜罗书籍以为样本。"同文书局投资3万两,拥有石印机12台,雇佣工人500余名。出版了不少古书史籍,如《二十四史》、《资治通鉴》、《康熙字典》等,不下数十万本。从质量上来讲,所印之书、帖,"莫不惟妙惟肖,精

---

① 在上海的南京路泥城桥堍,为中国石印书籍之开始,所印第一批获利之书为《康熙字典》,共印成4万部,不数月而售完。第二批印6万部,因科考举子争相购买,所以不数月又卖完。

美绝伦,咸推为石印之冠。"1891—1894 年,同文书局印成《古今图书集成》100 部,从此赢得声誉。1887 年,李盛铎(字木斋)出巨资,创办蜚英馆石印局,向外商定购印刷机数十架,拥有厂房数十幢。分设总帐房、总校处、绘图处、裱书处、钞书处、书格处、描字处,以及照相房、火轮印机房、印稿房、校书房、磨石处、积书处、堆纸处、装订处等,分门别类,井然有序,具备了出版业的较为健全的组织。该馆聘请专业人员,印出大部要书数种,精益求精,"驾乎诸家之上"。随后,民营书业多有兴办,如丁克明开设的怡顺淦记印务局(1887)、仇金水和胡明泰建立的同裕昌印字局(1888 年)、凌佩卿设立的鸿文书局(1888 年)、卢海灵开办的富文阁(1889 年)等。这些民营书局,有一定的规模,雇工一百或二百人,甚至更多。所用纸张,以福建产的竹纸为主。在技术上,石头和印机大多购自英国、法国,且基本上集中在上海。上海成为"最早采用铅字,也是最早采用蒸汽机印刷的地方"。同时,"石印中使用蒸汽机,已能使四五部印刷机同时开印,并且每部机器能够印出更多的页数"。每一架印刷机需要 3 个工人,1 个人在上面往滚机上安放纸张,2 个人在下面接取印成的纸张。整理印石,抄写书籍,摄影缩小,以及其他种种手续,都需要不少的人手。一方面,由于所印书籍颇有销路,发行全国各地,投资者获利较丰。另一方面,石印比木刻容易保存,大多数石印局都雇有若干书法好的人,书法精美。由此,"上海石印中国书籍正在很快地发展成为一种重要的企业"(张静庐:《中国出版史料补编》)。初期的民营石印出版业,基本上以出版旧书古籍、小说演义,以及应付科举考试的用书为主。所印各种书籍的缩本,虽称精巧简便,只是字迹过于细小,使读者劳心费神,久之则易致疲倦、头晕目眩,成为美中不足。

甲午战争以后,亡国灭种之祸迫在眉睫,刺激着人们更加深入地去思考,去探索。当时,人们痛定思痛,变法自强,废除科举,兴办学校,几乎是朝野一致的主张。在时代思潮的激荡下,人们对西学抱有前所未有的热情。梁启超以饱含深情的笔调呼吁:"国家欲自强,以多译西书为本,学者欲自立,以多读西书为功。"对西学新知的汲取,使国外译著成为社会的需求,适应形势的变化,许多新式译书局纷纷创立,如强学书局(康有为,1895 年)、学农社(罗振玉,1896 年)、大同译书局(梁启超,1897 年)、南洋公学译书院(盛宣怀,1897 年)等。这些新的出版机构,大都有明确的宗旨,但均以各种西学译书为出版大宗。如大同译书局成立伊始,就表明:"今不速译书,则所谓变法者,尽成空言,而国家不能收一法之效。"明确指出:"本局首译各国变法之事,及将变未变之际一切情形之书,以备今日取法。译学堂各种功课，以备诵读。译宪法书，以明立国之本。译章程书，以资办事之用。译商务书，以兴中国商学，挽回利权。"（张静庐：《中国出版史料补编》）虽然，随着政治形势的变化，有些书局存在的时间不长，但却反映了经营出版，印行书籍，开启民智的大势所趋。

应当指出的是，维新时期社会政治、经济的变革，以及文化交流的深入，给民营出版业所带来的最大成果，当属1897年商务印书馆的创办。这家当时并不起眼的印刷作坊，创办者夏瑞芳为上海青浦县人，1882年进入基督教长老会清心堂所设的一所教会小学读书。三年后以优异成绩升入清心堂继续学习，除学习《圣经》等宗教必修课外，也兼及算术、物理、化学、地理等科目。出于家境贫困之考虑，夏瑞芳决定学得一技之长，以便自谋生计，因而在学业结束后的不数年，先后就职于几家外国传教士所办的报馆中。他先是"至文汇报馆习英文排字"，不久又"入字林西报馆，工资所入，足以自给"，最后"入捷报馆，为排字领袖，所入益丰"。鲍咸恩、鲍咸昌兄弟为浙江宁波人，他们也入清心堂学习，并加入基督教。鲍氏兄弟毕业后，经学堂推荐而入美华书馆当学徒工，逐步掌握了排字、印刷等出版技术，"月入虽微，刻苦自砺，力事储蓄，越十年，积资数百"。他们深谙出版印刷之道，积累了较为丰富的经验，因而萌发投资开办印刷厂的冲动。于是，他们联合数名志同道合者，集股3750元创立商务印书馆。

商务印书馆的创办当然是应时而设，是戊戌思潮激荡下的产物。甲午战后救亡图存的民族意识空前高涨，编译出版西学新书无疑是目光敏锐的出版家所应捕捉的巨大商机。与此相联系，当时社会上学习外语的风气大为盛行，"夏瑞芳他们从教会学校出身，学校里所读的英文课本一向用英国人给印度小学生编的 *Primar*，都从印度输入。他们除承印洋商零件外，为了适应学习英文的需要，首先把这书翻印出版，果然风行一时。因原书只有英文，使用的人不很方便，不久又请人译成汉文，与英文本对照排列，名为《华英初阶》，接着把高一级的课本也译成汉文，名《华英进阶》。这两种读本经过几次改译，流行到十九年之久。这是商务经营出版事业的开端"。1902年，商务印书馆聘请张元济入馆，担任编译所所长。张元济认为："盖出版之事可以提携多数国民，似比教育少数英才尤要。"他的学识、远见，使他以极大的精力投入其中，加快了商务印书馆向综合性、文化性的出版机构转变的步伐，终于成长为一家集出版、印刷、发行于一身的大规模出版集团。由此，标志着我国近代民营出版业开始了一个新纪元。

商务印书馆成立以后,不断开拓文化、教育市场,扩大出书范围,涉及到出版领域的各个层面。这时期,投资出版业,追求经济与社会双重效益的商人、知识分子逐渐增多。到 1906 年,仅上海一地,民营出版业加入"上海书业商会"的就有商务印书馆、启文社、彪蒙学堂、开明书店、新智社、时中书局、点石斋书局、会文学社、有正书局、文明书局、通社、小说林、广智书局、新民支店、乐群书局、昌明公司、群学会、普及书局、中国教育机械馆、东亚公司新书店、鸿文书局、新世界小说社等达 22 家(《图书月报》第一期)。它们出版了大量教科书和中西学名著,逐渐取代了教会和官办出版业的地位,成为中西文化交流的最主要的载体。以教科书为例,1906年,清政府学部第一次审定初等小学教科书暂用书目共 102 册,由民营出版业出版发行的就达 85 册,占全部总数的 4/5 强。可以说,商务印书馆等民营出版业的出现,是时代和社会发展的需求,与民族资本主义的发展,都市商业化的繁荣,西方新学说的不断涌入等这个大的社会背景有密切的关系。

还应看到,乘西学东渐之东风,商务印书馆抓住机遇,确立了在近代出版业中执牛耳的地位。此后,商务"作为一个产生新人的工作母机,又培养出一代又一代的出版人才。这种现象似乎表明了这样一条规律,就是当时中国的出版家,多由出版经营单位培养而出,当一个出版家成熟而另立门户之日,便是一个新的民营出版机构诞生之时"。就是说,商务印书馆的出现,又引起了民营出版业一系列的连锁反应。一些著名的出版机构,它们的创办者们大多是由商务跳槽而出另外创业的。作为一家大规模的出版业,商务印书馆从技术、管理、编辑等各个方面树立了典范。同时,它"还培养了一大批编辑、出版、发行的从业人员。商务创立后的14 年,辛亥革命爆发,第二年,中华书局成立。中华书局是我国近代第二家大出版企业,它的规模跟商务差不多,干编辑、印刷、发行的骨干,大都是从商务出来的"。

因此,从某种意义上说,中华书局的诞生与商务印书馆这座民营出版业母机的孕育,也是分不开的。陆费逵,曾任商务印书馆的编辑、出版部部长,兼任《教育杂志》主编,率先从商务出来,一举创办新式出版机构——中华书局,并"于商务发行、编辑两方面,且招致多人入中华书局,以厚其力"(李泽彰:《三十五年来中国之出版业》)。他们在服务商务的过程中,获得丰富的编辑、出版和管理的经验,为其再创新的出版机构奠定了良好的基础。自此,中华与商务一道而构成了中国近代民营出版业的主力,形成了我国出版史上的一道亮丽的风景线。

二、辛亥革命的产物

如果说,商务印书馆是维新运动所导致文化和教育变革的一个结果,那么,辛亥革命的爆发,中华民国的建立,由此所带来的政体变化、教学内容的革新,可以说是中华书局得以崛起的催生婆。

教育是培养人的一种社会活动,是为一定社会的政治和经济服务的。每当社会发生变革或革命,总会带来教育上的革新。这种革新,往往是先从教学内容开始,继而伸展到教育观念、教育体制等。鸦片战争以降,随着西学东渐的深入,以科举为主体的中国传统教育,不断受到有识之士的抨击。自龚自珍到魏源、从严复到孙中山,他们提出变通科举、讲求西学的主张,培养人才、中西贯通的呼声,响彻神州,不绝于耳。从洋务运动时期的新式学堂,到清末新政时期的留学热潮,直至流行数百年的科举制度之废除,都反映了近代教育变革的大势所趋。

但是,教育上的变革,从根本说来是教学内容的更新;而教学内容的更新,又集中体现在教科书的变化上。以商务印书馆、文明书局、南洋公学为代表的民营出版业,成为供给清末新式学堂教科书的主力军,它们多以教科书为主要出版业务。有的学者撰文指出:"教育离开了教材是没有法子进行的,这就使得教科书的编写与出版有了史所未有的广阔空间。比起纯粹的教育中人来,出版家们更敏锐地感知春声与秋叶,捕捉到时代,也捕捉到商机,他们成为教科书革新的发动者,并在教科书的编写出版中发挥着主体作用"(王建辉:《近代出版与近代教育》)。的确,教科书是时代和社会空气变化的晴雨表,对处于近代变局社会中的出版家来说,谁最先觉察到了这点,谁就能够掌握主动权,占有出版业的制高地。正因为如此,教科书编纂上内容适合社会的需要,也往往成为新式书局诞生的突破口。

19世纪末年以来,由于外国列强侵略的日益加深,尤其是丧权辱国的《辛丑条约》签订,清政府完全沦为"洋人的朝廷",民族危机和社会危机空前严重。资产阶级革命党人站在时代的前列,清醒地认识到,清政府专制政体的腐败,是国穷民弱、招致外侮的根源。因而,他们明确提出:"欲思排外,则不得不先排满;欲先排满,则不得不出以革命。革命革命,我同胞今日之事业,孰有大于此乎?"(吴樾:《暗杀时代》)为实现建立民主共和国家的理想,他们成立团体,发展革命势力;著书立说,大造革命舆论;不怕牺牲,发动武装起义,在全国产生了极大的影响。内外交困、大失人心的清政府,已没有了往日的统治基础,处于一片风雨飘摇之中。孙中山认为,清政府就像"一座即将倒塌的房屋,整个结构已从根本上彻底地腐朽了"。他满怀信心,表示:"中国现正处于一次伟大的民族运动的前夕,只要星星之火就能在政治上造成燎原之势。""全国革命的时机,现已成熟"(孙中山:《中国问题的真解决》)。

1911 年 10 月 10 日,湖北新军中的革命党人首举义旗,伟大的辛亥革命爆发。武昌起义犹如一石击水,激起波澜,很快得到了南方各省的纷纷响应,清王朝的垮台已是指日可待。随着武汉、长沙、上海、南京等地的光复,资产阶级共和民国政府的成立,已提到了议事日程。

"风雨欲来风满楼",面对清政府所面临的形势,各种不同的利益集团分别做出了不同的反映。清朝统治阶级企图全力镇压,幻想挽救行将倒塌的统治大厦,但由于腐败日久,人心丧尽,已是无可奈何花落去。东山再起的袁世凯集团,则试图借革命之机,攫取更大的政治权力,以建立北洋集团的统治。他们得到帝国主义列强的支持,也受到立宪派人士的拥护。革命党人立志推翻帝制,建立共和,实行民主制度。可以说,各个阶层的人们,因政治立场的歧异,实力强弱的不同,对革命所持的态度和反映不一。但尽管如此,推翻清朝、结束帝制,建立资产阶级的民主共和制度,乃是人心所向,演成不可阻挡的潮流。

树欲静而风不止,革命形势的迅猛发展,政治较量的此起彼伏,权力交替的变化莫测,对以服务文化教育为职志的出版业来说,当然不能置之度外。作为最大的民营出版企业,商务印书馆的政治立场总的来说仍是心意立宪、和平改良。这一时期,商务决策人之一的张元济,在革命与立宪之间,希望清政府通过制定宪法、法律和制度,明确各部门的权限,来保证国家和社会的正常秩序。他对革命最终是否能够成功,基本上持观望的态度,甚至犹豫不决。商务的这种心态,从下列事实中得以反映:当黄花岗起义发生后不久,1911 年 6 月 21 日商务旗下的《东方杂志》刊载《纪广州纪事》一文,对此事进行了评论,将起义的革命者称为"广州乱党",说他们"以数十人攻扑督署,军械锐利,气势凶勇,殊为近年来所罕见。"并庆幸清政府有所防备,"迅速扑灭"了"乱党"。接着,又希望清政府"正本清源",顺从民意,"整理政务以慰民望,发达经济以厚民生"。对清政府起而振衰除弊,改良政治,表现了一定程度的焦虑和期待。当武昌起义爆发后,该杂志于 10 月 16 日发表文章,从政治、经济和天灾上,分析了起义之原因。但仍以"乱事"称之。不难发现,商务印书馆关注革命、报道革命,但对革命也充满了忧虑,认为:"盖战争一起,兵接祸连,其结果往往不可预料。"当然,随着革命浪潮的进一步高涨,尤其是上海革命军起义后,商务印书馆对革命的立场有所转变,曾捐献部分书款用来资助上海义军,并出版了数种有关宣传革命的书籍。

其实,商务印书馆的主要出版业务是教科书。作为一家大出版业,政治立场的犹疑,求稳怕乱的心态,在今天看来是可以理解的。但是,这在一定程度上制约了它对时局变化的判断,乃至影响了整个出版方针的犹豫不决。这在出版应政局变化之教科书内容的更新方面,表现得尤为明显。郑逸梅在《书报话旧》一书中,曾这样描述当时商务所面临着的困境:"一九一一年,推翻清朝的革命潮流,奔腾澎湃,不可遏止。这时商务当局对于发行下学期的教科书大为踌躇。他们觉得,如果仍旧印那些'龙旗向日飘,皇帝万万岁'的课文,深恐革命成功,数量很多的封建陈腐的教科书,就将成为废纸,这不是一笔很大的损失吗!但又觉得,要是编印革命教科书,却又不能公开,万一革命不成功,那就触犯清廷,如何得了。考虑再三,均无妥善之计。"实际上,面对"日增月盛"的"革命声势",人才济济的商务印书馆并非无动于衷。据蒋维乔回忆说,当时,"商务同人有远见者,均劝菊生,应预备一套适用于革命后之教科书"。但向来精明强干、措施得当的张元济,"提及革命,总是摇首","以为革命不能成功,教科书不必改"(蒋维乔:《创办初期之商务印书馆与中华书局》)。①

商务印书馆在政局变化面前,在教科书是否更改问题上的反应迟钝,或者说是出于稳妥出版策略的考虑,恰恰给目光敏锐、果敢决断,并用出版为手段推动教育,以教育提高民众素质的陆费逵创办新式书局提供了极好的机遇。无数实践证明,成就事业的机会,总会光顾那些时刻努力而有准备的人们。陆费逵受《革命军》、《猛回头》等书籍的影响,倾向反清

---

① 另外,有人指出商务的反应迟钝是受了陆费逵为了自己创办新书局的"误导",故意说革命不会成功,教科书不必更改云云。参见郑逸梅《书报话旧》,第37—38页。王震在《记世界书局的创办人沈知方》一文中,认为是沈知方"误导"了夏瑞芳,沈知方说:"革命断然不会成功,教科书不必改革。"参见《出版史料》,1992年第2期。杨扬认为,当时身为出版部长的陆费逵,曾经主动地向张元济提出建议,重新修订教科书,但张元济没有听从他的意见。参见杨扬:《商务印书馆:民间出版业的兴衰》,第73页。上海:上海世纪出版集团/上海教育出版社,2000。最近,汪家熔在《陆费逵人品和创办中华书局动机考辨》一文中,认为郑逸梅的材料失真,不足为据。参见《中国编辑》,2006年第1期。笔者赞同汪先生的观点,引用郑先生书中的文字,意在说明在变化不定的形势下,这时期商务印书馆的出版计划,表现出犹豫不决的心态,应当符合当时的实际。

革命,参加革命团体日知会,任五人评议员之一。1911 年春,他帮助革命党人吕烈曜到广州,参加著名的黄花岗起义。起义失败后,吕烈曜负伤返回上海,陆费逵将其藏于自己的寓所,以躲避清廷的追捕,他对革命的成功抱有极大的信心。致力于出版业多年,洞察出版与教育关系的陆费逵,很自然地将教科书内容的更新与巩固革命的成果联系了起来。他认为,政治革命是教科书革命的基础,教科书革命又反作用于政治革命。在他看来,教科书不革命,则"自由真理、共和大义莫由灌输,即国家界说亦不得明","民国成立,即在目前,非有适宜之教科书,则革命最后之胜利仍不可得"(《申报》1912 年 2 月 26 日)。凡事预则立,不预则废,他决定未雨绸缪,"另创书局专营出版事业",以实现自己多年的宿愿。

于是,陆费逵约集戴克敦、陈寅等人"共议组织中华书局"。大家志同道合,一致认为:"良以政体改革,旧日教科书,胥不适用。战争扰攘之际,未遑文事,势所必然。若以光复而令子弟失教,殊非民国前途之福也。"一方面,他们组织人员,加紧秘密编撰合乎共和体制的教科书,另一方面,积极筹集资金,谋划成立新书局的事宜。开始时由上述 3 人合资,股本为 2.5 万元。后加入沈颐、沈继方,改为 5 人合资,他们大多为在商务印书馆时期的同事。① 万事开头难,"其时困苦万端,余等皆出以坚忍。汉阳失守,群起沮之,余等不为动也"(《中华教育界》1913 年 1 月号)。就这样,1912 年 1 月 1 日,当中华民国临时政府在南京宣告成立之时,"规画粗定"的中华书局,亦选择此时为成立之日,并推举陆费逵任局长。2 月,召开第一次股东会议,规定创办人为营业主体,重大事宜由创办人会议决定。创办人之间订有合同,规定了具体的权利和义务。局长为营业代表,主持用人、行政等事务,也订有合同作具体规定。戴克敦为编辑长,陈寅为事务长。

我国近代第二大民营出版机构——中华书局,乘辛亥革命爆发、民国建立之东风,在上海宣告成立。自此,伴随着近代社会的激荡风云,中华

---

① 多年来,直到现在的一些论著中,写到中华书局创办人的时候,仍然模糊不清,语焉不详。更有甚者,将沈知方列为创办人之一,大有将其作为仅次于陆费逵的主要创办人的趋势。对此,钱炳寰发表《谈谈中华书局的创办人》一文,对这个问题予以澄清。他以中华书局现存档案为依据,认为沈知方不是中华书局的创办人,并非一开始就任中华书局的副局长,也没有参加中华书局成立前秘密编辑教科书的工作。由于沈继方去世较早,且名气不如沈知方大,因此易为人们所遗忘和混淆。参见:《出版史料》1992 年第 4 期。

书局踏上了服务民国文化教育的征程。

三、陆费逵的出版素质

作为追求利润的产业,出版业生产的是商品。不过,它生产的不是一般商品,而是特殊的商品,对于出版者素质而言,有着特殊的要求。英国出版家斯坦利·昂温说:"良好的教育和对文学的鉴赏力不是出版者唯一的合格条件,技术知识和商业眼光也很重要。此外,我们通常都能发现真正能干和成功的出版者大多精通业务,能够用本人的知识进行和检查整个工作,包括生产的各个工序。"这表明,图书出版工作是很有个性色彩的行业,需要有知识、懂业务、不畏艰难、具备商业眼光。与一般性的行业相比,它更强调的是综合能力。所以,创办者或经营者的个人出版素质,应当是最大要素之一。中华书局得以应时创立,并立足近代书业,与创办者陆费逵所具有的出版素质是分不开的。

陆费逵(1886—1941),复姓陆费,名逵,字伯鸿,号少沧,浙江桐乡人。生于陕西汉中,长于江西南昌。陆费逵没有受过严格而正统的学校教育,用他自己的话概括求学生涯是:"我幼时母教五年,父教一年,师教一年半,我一生只付过十二元的学费。"(陆费逵:《我的青年时代》)这样算来,区区七年有余的教育经历,较之曾跻身翰林、学贯中西的商务大出版家张元济来,简直不可同日而语。因此,如果单凭他所接受的这点教育而论,我们很难想像他能创办中华书局,也难以与后来的近代著名教育家和出版家联系起来。

但是,时势造英雄,英雄造时势。社会环境的变化为英雄提供了机遇,而英雄则是善于抓住机遇的人。对于陆费逵与中华书局的创立而言,正是如此。陆费逵是一位坚忍不拔、意志力坚强的人。他通过刻苦自学,增长知识;涉足书业,锻炼才干;修养道德,不怕困难。终于成长为一个时代变化的弄潮儿,并能够在复杂变化的形势中洞察时局,创办我国近代第二大出版机构。我们从陆费逵的早期经历,以及所形成的出版素质来看,他建立中华书局,并非偶然。

1. 刻苦自学,知识大增

出版是一项文化产业,对以出版为职业的人来说,没有丰富的文化知识是不可想像的。陆费逵虽然没有进过学校,没有接受过系统的文化教育,但他所接受严格的家庭教育,为其日后自修打下了坚实的基础。陆费逵出身书香门第,其父陆费芷沧曾在直隶、山东、河南、汉中等地做幕僚,后游幕江西南昌。其母为李鸿章的侄女,颇识诗书,有较高的文化修养。少年时代的陆费逵,就在母亲的调教下,研读经史各籍。其母的教学方法,"颇有暗合教育原理者"。她强调多读多看,不主张挖空心思地作那些乏味的八股文章。如辅导他阅读《纲鉴》,练习珠算,讲历史上、小说上的有益故事,激发少时的陆费逵对于求知的极大兴趣。陆费逵的父亲在文学、书法方面造诣颇深,曾教他读诗词、习文章,对于一些典故、类书、尺牍等知识多有灌输。这种良好的家教氛围,循序渐进的教育方式,使陆费逵对于传统文化的基本经典著作,大都有所涉猎。到 13 岁时,他已读过《四书》、《诗经》、《书经》、《易经》、《左传》、《唐诗三百首》等六部书,已能够"文理粗通,勉强阅书报"。可以说,他具备了自修学习的基础(陆费逵:《我青年时代的自修》)。此后,陆费逵的父母做出一个重大决定,即不再强迫其照旧式读书,而是任其自修。于是,他走上自学之路,义无反顾。陆费逵丰富知识的获得,实来源于一生的勤奋刻苦,不停自学。

1898 年的戊戌变法,是在民族危机异常严重的情势下,康有为、梁启超为代表的维新派所发起的政治改革运动。同时,这也是一场中西文冲突过程中的思想启蒙运动。维新派通过办报创刊,建立出版机构,发行西学译著,启迪了一代学人。汪康年、梁启超为主笔的《时务报》,以变法图存、开启民智为宗旨,"广译五洲近事,详录各省新政,博搜交涉要案,俾阅者周知全球大势,熟悉本国近状"(丁文江、赵丰田:《梁启超年谱长编》)。《时务报》以政论为主,以夹叙夹议、通畅明快和富于感情的话语,风行一时,舆论界为之一振。它深受诸多求知青年们的喜爱,有人赞之"以激励人心为己任","中外毕备,巨细兼收,辟四万万人之心思,通欧亚美澳之风气,至矣尽矣,蔑以加矣。况乎不惜巨费,意在推行,发往学堂,尤徵盛举"(王鹏飞:《王鹏飞致汪康年函》,《汪康年师友札记》)。这时,受变法思潮的影响,陆费逵开始阅读《时务报》等反映新学内容的报纸,以及其他启蒙之书籍。他的内心受到不小的震动,自称"有点新思想了"。可以说,这是陆费逵接受新文化影响的开始。随后,他自订课程标准,广收博取,旧学、新知兼备,坚持每日读古文二小时,看新书二小时,学习史地各一小时。并大量阅读反映时局变化、内容丰富多彩的报纸,如《字林》、《沪报》、《申报》、《中外日报》等。同时,他体会深刻,并将心得做成笔记。

1901 至 1903 年间,陆费逵随父在南昌生活。期间,他自学不辍的精神进一步发扬。他利用当地的条件,尽其所能,广采博求。对这段求知经历,陆费逵曾深情地回忆说:"那时随侍在南昌,有一个阅书报社开办,我隔日去一次,午前九时去,午后五时出来。带一点大饼馒头作午餐。初时尚有阅者二三十人,后来常常只剩我一人,管理员也熟了,他便将钥匙交给我,五大间的藏书,好像是我的了。这三年中,把当时新出的书籍杂志,差不多完全看过;旧书也看了许多。遇欢喜的,便抄于簿子上;遇不懂的,也记出来,以便查书或问人。不上阅报社的那天,便在家里用功。"我们看到,一位热爱学习、刻苦自励、追求新知的好学青年的形象跃然纸上。陆费逵涉猎范围广泛,不仅有史书古籍,而且有新书、新报,如《饮冰室自由书》、《黑奴吁天录》等。自此以后,他"学问渐渐进步,文理渐渐通顺,常识渐渐丰富"(陆费逵:《我的青年时代》)。

与此同时,陆费逵对数学知识表现出了浓厚的兴趣。十六岁时,他按照报上的广告去买《笔算便览》,未果。但顺便买回一本《算学笔谈》,每天清晨早起自习二小时,"凡四十日,将整数、四则、小数、分数、开方习完,进读《代数术》"。不久,他又求得《笔算数学》一书,将其中所载有的二三千道习题逐个演算。后又涉及日文版的有关算数、代数等。本来,陆费逵的珠算基础就不错,而较深的数学知识和计算能力的强化,在一定程度上培养了他灵敏的经济头脑和经济眼光。

随后,陆费逵又师从吕星如学习日文,其苦学不怠的精神又一次得到体现。他说:"第一日教字母拼音全部及会话四句。我这夜差不多没有睡,字母多读多写尚不觉难,拼音有若干读不顺,会话更觉难以上口,读了一两百遍方能成诵。"就这样,前后不到一年的时间,加上对其赞赏有加的老师的特别教导,陆费逵的日文功底日益递增,不但能阅读日文书报,而且还能够说一些对话。对于英语,陆费逵也下了不小的功夫。

此后不久,陆费逵开始步入社会,但自修读书的好习惯一直保持了下来。他坚持在忙碌的工作之余,每天都抽出一定的时间看书读报,学习外语,练习写作。从他读书的范围来看,既有古代典籍文献,又有时事新知,"所读科目最多者为教育,次经济,次地理,次政治,次哲学,得力于日文书籍不少"。读书使人明智,明智使人远见,这应当说是读书治事的目的所在。陆费逵从书本中汲取浓厚的营养,在训练其果敢、创新的性格方面受益匪浅。文风如人品,他写作的文章,总是善于发现问题,提出自己独到的见解。四川名士朱虹父曾评价他:"很有思想,文笔也不错"(陆费逵:《我青年时代的自修》)。

陆费逵自学成才,拥有较为深厚的中西学功底。知识的博杂和兴趣的广泛,加之与时代的文化生活密切接触,为创新精神的形成和发展提供了更为开阔的天地。应当说,这是一个涉足文化产业的出版家所必备的重要素质。

2.服务书业,锻炼才干

人们的实践活动总是受一定的世界观和人生观支配的,人们对职业选择的不同,在很大程度上又与各自不同的生活阅历有关。陆费逵之所以手创中华书局,终生从事出版事业而不悔,与他早年服务书业的丰富阅历有着密不可分的关系。

1929 年,应中华职业教育社刊行《中国职业教育问题》一书的邀请,陆费逵写成《我对于商业人才之意见》的文章,以自己的切身体会,向世人阐释了书业与其他普通商业不同的观点,认为"书业是士、工、商之结合物"(陆费逵:《我对于商业人才之意见》)。在这篇文章里,他言简意赅地表述了经营出版业,不可避免地要涉及到的编辑(要具有知识)、印刷(要懂得制作)、发行(要具备推销之才)的问题。就他个人创办书局前的社会实践来看,自学读书而外,总是没有离开过与书籍打交道。陆费逵最终能成为开办新式书业的著名出版家,与书籍打交道的丰富的阅历,对他产生了重要的影响。

一是教书,此乃陆费逵踏入社会后所从事的第一项事业。1902 年春,陆费逵在南昌与友人集资 23 元,创办"正蒙学堂",招收小学生入校。他自任堂长和教员,凭其热情一度干劲十足,学生数量达 27 名,有 8 个是免费的。由于不是以赢利为目的,该校支撑了 8 个多月即因经费无继而宣告结束。这年秋,陆费逵进入熊氏英文学塾附设日文专修科学日文。由于他刻苦用功,成绩优异,深得教师吕星如的器重。不久,吕星如奔赴武昌,出任中学教员。1903 年,陆费逵应吕星如的邀请,准备离开父母去武昌。行前,其母亲特别嘱咐:"蓬矢四方,男儿之志,身体名誉,幸自保持"(陆费逵:《内庭趋侍记》)。在武昌,他主要负责教授吕星如三个弟弟的国文、算学,吕星如则教他日文,供其膳食。双方约定,彼此不出学费,相互得益。教书生涯虽然短暂,但对于陆费逵来说,却是颇有收获。一方面,他巩固了以前所学的知识,提高了日语水平;另一方面,对教学中遇到的困难,需要查阅的字典,而字典的缺乏,令陆费逵深有感慨,曾搜集材料,着手编写,终因"学历薄弱,赞助无人,不数月而困难百出,遂以中辍"。但他并没因此罢休,立志"期以十年编纂一新字典"。

二是开办书店,此乃陆费逵涉足书业的开始。1904 年,年仅 19 岁的陆费逵与原先日文班的几位同学"因为买书困难——一方是经济困难,一方是购书不易——大家想开一家贩卖书籍的店,一面营业,一面有书可看"(陆费逵:《我为什么献身书业》)。他们共同集股 1500 元,在武昌横街租赁房屋,开办一家名为"新学界"的书店,陆费逵任经理。新学界书店雇用账房、伙计、学徒、伙夫等,人数虽少,但分工明确。与自学求知对书的爱好一样,书店所出售的书籍较多,涉及的领域相当广泛。其中,有陈天华的《警世钟》、《猛回头》,邹容的《革命军》等。武昌是交通发达、贸易繁盛之地,也是革命党人建立团体、颇具影响之地。这些渗透着反清反帝、宣扬民主、平等、自由思想的著述,在当时成为畅销书,因此也赢得了不少读者。虽不能说获取大利,但一年下来也"居然盈余一千余元"。由于资金无多,人员缺乏,经营新学界书店的条件相当艰苦,有时过节,身为经理的陆费逵值班;有时伙夫不在,只好自己做饭吃。这些状况,虽说是人生中的磨难,对年轻的陆费逵来说,却是一个难得的锻炼。

三是编书写作,主笔报纸,此乃陆费逵人生经历的重要转折点。陆费逵不仅爱好读书,而且善于思考,每有心得则著书成文。由于自小阅读古书典籍,常常为书中的英雄人物所吸引。比如,他对南宋抗金英雄岳飞素怀敬仰之情,往往被岳飞的壮怀激烈、气壮山河的词篇所感动。1904 年,陆费逵著成《岳武穆传》(未刊),借此来抒发革命思想。还写作小说《恨海花》(稿本),编撰《正则东语教科书》。他读书思考,有主见。陆费逵写成《伯夷论》一文,认为伯夷并不反对革命,而是反对周武王"以暴制暴"。但武王之暴为什么不见之于史籍?"则以周代有天下八百年,无人敢记载云"(陆费逵:《我青年时代的自修》)。当时,该文在传阅的友人中间,令人耳目一新。

值得一提的是,陆费逵加入革命团体日知会,倾向反清革命。20 世纪初年,以孙中山为首的资产阶级革命派的活动渐趋高涨,各地的革命团体纷纷成立。1904 年 7 月,湖北的革命党人吕大森、刘静庵、张难先、曹亚伯等,在武昌成立科学补习所,以"革命排满"为宗旨,借科学研究为名进行反清革命。1905 年初,鉴于科学补习所遭到破坏,无法正常活动,刘静庵、曹亚伯等人组织日知会,表面上阅读书报,实际是革命机关,以此联络同志,秘密从事反清活动。日知会的主要工作是"援引青年,广结同志",宣传革命,如陈天华之《警世钟》、《猛回头》等书,在学生、新军中较有影响。并于每星期日公开演讲,阐述世界大势,本国危机,及现今救世之道,演讲词通俗易懂。还利用夜间或新军兵士出勤之时,由营中的会员秘密置革命小册子于各兵士的床上,"更介绍同志入营以求普及,各兵士每每读《猛回头》、《警世钟》诸书,即奉为至宝,秘藏不露,思想言论,渐渐改良"(《辛亥革命》)。正在武昌的陆费逵加入日知会,出任五人评议员之一,并参与起草日知会章程。应当说,陆费逵坚信清朝必将垮台,革命必将成功,与这段经历是密切相关的。

1905 秋,陆费逵辞去新学界书店经理职务,应汉口《楚报》馆之请,与张汉杰、冯特民一道接办该报,任记者、主笔。①《楚报》以新闻、论说为主要栏目,很受读者的欢迎。短短的数月间,陆费逵在报上分别发表《本报改良祝词》(7 月 1 日,署名"权")、《论币政》(7 月 1、10、21 日,8 月 1 日,署名"飞")、《论日俄和议相持之非计》(7 月 24 日,署名"飞")、《日俄和议告成感书》(8 月 4、5 日)、《论日俄仍有密约》(8 月 9 日)、《论道路》(7 月 22 日,署名"飞")、《论群蠹》(9 月 4 日)、《论改革当从社会始》(9 月 6 日)、《论亡国罪魁》(9 月)等,对当时经济、政治和国际关系,发表了自己的看法,提出了自己的见解,"持论颇激昂"。期间,《楚报》"揭露粤汉铁路借款密约,得到各界及留美、留日学生积极响应,坚持要求废约"。此举引起清政府的震动,湖广总督张之洞不敢怠慢,下令查封《楚报》,逮捕报纸主笔。陆费逵得知消息,不得不离开武昌,避走上海。五光十色的上海,呈现给他的是另一番天地,堪称其人生经历的转折。

四是服务出版机构,此乃陆费逵出版素质得以形成的最主要经历。上海是近代被迫开放的第一批通商口岸之一,因其优越的地理位置、便利的交通条件,而成为贸易发达、商业繁荣的大都市。开放的上海也成为西学传播,中西文化交流的中心。自晚清以来,上海汇聚了一批新型文化人群体,"与传统士大夫比起来,他们的共同特点是:有较新的知识结构,主要是有较好的西学素养,不像传统士大夫那样,除了诗云子曰、孔孟程朱之外,对天体地球、五洲万国、声光化电一无所知;有比较相近的价值观念,不再把传统的重义轻利视为不可动摇的准则;有比较相近的人生观,不再把读书做官视为实现人生价值的唯一取向,而往往凭借新的知识,服务于新式的报馆、书局、学校、图书馆、博物馆等文化机构,从而实现自己的人生价值"(熊月之:《略论晚清上海新型文化人的产生与汇聚》)。这里,书业、报馆集中,学者、人才荟萃,流动频繁。相对宽松的政治环境,较为自由的思想氛围,不仅是外国冒险家的"乐园",而且是国内有识之士接受新知的窗口,施展才华的宝地。

上海绚丽多彩的文化环境,各种新思潮、新观念风云交会,对长期以书为伴的陆费逵来说,可谓近水楼台,如鱼得水,奠定了他开创未来事业的基础。起初,陆费逵谋职昌明公司上海支店,任经理兼编辑员。他积极参与和发起成立"上海书业商会",任三人评议员之一、书记(兼),起草章

---

① 此前,《楚报》由吴研人主持,因为合同期满,不想续约,由陆费逵等人接办。

程。同时,他主编书业商会的《图书月报》(1906 年创刊),这是我国民间出版界的第一份期刊。它不但载文评论我国书业现状,而且发表诸多译文,如创刊号上的美国记者《警告书籍商》一文,提出经营书业者应有的社会责任、职业道德,以及应具备的知识,很有见地。编译之际,陆费逵颇受启发,对从事书业有了更深的认识。除此之外,他还担任书业商会学徒补习所教务长。期间,陆费逵编纂《本国地理教科书》,这是他首次编著教科书。

1906 年冬,陆费逵进入文明书局,襄助经理办事、编辑员,兼任文明小学校长。文明书局于 1902 年由俞复创办,是一家以出版教科书为主、有较大影响的民营出版机构。陆费逵参加编写的"文明教科书",在教育界享有盛誉。如初等小学用《新编国文教科书》、《新编算术教科书》、《新编修身教科书》等,至 1908 年出齐。在文明书局一年多的时间里,陆费逵担任多项职务,经常出席书业公会,结识了许多出版界著名人士,对我国书业的发展现状,有了更加明晰的认识。后来,陆费逵提及这段经历,仍深有体会地说:"文明书局职务无名目,但编辑、印刷、发行件件都管,仿佛现在通行的襄理。每日工作常至十余小时,增加经验不少。"

1908 年秋,陆费逵进入近代最大和最具影响的出版机构——商务印书馆。关于入馆的经过,商务编辑蒋维乔曾撰文说:"约在民元前三年间,高梦旦常代表商务,出席于书业商会。屡与文明书局代表陆费伯鸿见面,谈论之下,大奇其才。盖经营书业者,有发行印刷编辑三大部份,互相联系,然能发行者未必知印刷,能印刷者未必知发行,能编辑者更不知发行与印刷。唯陆氏既能操笔编书,又于发行印刷,头头是道,故梦旦佩服之。"商务由一家不起眼的印刷作坊而发展成为出版重镇,应当说,重视和招揽人才是其重要因素之一。对陆费逵这样的人才自然不肯放过,因而以重金聘其为"出版部主任"。同时,高梦旦"欲坚其心,又以侄女妻之"(蒋维乔:《创办初期之商务印书馆与中华书局》)。实际上,陆费逵先是被招致编译所,担任国文部编辑,在总计 36 人的编辑人员中,"其中以陆费逵(伯鸿)年纪最轻,这年他刚入馆,还不满二十四岁"(郑贞文:《我所知道的商务印书馆编译所》)。当然,加盟商务印书馆之前的陆费逵,基本上已经具备了一个出版家所应有的知识,如印刷、编辑、发行等,但有待提高的是经营管理、选题策划等更显重要的能力。而商务印书馆是当时最具特色的出版机构,早在 1901 年就改组为股份有限公司,设编译所、发行所等,现代出版企业的管理模式均已具备,这不能不对年轻的陆费逵以深刻的影响。

　　商务任职期间,陆费逵参与教科书的编纂工作。计有:《伦理学讲义》、《最新商业教科书》(高小用,第一至第三册)、《简明修身教科书》(全八册)等。半年后,陆费逵改任商务出版部长兼交通部长、师范讲义社主任。1909年,商务印书馆创办《教育杂志》,这是我国第一份关于教育的专业性刊物,"以研究学务改良教育为宗旨"(《教育杂志章程》),陆费逵被委以主编的重任。在他主持下,该刊发表了大量有关教育改革问题的文章。其本人更是亲自执笔,针对教育弊端,发表了一系列切中肯綮的论说,奠定了他在近代中国教育界的地位。同时,他出席教育会议,参观新式学堂,并通过《教育杂志》与教育界建立了广泛的联系。

　　陆费逵在馆内服务三年有余,经受了锻炼,增长了才干。更重要的是,通过与蔡元培、张元济、张謇等著名人士的交往,进一步加深了自己对中国教育问题的认识,尤其是教育与社会变革、国家兴亡的关系,以及教科书编撰随时代的不同而创新等等。这对于其以出版服务教育、以教育促进社会发展的思想之形成,可以说起了积极的作用。

**　　3. 忍耐俭朴,敏捷自信。**

　　固然,投资创办任何一项企业,对创办者个人的素质,其要求是多种多样的,但总有一些共同的因素在起作用,诸如科学管理、任用人才、技术知识和商业眼光等等。具体到出版行业,日本著名出版家清水英夫在所写《现代出版学》的书中,有着独特的见解。他指出:"有着鲜明的个性和浓厚的个人主义的特点,另外它还有着不为世俗观念左右、纯粹地是关于'人'的企业的特点。"因此,对创立出版机构的人们来说,"在他们中间颇不乏漠视现实、固执地我行我素,坚持走理想主义道路的人"。这说明,鲜明个性起着重要作用。如上所述,陆费逵在服务社会,以书为伴,正是在这一过程中,他形成忍耐俭朴、敏捷自信、果敢开拓的个性,铸就了一个出版家必备的素质。

　　陆费逵在《我为什么献身书业》一文中,曾对自己做了一番评价,认为自己的"长处"在于:"专心、忍耐、不失本来面目"。并虚心地说:"这三种虽没有甚么价值,但却是办事必须的条件。"他自修学习,数十年如一日,就是专心致志的明证。否则,没有受过正规教育的他,能够广征博引古今中外之事例,对我国教育有着独到的阐述是难以想象的。陆费逵忍耐吃苦之精神,素来为人们所钦佩。他深有体会地说:"天下之事愈大者愈复,盘根错节愈多。若不能忍耐,每有功亏一篑者"(陆费逵:《经济之原素》)。这是他亲身得出的经验,事实上也正是如此,耐不住清贫,吃不得艰苦,是人生之大忌,何况要开创一番有益于社会的大事业呢? 由陆费逯青年时代的经历,尤其是经营新学界书店,我们能清楚地看到他所具备的这种优秀品质。当时,"店屋朝西,夏天热得身上出油。……店后一小间,半间做经理室,办事睡眠都在这里;半间作厨房,煤灰和油气弄不清楚。店内没有厕所,日间到隔壁客栈便溺,夜间要走半里路转三个弯去上街厕。但是,我一切都忍耐着,从不说一句苦"。久而久之,陆费逵形成生活俭朴的作风,终其一生而未变。因此,他从来"不为生活所屈",一切事情都会做、自己做。直到后来任中华书局总经理,这种优良作风未曾稍变。他用度节省,"不看戏、不看电影、不至跳舞场"。家中没有男仆,有时女佣买菜,有时夫人买菜,不在外面吃点心,家人几年才到一次菜馆。自己的、家人的衣服也很随便。他常常说,吃得好些,未必卫生;穿得好些,不过做衣服的奴隶;溺于游戏,更是有害无益。他认为:"我们穷国穷人,学苏俄的刻苦经营,或有出头的日子;若学富国的舒适,那便是自寻死路了。"他以此来勉励自己,也常常以此告诫人们。

陆费逵处事敏捷、自信果断,认准的事情往往不为他人的言语所动摇,而是全身心地投入其中。在他看来,"观察力为吾人作事最要之条件","既有精明之眼光及正确之计划矣,然更须有决断力。盖事无论常变,必有几条路可走。我既认定一条路,即当临机立断。否则徘徊犹疑,在我则无从下手,在人则无所适从,所谓歧路亡羊是也"。我们看到,曾经与陆费逵一起共过事,有过多方面接触的人,对他的这些品性印象深刻,有口皆碑。长期担任中华书局编辑所所长的舒新城说,陆费逵具有"立身勤俭、处事爽直、待人和易、执业进取"的美德。服务中华书局30余年的著名编辑金兆梓,敬佩他"见事明、处事敏、持躬廉、谋国忠"。中华书局著名编辑钱歌川,对陆费逵"立断立行"的性格赞赏有加,说:"伯鸿先生处事极有决断,你不能解决的难题,拿去和他商量,他便立刻可以给你解决。他只消把那问题,放到他脑中转一转,办法就有了,而且想的那么周到。"少年中国学会骨干、担任中华书局编辑达10年的左舜生,谈到陆费逵的性格时,指出:"伯鸿的学历我不完全明白,但我知道他治事极勤,颇有一'狄克推多'的气概;头脑非常清楚,具有丰富的常识,欢喜看书,对文学有相当素养;性情爽快,虽自信甚强,任人则甚专;我和他共事十年,我固然没有麻烦过他,他也不曾麻烦过我,因此相处得非常融洽。"曾任商务印书馆编译所所长的王云五,对陆费逵也有较高的评价,认为他具有"强毅、前进、专一"的品格。由此,他才能够有深远的眼光,遇事不甘后人,困难不能压倒,一心一意,不务所求。与陆费逵共事多年的蒋维乔,对他个性鲜明、不苟世俗的处事方式,大为赞赏。蒋氏不无感叹地说:"陆氏为人之奇突,其能创造中华书局,非无因也。"

大凡出版事业的创始人,本身所具备的才学、出版经验和敏锐的预见能力是至关重要的。陆费逵以超乎常人的毅力苦学成才,服务社会时一直没有脱离书业,加之形成的迎难而上的品性,表明他已具备自行创办出版机构的素质。辛亥革命的爆发,政体的变更,教科书内容的革新,成为他脱离商务,创办我国另一大出版业——中华书局的有利契机。

第二节　近代中华书局的发展

中华书局在近代 38 年的历程中,走过了一条不平凡的道路。创立伊始,推出适合共和政体需要的教科书,一炮走红,立足书业。但是,1917年的"民六危机"发生,中华书局步入低谷,几至关门停业。此后,经过深刻反省和积极整顿,更由于五四时期新文化运动的波涛汹涌,中华书局得以重新崛起,稳步发展。到 1937 年抗战爆发前,中华书局达到全盛时期。1937 年日本发动全面侵华战争,时局动乱,中华书局遭受挫折。随之内战爆发,出版艰难,中华书局渐次衰落。

一、1912—1917 年:书业立足时期

1911 年武昌起义的枪声宣告了清王朝末日的到来,人们期待已久的、"无量头颅无量血"换来的民主共和体制于 1912 年在南京成立。民国初建,教育先行。为反映资产阶级民主政治的要求,1 月 19 日,南京临时政府及时颁布《普通教育暂行办法》,规定"各种教科书务合乎共和民国宗旨,清学部颁布之教科书,一律禁止使用"。"凡民间通行之教科书,其中如有尊崇满清朝廷及旧时官制军制等课,并避讳抬头字样,应由各该书局自行修改……如学校教员遇有教科书中不合共和宗旨者,可随时删改,亦可指出,呈请民政司或教育会通知该书局改正"。这表明,许多出版业的旧时教科书面临着不合规定、需要更改的问题。当然,对大多数书局来说,这决非短期内所能做到的。

正在此时,1912 年 2 月,中华书局推出"中华教科书",正式对外营业。由于课本内容剔除了封建伦理道德之说教,适合共和民国之政体,而一直占据教科书市场绝对地位的商务印书馆,由于教科书来不及修改,陷入无以应对的局面。因此,"中华教科书"先期编成的课本,供应春季开

学用书十数册,受到各地中小学的欢迎,以致出现了"日间订出,未晚即罄,架上恒无隔宿之书,各省函电交促,未有以应"的局面。初出茅庐的中华书局由此名声大振,可谓一炮走红,中得头彩。以后,随着民国教育的发展,学校与学生数量的增加,中华书局所拓展的教科书销售市场也进一步扩大。1913年,教科书仍然销路大增,有供不应求之势。据各省市召开的图书审查会统计,中小学所采用的教科书中,中华版教科书在京师、直隶、奉天、山东、河南、湖南、陕西等省销量占据第一;在贵州、山西、四川等省居第二位。中华书局以少数资本和少数人力创立,异军突起,一举奠定营业之基础。这种状况,令陆费逵等创业者们大为振奋,"于是改公司,添资本,广设分局,自办印刷"(陆费逵:《中华书局二十年之回顾》)。以此为开端,中华书局步入了快速发展的轨道。

民国建立后的政体变更,人们对各种知识的需求,尤其是关系到政治、地理、外语、文学、古典名著等方面更加迫切。中华书局及时扩大了营业范围,认为"贩卖西书以输入欧美文化,供学子之钻研;搜集古书以流传国学,引宿儒之注目"。表明它立足中西书籍出版,并确立了向综合性大出版机构转变的目标。这时期,中华书局出版的图书涉及门类齐全,除教科书而外,有著作、译著、古籍、小说、字典、丛书等。其中不乏学术名著,但焘译的《清朝全史》(1914年)、谢无量的《阳明学派》(1915年)、梁启超的《饮冰室全集》(1916年)等;著名外国文学作品托尔斯泰的《复活》(1914年,马君武译,名为《心狱》)、周瘦鹃等人译的《福尔摩斯侦探案全集》(1914年)等。还有《最新英语会话大全》、《中华地理大全》,以及"学生丛书"、"英文名人丛书"、"英美名人文选"、"小小说"、"小说汇刊"等。诸如此类的书籍,在很大程度上适合了不同读者的口味,"大半皆为社会必需之书"。

陆费逵认为:"一国学术之盛衰,国民程度之高下,论者恒于其国杂志发达与否觇之。盖杂志多则学术进步,国民程度亦高;而学术愈进步,国民程度愈高,则杂志之出版亦愈进也。"(陆费逵:《〈大中华〉宣言书》)将杂志的出版与学术的盛衰,以及民智的高下联系起来,并以此树立在出版界的影响,不能不说是一个明智之举。由此,中华书局的"八大杂志"——《中华教育界》、《中华小说界》、《中华实业界》、《中华童子界》、《中华儿童画报》、《大中华》、《中华妇女界》、《中华学生界》,相继创刊,风行一时。这些杂志,本着灌输时代知识,弘扬学术文化的宗旨,在介绍各种新思想和新学说的同时,也扩大了书局自身在广大读者中的影响。

1912年3月,中华书局设立印刷所。不久,陆费逵等人首次赴日考察印刷出版业务,对先进的印刷技术、办厂规模有了新的认识,认为:"印刷为文明利器,一国之文化系焉。果使我局印刷放一异彩,不徒为我局实力之发展,亦足以观国民文化之进步。"中华书局购置先进器械,扩充印刷力量,由最初的 6 台印机,到 1914 年,日排字至二百页,铅印可百万小张,彩印可十万,能印制彩色印件如月份牌等,能雕刻精细的黄杨木版以及铜版、钢版,并开始出售中西文铜模铅字、电镀铜镍版。所用西方字模购自美国名厂,故英文印刷之精美为国内第一流。1915 年,文明书局并入中华书局。文明书局是一家以出版教科书而著称的民营出版业,在清末教育界有不小的影响。它的存货、生财、房地产均转入中华书局,但牌号保留,加"新记"识别。同年,中华书局进一步扩大,中兴科学器械馆、民立图书公司、右文印刷所、彩文印刷局、中新印刷书局等并入其中。值得一提的是,中华书局参加北京农商部 1915 年国货展览会,书籍、印刷品得特等奖 10 项;仪器、标本模型、风琴等得一等奖 6 项。又参加江苏地方物品展览会,全部得到头等奖。1916 年,中华书局又添加石印机、铅印机 20 多部;购进彩印机、橡皮机、亚铅版机各一部及世界上最大的照相镜等。短短数年间,中华书局一方面自添机械,另一方面合并其他书局、印所,印刷机械增至大小数百台,大大增强了实力,为中华书局向更高层次的发展,奠定了坚实的基础。

随着业务的扩展,中华书局购地建屋。1916 年 6 月,中华书局在上海静安寺路建成总厂,编辑所、事务所、印刷所迁入。总厂占地 43 亩,初建成三层楼房 5 幢,平房 4 幢,共约 500 间,后添置平房货栈,以存放新购的机械。8 月,在四马路棋盘街转角(今河南路福州路口),总店新厦落成,总公司迁入。总店新厦有五层楼洋房共 100 多间,沿马路店面 10 多间,屋高 70 英尺,在四马路河南路为第一高楼,门脸上下左右各有"中华书局"四个大字,端庄凝重,极有气派。同时,中华书局制定发展规划,决定在印刷方面,添购新式器械增强印刷之实力,延聘高等技师灌输欧美之技术,派人出洋留学养成完备之人才;在编辑方面,改良普通教科书及学校用品以助教育之普及,多编通俗讲演书及有益小说以辅助社会之教育,其他如精印古书,广译西书,自制仪器标本,以应教育上之需要。

从 1912 年开始,中华书局在各地广设分局(当时称分店)。分局之设,始于南昌、天津,以后逐渐增加。到 1916 年,分局达 40 余处,遍布全国各主要大、中城市,包括香港、新加坡等地。(见下表)

中华书局分局一览表

名　称	地　址	先后经理	备　注
南京分局	1.杨公井　2.下关　3.北门桥街	沈仲约、李少华	1915 年收回自办。1937 年南京沦陷后停业。
太原分局	桥头街	张文甫、朱复初	1916 年收回自办。1922 年建成新屋。
芜湖分局	长街	康汉臣、王谋翕	
云南分局	三牌坊	程润之、沈松茂	
厦门分局	庙横街	严慎之	
昆明分局	光华路	钱正化	
保定分局	城内西大街	李松年	
徐州分局	中山街		1924 年由特约改为合办。1926 年收回自办。
邢台支局	城内中山街		
南昌分局	洗马池街	吴永堂、蔡同谋、李仲谋	1930 年自建新屋落成。1938 年后迁赣州、吉安。
衡州分局	城内铁炉门		
广州分局	永汉北路	程润之、郑子展	1935 年自建新屋。
成都分局	古卧龙桥大街	胡浚泉、王伯城	
开封分局	南书店街		1920 年由文会山房代办，加中华书局"厚记"，1935 年收回自办。
北平分局	琉璃厂	周支山、王木天	1916 年自办。
沈阳分局	鼓楼街	沈鲁玉、郭农山、高星桥	东北沦陷后停业，1945 夏派人前往视察，4 月复业。
杭州分局	新民路	叶友声、陈光莹	1916 年收回自办，1923 年设支店于兰溪。
九江分局	大中路	李仲谋	1937 年在景德镇设立支局。
常德分局	沅清街	陈仲祥	1931 年由支局改成。
重庆分局	新街口	朱复初、吴永堂	
汕头分局	永平路	蔡名焯	1935 年收回自办。

名　　称	地　　址	先后经理	备　　注
天津分局	北马路北	张杰三、于梦武	1916年收回自办。1931年自建新屋。
张家口分局	武城街	王乐天	
安庆分局	龙门口正街	沈松茂、王廷献	
汉口分局	交通路	沈彬翰、沈鲁玉	1939年汉口沦陷迁恩施，1945年后复业。
福州分局	南大街	荀潜、李旭升	1922年收回自办，1938年福州沦陷后在永安南平设办事处。
梧州分局	大中路	张杰三	1944年沦陷停业。
兰州分局	辕门西	刘蒲孙、谢惠桥	
济南分局	芙蓉街		
青岛分局	山东路即墨路口	刘锡三	与刘锡三合办，本局投资80%。
西安分局	钟楼北路	谢惠侨、赵鉴三	
桂林分局	桂西路	李宗华	1944年沦陷后停业。
许昌支局	中山南路	王云卿	沦陷后停业，1945年复业。
南阳支局	中山大街	郭翔佛	1945年迁内乡，次年春复业。
贵阳分局	三山路	李宗华、吴安荣	1937年与文通书局解除合约自办。
金华支店	法院街	李一之	1942年与杭州分局合并为杭金联合支店。
香港分局	皇后大道中	杨秉吉、伍晋文	1940年太平洋战争爆发后停业。
台湾分局		许达年	抗战后新设分局。
新加坡分局	大马路	庄希泉、施寅佐	1943年星埠沦陷后停业。

　　应当指出的是，基于人力和资本的限制，中华书局设立分、支局的原则，往往是"就各地士绅，与之协定，开设分局，性质定于合资"（蒋维乔：《创办初期之商务印书馆与中华书局》）。或者与当地的一些旧书店联络、协作，由他们代销。重要的城市无人合作时，则自行开办。不少地方设特约经理处，也有的挂着中华书局"某记"招牌。其优点是可以利用当

地资源和社会关系,以推销中华书局的出版物,扩大书局的影响。① 各地分局的名称,一开始并非都称分局,而是随着业务扩大,有的支局转化而成分局。有些经营比较好的分局,还在附近的地区设立分店、支店等。分局设立后,关键在于经理得人,才能成效显著。1913 年 4 月,陆费逵、戴克敦"往京、津、汉,布置一切,阴历岁暮,复往广东。各省销数,大概有分局者较佳,以供给足而呼应灵也。今年更分设湘、鄂、晋、豫及长春、保定等处,成绩皆有可观。本年三个月之贸易,已足抵客岁全年而有余"。总体上来说,分局的设立,担当了重要角色,在发行教科书和图书杂志、销售文具仪器、承揽业务,以及获取市场信息等方面,发挥了很大的作用。

中华书局的初期发展,得益于民国建立所带来的教育革新之利。再说,商务印书馆的组织和管理体制,给新生的中华书局提供了宝贵的经验,避免了前进途中的一些不必要的摸索。

然而,对于刚刚起步的中华书局来说,初期的快速发展只是确立了在书业中的一席之地,其地位并非稳固而不可动摇。因为"善于经营,积极发展,这是出版业和任何其他行业都必须具有的观念"。其中之真谛,对一个新起的出版机构来说,经营决策、用人调度、财务预算的科学化、合理化是至关重要的。固然,购地建厂、扩充规模、广置器械等企业行为是中华书局发展之必须,但总要有个量力而行的原则。众所周知,在激烈竞争的商海中,对自身实际有一个正确的估价是必要的。恰恰在需要保持头脑冷静之时,中华书局在投资和管理方面,犯了急躁冒进与监督不力的错误。于是,在一派前进浪潮中,也潜伏着危机的暗流,终于汇集而成巨浪,导致"民六危机"的爆发,出现了中华书局发展史上的第一个低谷。

到 1917 年,即民国六年,中华书局用于购地置械、扩充编辑等方面的费用,支出资金达 80 万元以上。厂店迁移,使工厂停工 2 个月,上海店也停业半月,损失甚巨。而这时,国内外局势的动荡对营业十分不利,"因内战而减少收入,因欧战而增加支出"。此外,吸收存款过多、同业竞争、副局长沈知方挪用公款、某些分局调度不灵等,诸多因素交织在一起。恰于此时,外间传闻纷纭,有谓中华股本已亏折将半,拟盘与商务;有谓中华即将倒闭,不得已而与商务合并。于是,出现存户提取存款风潮,数日内达八九万元之多。中华书局入不敷出,资金周转不继,形成严重的经济危

---

① 但缺点也不少,主要是在用人、财务的管理上,很难保证强有力的监督。"民六危机"后,经过一番整顿,制定规章,明确职责,才有所改变(参见下文)。

机。在第七次股东常会上,陆费逵报告中说:"经济困难已达极点,现已不能支持。"情形非常危急,"今日倘不能解决,明日即无法维持"。陆费逵等人提出与商务印书馆联合,以摆脱困境,渡过难关。由于商务领导层对联合一事争论激烈,难成一致,双方协商未果。中华书局召开董事会议,决定出租给新华公司,按约收取租金;并清理账目,实行整顿。不久,常州巨商吴镜渊鉴于书局与文化教育事业有密切关系,遂出面联络富商士绅,组织"维华集团",筹集资金作为垫款。① 10月底,由董事唐绍仪等人出面邀集商会正副会长及各债权人,决议实行分年摊还的办法。11月,结束出租,收回自办。在社会各界热心文化事业的人士大力扶持下,中华书局终于躲过一劫,避免了关门倒闭的命运。

"民六危机"的发生,对年轻的中华书局来说,既是一个沉重的教训,又是一笔宝贵的财富。历经这次磨难,中华书局逐渐走出低谷、步入成熟,进入稳步发展的第二个时期。

二、1918—1937 年:稳步发展时期

1918—1937 年,这是中华书局奠定在出版界、文化界重要地位的关键阶段。期间,吸取"民六危机"之教训,完善管理体制改革;把握时代发展脉络,融入新文化运动,以多数量、高品位的书籍报刊奉献于学术教育界。到1937年抗日战争爆发前,中华书局达到了全盛时期。

(一)整顿管理体制,加大监督力度

中华书局初创之时,股本为25000元,实行创办人合资制,内部进行了简单的分工。随着业务的拓展,人员和资本的增加,1913年4月,正式改组为股份有限公司,首次选举董事、监察人。同年11月,中华书局第四次股东大会召开。会议决定:董事局为立法机关,凡各种规程及重要事件为执行机关所不能决者,由董事局决之;监察为监督稽查机关,凡账目报告,皆由监察稽查署名负责,立法和行政两机关有不法情事,得纠举之。在董事局之下,正、副局长为行政领导,执行局务;下设编辑、事务、营业、印刷、发行五所;设立监察,行监督之责。1916年,原营业所改为总公司,

---

① 吴有伦,字镜渊,江苏武进人。清末秀才。由沈颐牵线,同意垫款资助中华书局。"民六危机"后,他建议进行组织改革,整顿各地分局,健全规章制度,严格财务管理。历任中华书局董事、常务董事,对中华书局发展有一定贡献。参见吴中:《我所知道的"维华集团"》,《回忆中华书局》(上编),第211—214页。

原发行所改为上海店。

但是,"民六危机"的出现,暴露了中华书局在管理上的许多问题。除了客观原因之外,陆费逵指出:"办理不善,措置不当,实无可辞。"账目清理代表吴镜渊、黄毅之在《调查公司现状报告书》中指出,欧战进行,导致原料昂贵;国内动荡,金融恐慌;局长卧病数月,副局长亏空数万。以上诸端,"诚足致病之由,然皆外感而非致命之原因也"。他们从书局自身的管理上,进行了深刻地分析,认为:"致命原因有三:进行无计划为其第一原因,吸收存款太多为其第二原因,开支太大为其第三原因。有此三因,即无时局影响、人事变迁,失败均不免。"而这三种原因出现之根源,在于管理力度不够。在编辑方针、购置器械、吸收资金、开设分局,等等,均出现过失误。如此一来,导致"职员之当裁者"不敢裁;"机关之当并、分局之当歇者"不敢并、不敢歇。最终"漏厄日甚,现金日少,欲不搁浅不可得矣"。对此,陆费逵做了深刻的自我剖析:"就我本身想起来,有三种缺点:第一经济缺乏,没有应变的财力;第二经验不足,没有预防的眼光和处变的方法;第三能力不足,没有指挥全局的手腕。""民六危机",创深巨痛;中华书局,面临抉择。

1917年12月19—26日,中华书局连续召开董事会议四次,制定《董事监察暂行办事规则》。"规则"强调账目管理,加大监督力度。推举俞复为驻局董事,另行组织会计部。从前债权、债务由旧会计清理追讨,推举吴镜渊为驻局监察。局长既已陆费逵辞职,局长名义取消,暂任司理(1919年改称总经理),"凡服务各职司均归管辖,一切事宜商承驻局董事办理,俟优先股招齐另议任免"。对于各分局,议定整理大纲为:整理局务、甄别人员、催收旧账、节减开支、清点货账、调查内容、推广营业。并由康心如、孔祥熙、吴镜渊等分赴各分局进行整理。同时,议定厂店组织,明确职责范围。并议定核减开支的具体办法、从股东中推选董事会参事。

总办事处:直辖于驻局董事及司理,办理总公司各务。分总务、进货、分局、出纳、簿记、庶务、股务、整理分局特派员(临时选派)。

上海店:主任,专司上海店的营业,其分科组织由驻局董事、司理会同主任决定。

清理处:主任,专司清理旧事,清查分局。编辑所:主任,将原事务所并入,专司编辑、出版等事。设总事务部、中文编辑部、西文编辑部、出版部。

印刷所:主任,专司工厂事务,其分科组织与司理会商,共同决定。

货栈:主任,专司书栈、纸栈发货的支配管理。

　　随着形势和业务发展的需要,中华书局的管理体制,虽然不断有一些部、所的增删或名称的变更。但是,总的说来,上述体制基本上趋于稳定状态。到抗战爆发前,其管理系统的核心,为总经理之下设总办事处和编辑、印刷、发行三所。总办事处设总务、造货、帐务、会计、承印五部。编辑所下设总编辑、教科图书、普通图书、辞典、杂志五部。印刷所下设事务、营业、工务三部。发行所下设秘书处、上海发行所、事务部、分局发行部、供应部。实行董事会下的总经理负责制,逐渐走向科学化、规范化。可以说,中华书局的"一处三所",涵盖了出版过程中的主要环节,集编辑、印刷、出版、发行于一体。同时,加强了各部门的分工协作,进一步理顺了关系,对企业各种业务的顺利进行,提供了强有力的保障。

　　值得注意的是,中华书局对各地分、支局及特约经销处,也加大了重视程度。在总办事处之下,专门设立分局事务科,统一管理各地分支机构事务。尤其是对选择分局经理的标准,更加严格,他们必须具备的素质是:品德优良、文化水平较高、是本业的内行、要懂一点经济。由此可见,由这样的人担任分局经理,会使分局与总局团结协作,以达到营业发展,利润增加的目的。随着业务的进行,中华书局对分局的管理不断完善。1922年4月,在分局经理营业会议上,议定各案30条,包括备货、添货、结账、推广、营业、统计、账目、代接印件、经营外版、文具等实施办法。其中,加强各分局的财务、收支、账目的管理,是整个管理体制中的重中之重。中华书局规定:"同事除有特故,许支一个月薪水分几个月扣还外,绝对不许宕账。经理每五日点现一次,内账无论如何可靠,此种法定手续均须实行,不可稍存疑虑客气之意。如有银钱账目不符,应立即报告总局。倘未点现或不符不报,以通同作弊论。"分局每年年终结账,先送试算红册。经总局审核后认为账实相符,不是虚盈实亏,没有弄虚作假,才算手续完备。各地区还分别任命监理人,以便就近监督分局。随后,又出台一系列规章制度,编成《通则甲编》、《通则乙编》,成为分局遵循的基本法则。与此同时,总经理陆费逵多次巡视各地分局,进行具体指导。许多分局在时机成熟后,坚决收回自办。由此,过去管理松散、调度不灵的弊端,从根本上有所改变。

　　众所周知,现代化企业管理制度的建立,其最终和根本的目的,在于生产和提供高质量的商品,赢得顾客以占有更多的市场份额。但具体到出版业来说,有一定的特殊性,既要考虑到读者的需要,又要加强与作者的联系。一句话,出版业是联系作者与读者的桥梁。因此,处理好与二者的关系,没有严格的管理,明确的制度是不可想象的。作为一家大出版机构,中华书局有清醒地认识。对于作者,陆费逵多次强调"作者是我们的衣食父母"。他站在作者的角度,替作者着想,指出:"说到买稿,欧美我不知道,日本则每原稿一页约五百字,最低者售二元日金,最高者五十元,即每千字四元至一百元。稿费越大者销路越好,各书坊越争买其稿。我国通常稿费每千字二元至四元,五六元者很少,小书坊甚至收每千字五角至一元的书稿。试问著作人每日辛苦著作,得数乃至数十元的酬报,倘无主顾,只好自己鉴赏。照此情形,著作人那能安心从事著作呢?"正因为陆费逵有着这样的认识,并将其灌输于同人,中华书局不但能善待作者。"中华书局虽是私营出版业,但对作者的版税,照规定按实销数到时结算。如当年黎锦晖编的不少儿童读物,每年支付较多的版税,从不拖欠。对作者约稿,恪守信用,稿成以后,即使不能出版,也要说明理由,支付较低的稿酬。作者借支稿酬,也是常有的事。"而且,能体谅到作者"昏夜握管,斗室彷徨"的苦楚,"报酬方面竭力从丰,尤其对于无名作家,不可故意抑压,因为这直接的影响,是足以灰壮士之气,戕杀天才,间接的影响,是阻碍文化发展。"对作品的选择,视质量而定,"不可只顾到营业方面,而忘记传布知识,促进文化的重大责任,如果作品的内容是不正当的、有毒的,那无论是鼎鼎大名的名人作品,也应该一律拒收"(颂棣:《著作家·出版家和读者》,《中华书局图书月刊》第十三期)。中华书局拥有一批固定的作者群,他们以在中华书局出书为荣,除却书局本身的影响力而外,待作者以诚信、以人文关怀,也是极其重要的原因。对于读者,中华书局想其所想,竭尽服务之能事。读者购书后,"如果发现有缺页、白页、倒装等情况,即使是书已用得破旧,也可退换,不使读者受损失"。中华书局的书栈,有一套存书卡片,对缺书记录在上。畅销之书,不待售完就再版,满足读者求书需要。在总编辑部和推广部,建立大量的作者、读者卡片和全国学校名册,不时择要寄发一些宣传品,与作者、读者保持经常性的联系。

　　说到底,产品质量是企业的生命。中华书局对于出版物,严格把关,精益求精。长期服务中华书局的左舜生,在谈到他当年做编辑时,深有体会地说:"一本书经过七次校对才付印,还是避免不了错误;刊物的每篇文章至少也要经过三个人过目。"(沈云龙主编:《近代中国史料丛刊续编》)平时是这样,战时也如此。我们看到,在战火纷飞、动荡不定的抗战岁月,中华书局对出书质量的重视,丝毫没有放松要求。他们对教科书,"检查甚严,抽查发现有不合规格者,即全部退厂复查"。为满足读者需求,决定在江西重版《辞海》,"用原书照相制版翻印,特地邀请合群印刷公司朱经理等到香港中华印刷厂观摩技术,并派香港中华厂彩印部主任张文元到赣州驻厂监印和行技术指导,制版、校对、调色、选纸层层把关,要求甚严。经年余努力,终于将《辞海》上下两巨册印制成书。……《辞海》在江西出版,轰动战时出版界,曾用飞机运去重庆一部分,受到读者热烈欢迎"(喻建章:《抗日战争时期江西的出版事业》)。严格的制度,规范的管理,到位的监督,中华书局以服务立足,以质量取胜,在获取经济效益的同时,也产生了良好的社会效益。

(二)出版应时著作,参与文化创造

左舜生在《"五四"以后的中国出版界和教育界》一文中说:"我现在回想起来,从五四前后,一直到抗日的战争爆发以前,这个十五六年之间,实在是中国出版界的黄金时代。"可以断言,中华书局渡过难关、稳步发展,并确立在近代思想文化史上巨人的地位,实有赖于这个"黄金时代"的到来。

五四新文化运动,以狂飚之势冲击着中国社会,也影响了中华书局。新的思想、新的学说、新的术语的大量涌入,令人目不暇接。学派林立,论点纷呈,"主张保存国粹的,说西洋科学破产;主张输入欧化的,说中国旧文明没有价值"。人们在争论中读书,在争论中求知,欢迎"赛先生",拥护"德先生"。不久,整理国故运动的兴起,又一次引起人们对传统文化价值的审视。实际上,早在建立初期,中华书局就以"融和欧化国粹"为宗旨,开始大量出版中西著作。五四运动兴起后,中华书局自然不是旁观者,成为积极而热情的参与者,为这次新文化浪潮推波助澜。目光敏锐的陆费逵四处奔走,与学术思想界的学者保持联络,恳切延请他们入局担任编辑。"少年中国学会"的加盟,使中华书局实力大增,如虎添翼。"少年中国学会"在五四时期有着广泛的社会影响,是许多著名知识分子汇聚的团体。1920年,陆费逵将该会的左舜生聘请至中华书局,任编辑所的新书部主任。其后,由于左舜生的关系,又有多名会员前来任职,如陈启天、余家菊、田汉、张闻天、葛匀、金海观等人,中华书局的编辑力量大为加强。为适应新文化运动的需要,他们策划"新文化丛书"、"少年中国学会丛书"。不但拉进许多名人名篇,而且不少著述的作者就是他们本人。此外,"教育丛书"、"常识丛书"、"国家主义丛书"、"青年丛书"等,也在社会上引起了广泛而持久的影响。

引人注目的是,这时期聚珍仿宋印书局的加盟,成为中华书局出版古籍的一个重要品牌,顺应了当时整理国故思潮。聚珍仿宋印书局成立于1916年,为杭州八千卷楼的主人丁辅之、丁善之兄弟招集股本,建成股份公司。聚珍仿宋字体,系丁氏兄弟费十余年之心力创制。他们认为"书籍贵古本,以其字体剞劂皆精良也。"推广机器印刷后,铅字盛行,"坊间所用铅字,多系来自日本,转制以成肤廓之宋体,以云版本,殊不足登大雅之堂"。鉴于此,他们"因仿北宋古本书所称欧宋体字者,先刻木,次范蜡模铜,次铸铅,经种种手续,制成活字,以备好古者之采择"(丁三在:《聚珍仿宋印书局招股启》)。聚珍仿宋版已铸成铜模铅字有头号、二号、四号、三号、三号长体夹注欧体字共五种。已摹写样本陆续刻铸者,有顶号、初号、三号、五号及头号、四号长体夹注;又长短体字及西夏字体共八种,呈准专利三十年。该字体分方体、长体、扁体等三种,字体精雅,古色古香。1919 年,聚珍仿宋印书局与中华书局合作,并加以扩充。1921 年,经双方议定,该局正式并入中华书局总厂。其后,中华书局设立聚珍仿宋部。更重要的是,中华书局以此作为招牌,出版《四部备要》、《二十四史》和各种古诗文集、名人传记等,担负起保存和继承传统文化的重要使命。

"要使人对于中国的出版事业有相当的认识,必须从出版物的统计着手。"与商务印书馆一样,中华书局的出书种类、数量,在民国出版业中一直位于前列,占有全国出版总量的很大比例。可以说,离开了商务、中华出版的书籍而谈近代书业,几乎是难以想像的。据王云五《十年来的中国出版事业》一文的统计,1927—1936 年间,两家出版业的出版种类占全国出版物半数,甚至更多。(见下表)

1927—1936 年商务、中华的出版种数与全国总量比

年 份	商 务	中 华	全国总量	所占全国比
1927	842	159	2035	49%
1928	854	356	2414	50%
1929	1040	541	3175	50%
1930	957	527	2806	53%
1931	787	440	2432	50%
1932	61	608	1517	44%
1933	1430	262	3481	49%
1934	2793	482	6197	53%
1935	4293	1068	9223	58%
1836	4938	1548	9438	69%

与此同时,中华书局致力于多种门类的图书出版,涉及到科学、文化、教育、社会、法律、文学、地理等。进入 30 年代中期,中华书局每年出版书

籍四五百种、二三千册,与商务印书馆、世界书局一道,构成了中国近代出版业的三大重镇,见下表。(参见王云五:《十年来的中国出版事业》,其中,三家各占全国的百分比为笔者计算而得)

年　份	全国出版物	商务	中华	世界	三家占全国出版物比重	三家各占全国百分比		
1934	6197	2793	482	511	61%	商45%	中8%	世8%
1935	9223	4293	1068	391	62%	商46%	中12%	世4%
1936	9438	4938	1548	231	71%	商52%	中16%	世2%

　　由此可见,这时期的中华书局,其出版物虽不及老牌劲旅商务印书馆之多,但与出版业的季军世界书局相比,它所居有的优势还是较为明显的,表中可见,世界书局正处于下降的趋势。

　　著名出版家张静庐说过:"'钱'是一切商业行为的总目标。然而,出版商人似乎还有比钱更重要的意义在这上面。以出版为手段而达到赚钱的目的,和以出版为手段,而图实现其信念与目标而获得相当报酬者,其演出方式相同,而其出发动机完全两样。"(张静庐:《在出版界二十年》)毫无疑问,出版是一项生产精神产品的文化企业,它在实现积累和传播人类文明的同时,也要获取利润。但不应忽视的是,并非所有的出版人能有所认识,能处理好二者的关系。实际上,那时的"出版商人多以赚钱营利为目的,争相印市场销路好的媚俗之作,不愿出版那些印数少的严肃的学术、文艺著述"。这种状况,对于生活水平日益下降的读者来说,很难买到价廉质高的好书,以致"没有书读"、"买不起书"。时人尖锐指出:"在欧美有学问的各部门已经渐渐普及到了大众中间……但是在我们这里学问依旧是特权阶级的专利品,无论是科学、艺术、哲学,只有少数人可以窥见它的门径,一般书贾所看重的自然只是他们个人的赢利,而公立图书馆也只以搜集古董自豪,却不肯替贫寒青年作丝毫的打算,多数人的需要就这样被忽略了。"(田一文:《文化出版社始末》)作为民营出版业的重要一员,中华书局显然没有唯利是图,与某些出版商人混为一谈,而是为实现其服务民国文化、教育的宗旨,以高品位的图书、期刊,参与到近代文化创造中。随之而来的是,抗战爆发前,中华书局在规模、营业额、利润额等方面,达到了发展史上的最高峰,见下表。

中华书局发展时期资本、营业额、利润一览表

年份	资本额（万元）	营业额（万元）				利润（万元）	备注
		总公司	分支局	印刷厂	合计		
1912	7.5				22	4.4	最初股本 2.5 万元
1913 年 1—6					35	9	
1913.7—1914.6	25				70	13	
1914.7—1915.12	50				165	25.8	
1916	100				110	2	如将新增财产照旧减折,实亏 14 万元
1917					63		民六危机
1918.7—1919.6					82	2	毛利 28 万
1919.7—1920.6					110	22	毛利 36 万
1920.7—1921.6					148	16	
1921.7—1922.6		40	97	36	173	17.6	营业额较上届增 15%
1922.7—1923.6		43	100	40	184	19	毛利 46 万
1923.7—1924.6		57	97	53	207	20	毛利 53.7 万
1924.7—1925.6		52	84	62	200	17	
1925.7—1926.6	200	57	91	82	230	17	
1926.7—1927.6		71	98	93	263	10	
1927.7—1928.6		71	77	75	225	8.3	营业额较上届减 40 万
1928.7—1929.6		92	101	89	283	18	
1929.7—1930.6		109	138	87	335	19.6	营业额较上届增 18%
1930.7—1931.6		113	169	115	398	22.3	
1931.7—1932.6		96	164	107	367	18.3	营业额较上届减 8%
1932.7—1933.6		110	168	117	397	17.6	营业额较上届增 8%
1933.7—1934.6		118	167	126	412	18	
1934.7—1935.6		147	189	135	470	20.3	营业额较上届增 14%
1935.7—1936.6	400	600		215	819	24.7	营业额较上届增 74%,盈利增 21%
1936.7—12 月					532	15	

三、1937—1949 年:渐次衰落时期

出版业的兴盛与社会政局稳定、经济繁荣、文化教育的发达密切相关。五四运动后,伴随着新思想的活跃,中国近代出版步入"黄金时代"。但这种状况,并没有维持很长的时间,中国近代出版业即突遭劫难,步履维艰。1937 年 7 月,抗日战争爆发;随后,内战持续三年,加之水旱天灾、人民生活困苦等,包括出版业在内的近代工商业备受摧残,中华书局进入渐次衰落时期。

1931 年,日本发动"九·一八"事变,侵占中国东北。次年,又大举进攻上海,时局动荡。中华书局总办事处发出通告,指出日本发动战事后,"各分局大都人心恐慌,市面萧条,教育费无着,学校停顿;而东北各分局生意毫无,账欠无着;长江一带水灾及外侮,恐慌更甚,更无款来;天津新遭火灾,更无营业;总店营业停顿,账欠亦不能收。公司平时须月支三十万元,计薪工开支利息等十万,纸料十万,文仪进货及装订等费约十万。现在货不能售、不能造,无大宗收入,银行不能往来,即使战事停息,营业必大减。"东北三省的营业额,每年本有五十万元左右。事变发生后,初则教科书不能销售,后则社会科学文艺等书继之,营业额仅剩十之一二。哈尔滨、长春、吉林分局歇业,沈阳分局勉强支撑。这表明,战火的蔓延,对中华书局的影响极大。对此,陆费逵忧心忡忡,彻夜难眠,"悬想世界大势,我国大局,我公司及同人前途"。1936 年 10 月,陆费逵在写给编辑所长舒新城的信中,指出:"时局不佳,即现在能免战事,迟早终不能免。此后,吾人须为战期中之预备,不能多出新书,有来商让稿或版税者,希婉词谢却为幸。"已经感到书局的营业状况,不可避免地受到战争的影响,应早做准备。

1937 年"七七事变"发生,全面抗战爆发。受此影响,中华书局在华北的业务陷入停顿状态。1937 年 8 月 13 日,日军进攻上海,"八·一三"事变爆发。陆费逵认为战事一有迁延,必将波及沿海沿江工商区域。他告诫员工及时准备,应付时艰,先将应造货限期完成,分运各处,以免日后货源枯竭。与此同时,中华书局做出向内地转移的决定。但外运书籍之时,困难重重,频遭意外,"将上海赶印的大量教科书及各种参考书,雇帆船运到镇江,再从长江航运汉口,先后有四五千箱,或遭敌机轰炸,或滞留沿江各埠,颇有损失"。原有七种杂志,因日寇侵沪,纸张被毁不少,幸存者亦难取用,以致暂时停刊。一年后,鉴于营业条件的每况愈下,中华书

局发表声明,称:"沪战起后,上海交通阻滞,银行限制提款,各同业或裁人,或减薪,或仅发维持费,或完全停业,独敝局并不裁人减薪,维持至四个半月之久。嗣后战区扩大,分局陷入战区不能营业者几大半数,印出之书积存甚多,运出之书毁损不少,既乏工作,自不得不裁人减薪。"于是,辞海部、杂志部、新书部、古书部,全部被裁撤,教科书部也被裁撤了二分之一,几乎所有的出版新书及杂志的计划被迫陷入停顿。中华书局在虹口所存的一万令纸张被毁;运输途中被炸货物一千余箱;中华教育用具制造厂被焚毁,只此三项就达 50 余万元。各地分局所受的损失更是难以数计。1938 年 1 月,广州分局于 12 日由粤汉路转运汉口办事处书货 2100 多件,中途被炸,损失 872 包。汉口办事处先后三次转运重庆分局书货,搁置宜昌,无轮船装运。由重庆分局派人前往雇民船起运,途经万县时一船沉没,装书 500 多包。1939 年 3 月,南昌分局撤至吉安被日机轰炸,书库中弹起火。1941 年太平洋战争爆发,中华书局在香港九龙的厂屋、货栈被日军占领,所有的机器材料和账册文件等,悉数落入敌手。1944 年 4 月,日军由湘北南犯,7 月间由广州北窜,11 月进犯广西,粤汉路全线被占。中华书局在湖南、广西的分支局及金城江转运站,先后沦陷。长沙、常德两分局辗转迁往阮陵,衡阳支局先迁零陵,再至蓝田。广西的三处分支局,均将存货运往贵阳,但交通混乱,抢运阻塞,损失巨大。总之,八年的抗战时期,中华书局分支机构,包括沪港两厂的机械设备在内,所受损失总值国币三亿三千多万元。而在运输途中书货之损失,搬迁物资之损耗难以查明者,尚不在内。

非但如此,抗战以来,"出版成本一再飞涨,土纸售价上涨七八倍,印刷工价更见惊人:一月之内,数度调整。一书所需,动辄百万,名帙巨著,更非三四百万莫办。姑不问吾人无此经济能力,即令勉强出版,真不知如何定价,售与谁人?"受此影响,国内出版业已濒倒闭,维持艰难(《出版界紧急呼吁》,《大公报》1945 年 6 月 14 日)。

更为不幸的是,1941 年 7 月 9 日,总经理陆费逵在香港逝世,终年 55 岁。陆费逵手创中华书局,担任总经理 30 年,屡历艰辛,鞠躬尽瘁。中华书局痛失富有远见、处事果断的领袖,实为不可估量的损失。

但是,即使在如此恶劣的环境下,转移至重庆的中华书局,仍然义无反顾地承担着传播文化、振兴民族的使命。他们齐心协力,克服困难,投入极大的精力,大量印制教科书,想方设法供应大后方学校的需求。同时,出版了一批著名的专、译著及战时丛书,如《战争与和平》、《世界经济学要义》、《国防新论》、《第二次欧战大战史略》(一、二集);"非常时期丛书"、"社会科学丛书"、"中苏文化协会丛书"、"数学小丛书"、"物理小丛书"等;复刊《新中华》杂志,为当时后方唯一大型综合性期刊,一面鼓吹抗日,一面借以联络作家,其主旨为"发扬民族精神,灌输现代知识,提倡学术风气,注重战后建设"(《新中华》复刊第 1 卷第 1 期)。1937—1946年,中华书局出版教科书、儿童读物、普通图书,总计达 1542 种。可见,在极其困难的情形下,中华书局为战时文化建设,做出了力所能及的贡献。

八年抗战结束,人们欢欣鼓舞,都期待着战后百业复兴。尤其是"沦陷区的知识分子都怀着满腔的期待,希望从此可以看到大批的好书,稍解四五年来的知识饥荒了"。中华书局由重庆迁回上海,希望能为战后文化建设,重铸昔日之辉煌。1946 年 6 月,中华书局开始出版"小朋友丛刊"、"新时代小丛书"和"直接口耳法训练英语丛书",标志着战后出版的恢复。此后,中华书局相继恢复各分、支局等,并调整组织机构:总经理协理下设秘书一人或数人。总协理下设三处三所:总务处、业务处、会计处;编辑所、印刷所、发行所。原在重庆印行的五种期刊:《新中华》恢复半月刊、《中华少年》月刊、《小朋友》半月刊、《中华英语》半月刊分高级、初级两种,亦迁至上海继续印行。1947 年,中华书局图书馆应联合国文教委员会之请,举办基本教育展览会,陈列近代基本教育图书数万册。参观者为丰富的图书资料、仪器杂志叹为观止,认为这是集国内近代教育史料之大成。

然而,总起来说,战后的环境并非人们所期待的那样,"事实却没有理想的那么美丽"。与各界各业人们的愿望相反,随着国民党政府的独裁、黑暗,发动内战,社会再次陷入战乱之中。致使经济崩溃,民不聊生,通货膨胀,加之自然灾害接踵而至,这一切使得人们购买力大幅度下降。就当时的出版业而言,虽然比抗战时期得到一些的改善,但又很快陷入日暮途穷的窘境。"书籍虽称精神食粮,但是它不比其他日用品,在动荡不定之生活中,它的需要就越益减退。因此战争给予出版者的打击也更其重大。通货膨胀,交通阻塞,成本日高,销路越狭,出版者在这种困难之中,其苦闷是不难想见的"(陈东林:《战后两年来的中国出版界》,《中华教育界》复刊第 2 卷第 2 期)。日本投降后,一些出版家"以为今后每本书初版时要印五万至十万本了,到后来,才证明这完全是个梦"。难怪有人慨叹:"作为文化事业中极重要部分的出版事业,现在正处在萎缩崩颓的状态中。""战争、混乱、生活惨苦,交通断绝,独占、统制把出版业扼得半死了"(秦牧:《文化事业的浩劫》,周鲸文主编:《时代批评》,第 4 卷第 85 期)。

　　在这种情势下,中华书局也不可能逃脱厄运。纸张原材料价格继续增高,市面不振,新书销路有限,营业前途,更多艰难。为应付物价飞涨,书籍的版权页上只印基本定价,按上海书业同业公会议定的倍数计算,随时调整。自然,出版物的文化品味也大打了折扣,"书局的主要业务收入,还是依靠印刷国民党政府的钞票,其次是官价分配纸张。通货膨胀,钞票票面不断改版印制;物价飞腾,纸价上涨"(吴铁声:《解放前中华书局琐记》)。解放前夕,作为近代中国大型民营出版业之一,中华书局已是日落西山,朝不保夕。新中国的建立,为中华书局的历史揭开了新的一页。

本章附表 1① 　中华书局出版书籍分类统计(1912—1949)

位次	类别	种数	册数	种百分比
1	教育	1793	2798	30.3%
2	语言	677	913	11.45%
3	文学	649	1062	10.9%
4	历史、地理	504	729	8.53%
5	艺术	388	568	6.56%
6	经济	361	390	6.11%
7	自然科学	315	340	5.33%
8	政治、法律	310	341	5.24%
9	哲学	214	254	3.62%
10	技术科学	148	153	2.5%
11	农林牧业	125	128	2.11%
12	医药、卫生	122	140	2.06%
13	社会科学	95	101	1.60%
14	文化、体育	83	105	1.4%
15	军事	71	76	1.2%
16	综合	53	4604	0.09%
	总　　计	5908	12702	100%

---

①转引自王余光等:《中国新图书出版业的文化贡献》,第49页。武汉:武汉大学出版社,1998。

本章附表 2①　中华书局出版主要刊物一览表（1912—1949）

名　称	创刊时间及周期	主　编	备　注
《中华教育界》	1912 年 3 月创刊,月刊	顾树森、沈颐、余家菊、陈启天、左舜生、孙承先、倪文宙	1937 年"八·一三"后停刊,1947 年复刊至第 4 卷,1950 年停刊。
《中华小说界》	1914 年 1 月创刊,月刊	姚汉章、董哲乡	1916 年 7 月停刊。
《中华实业界》	1914 年 1 月创刊,月刊		1916 年 11 月停刊。
《中华童子界》	1914 年 6 月创刊,月刊	陆费逵、周瘦鹃、戴克敦	1917 年 10 月停刊。
《中华儿童画报》	1914 年 7 月创刊,月刊		1917 年 2 月停刊。
《中华妇女界》	1915 年 1 月创刊,月刊		1916 年 9 月停刊。
《中华学生界》	1915 年 1 月创刊,月刊		1916 年 12 月停刊。
《大中华》	1915 年 1 月创刊,月刊	梁启超	1917 年 3 月停刊。
《中华英文周报》	1919 年 4 月创刊,全年 52 册	马润卿、桂绍盱、王翼廷	1928 年暂停;1929 年复刊。"八·一三"后停刊。
《小朋友》	1922 年 4 月创刊,周刊	黎锦晖、吴翰云、陈伯吹	"八·一三"停刊,1945 年在重庆复刊,改半月刊。
《儿童文学》	1924 年 4 月创刊,月刊		同年 12 月停刊。
《小朋友画报》	1926 年 8 月创刊,半月刊	王人路、吴启瑞、许达年、沈子丞	1930 年停刊,1937 年 7 月复刊。
《新中华》	1933 年 1 月创刊,半月刊	周宪文、钱歌川、倪文宙、金兆梓、姚绍华、卢文迪	1937 年 8 月停刊,1943 年 1 月复刊,改月刊。

①资料来源:钱炳寰:《中华书局大事纪要》,中华书局编辑部编:《回忆中华书局》(上编),笔者进行梳理、统计。

名　称	创刊时间及周期	主　编	备　注
《小朋友周报》	1937年4月创刊,每周四出版	潘予且	"八·一三"停刊,1937年11月复刊。
《中华少年》	1944年1月创刊,月刊	张梦麟	
《中华英语》(高级)	1944年1月创刊,半月刊	钱歌川	1945年分初、高级二种
《中华书局月报》	1921年10月创刊,内部刊物		
《出版月刊》	1937年4月创刊		
《进德季刊》	1921年创刊		
《小妹妹》	1922年创刊,旬刊		
《小弟弟》	1922年创刊,旬刊		
《中华书局图书月刊》	1931年创刊		

说明:1.中华书局最有影响的综合性刊物为《大中华》《新中华》;最有影响的专业性刊物为《中华教育界》;办刊时间最长的刊物是《小朋友》。

2.此外,中华书局还代为发行许多刊物,在思想文化界产生过巨大影响,如:《留美学生季报》、《改造》、《学衡》、《少年中国》、《戏剧》、《诗》、《文史》、《世界政治》等等。

第二章　中华书局与近代教育(上)

出版与教育、社会的发展,有着密不可分的联系。诚如陆费逵所言:"我们希望国家社会进步,不能不希望教育进步;我们希望教育进步,不能不需要书业进步。"(陆费逵:《〈书业商会二十周年纪念册〉序》)中华书局是近代社会变迁和教育转型的产物,以出版适应共和政体的教科书而涉足书业。从此,确立以出版为手段,服务教育和文化的方针。

为促进学校教育和社会教育的发展,中华书局付出了很大的努力。通过编辑教科书,创办教育刊物,出版教育书籍,积极引进和介绍西方教育理论、教学方法,有力地推动了近代教育思潮的兴盛。同时,参与国语运动,推出国语读物;出版"教育丛书",启迪民众智慧。可以说,民国时期关于教育问题的每一篇章,中华书局都以自己的实际行动,写下了浓重的笔迹。

第一节　中华书局与近代教育思潮

陆费逵创办中华书局,起缘于教科书内容的变革。实际上,此前涉足书业多年的他,对于教育问题早就给予了较多的关注。在陆费逵看来,良好的教育是民族进步、国家强盛的根本所在。他说:"夫教育者,国民之根本。""教育得道,则其国强盛;教育不得道,则其国衰弱而灭亡,此一定之理也。盖教育得道则民智开、民德进、民体强,而国势隆盛矣。教育不得道,则民智塞、民德退、民体弱,而国势衰亡矣。然则欲救危亡而期强盛无他,亦求教育之得道而已。"(陆费逵:《论今日学堂之弊》)陆费逵的理想,就在于向世人提供优良的图书,灌输科学文化知识,培养素质较高的国民。因此,他既是出版家,又是教育家。在陆费逵的主持下,服务民国教育,开启国民智慧,始终成为中华书局的重要出版理念。

当然,在新思潮的激荡下,中华书局广泛招揽教育界、知识界人士的加入,在很大程度上增强了它以出版而昌明教育的功能。与中华书局关系密切的"少年中国学会"，曾经对 62 名会员以问卷的形式作过调查，在"欲从事的终身职业"栏内，有 43 人选择的是从事教育，占被访人数的69%。其中，许多加入中华书局的会员，如左舜生、李璜、余家菊、陈启天等人，起初均以从事教育为理想。分别主持过编辑所的范源廉、舒新城，以及诸多与书局有过关系的黎锦熙、庄泽宣、陶行知、叶圣陶等人，均以教育家闻名于世。这种人员构成状况，在一定程度上也对中华书局的选题思路，产生了重要的影响。因为从根本上说来，"出版，无非就是出版社制订选题计划，继而仰仗于找到好的作者，委托其著述，然后出版发行"（［日］清水英夫著，沈洵澧、乐惟清译：《现代出版学》）。诸多教育家投身出版，目的在于以此为手段而教育大多数身处社会下层的国民。他们有着深沉的使命感和责任感，对于社会的变化反映灵敏。更重要的是，他们能够较早地洞悉国外教育新风，并结合国内实际现状，通过出版物而参与教育改造。无疑，由于编辑构成的变化，中华书局具有这种教育的性质，它以民营出版业的身份，在近代教育的发展中留下了独特的影响。

20 世纪以来，受日本和西方国家教育成效的刺激，近代中国教育走上了急剧变革的历程。随着科举制的废除、新式学堂的涌现，以及留学运动的开展，又大大加快了我国教育近代化的步伐。民国以来，名目繁多、不同内容的西方教育理论，通过各种方式、各种途径，以空前的趋势被大量地引进，成为中西文化冲突和交流的一个热点领域。1912 年 3 月 25日，刚刚成立不久的中华书局，为加强与文化教育界的联系，更重要的是探讨近代教育的出路问题，创办第一份刊物——《中华教育界》月刊。自此，随着时代的演变，"本着为民国教育服务的宗旨，对于新兴学术思想的介绍，和国内外教育上各种创制和实验的报道"，世界教育思潮和世界教育实际状况，学术界对教育问题的研究和讨论，予以特别的关注，"从没有间断过"。即使在中华书局遭遇"民六危机"之际，《中华教育界》亦是"八大杂志"中唯一的幸存者。它涉及的内容很多，涵盖了教育问题上的各个层面，成为民国时期传播先进教育理论，研究国内教育现状，以及引领教育思潮的著名专业性杂志之一。

以服务教育为己任的中华书局，在其发展历程中没有一刻离开过教育。可以说，它的命运与民国时期的教育休戚相关。作为一家出版企业，中华书局在出版教育用书、制造教育用具，以及参与教育实践活动的同时，还积极地译介西方先进教育思想和方法，推动近代教育思潮的发展。

一、对西方教育理论和教学方法的传播

　　教育对社会发展的作用,是通过培养人来实现的。民国建立,政体更新,必然引起教育宗旨、内容和形式等的变化。而西方发达国家的教育理念和教学方法,无疑是中国旧式教育观念的冲击波。

　　1914年,中华书局编辑顾树森在《中华教育界》上,连续发表《欧美最近教育思潮》的文章,对当时世界上流行的生活本位之教育、人格本位之教育、儿童中心之教育,以及国家公民教育等,作了较为详尽的介绍。最后,他得出结论说:"凡此诸说,皆欧美最近主张、最新倡导,足以供社会之需要,而为改革教育之根本者。"因此,"今日之小学教育,不仅施以普通国民之陶冶,尤当陶冶卒业后之职业,是为教育之最大责任"。他特别强调儿童教育中的区别对待、发展个性的问题,应当注重"儿童之个性及其天才,打破划一教育制度,训练儿童,重自由活动,养成自治服从之性质"。应当说,这是对压抑人性、呆板迟滞的教育传统的批判。

　　不久,为适应社会对国内教育改革的迫切需要,许多流行西方的教育方法和思想,如潮水般地涌入进来,可谓一派"你方唱罢我登场"的景象。自然,中华书局不甘落后,以《中华教育界》为阵地,对此作了大量的报道和介绍,堪称当时的主要传播媒介之一。其中,蒙台梭利教育法、杜威实用主义教育、孟禄教育哲学、设计教育法、道尔顿制等,成为这时期译介的重点,亦成为激荡民国教育界的著名理论和方法。

　　蒙台梭利法,是意大利医学博士蒙台梭利(旧译蒙铁梭利)发明的一种教学方法。她以生理学、心理学及医学为依据,以及儿童内在的自动力和感觉训练是意识活动的基础的理论,于1907年设计了"儿童之家"。在"儿童之家"里,她布置了儿童日常生活用品及训练感觉的教具,如各种几何形状的积木、图画,强调让儿童充分的自由活动、自我教育。这种方法,融合了医学、哲学、心理学、生物学等理论与实践,整个教育过程贯穿着简明、单纯、实用的原则。1909年,蒙台梭利撰成《运用于"儿童之家"的幼儿教育的科学教育方法》一书,全面阐述了她的教育主张及在"儿童之家"实施的教育方法。此书很快引起国内外人们的注意,并被译成多国文字,在世界范围内产生了广泛的影响。数年间,"欢迎此教育法者,美国最盛,英国次之,伦敦近已设立蒙铁梭利会,以研究此法,各学校采用者也多。其他法兰西、瑞士,亦极表同情。瑞士邻近意大利之部分,采用该法之学校,已七十余处"(我佛:《蒙铁梭利女史教育法》,《中华教育界》)。不少国家或地区,组织"蒙台梭利协会",开办"蒙台梭利学校";它被许多幼儿园采纳,用以作为开发儿童智力、培养自动能力的教学方法。

中华书局很快认识到,蒙台梭利法对于启发国内教育界的思路,必将发生有益的作用,因此从1913年开始,《中华教育界》就发表大量的文章,不仅做出一般的介绍,而且进行深刻的评论。署名我佛的《蒙铁梭利女史教育法》一文,简要明了地向人们介绍蒙氏教育法的大致概况。他指出,"使儿童自由动作"、"感觉训练"、"重视教具教法",为这个方法的三大特色。随后,顾树森题为《蒙铁梭利女史新教育法》的文章,共10章,分数期刊载出来。在这篇长文中,较为全面、详尽地介绍了蒙氏教育法的内容和实施办法,高度评价这是对教育界"开一新纪元"的"宏大之说",不仅"为教育界独辟蹊径,别树新帜",而且"其主义之精当,训练之绵密,教授之合法,设备之周到,固为旧教育所望尘莫及者矣"。对于各国采用后之成效,顾氏也表示了相当的钦羡之情,欧美"各学校之采用其法者日众",日本"亦研究之不遗余力",并翻译出版了不少有关的书籍。但反观我国,"注意于此者甚少,虽有一二杂志中,略述其梗概,顾皆择焉不精,语焉不详"。顾树森的介绍和呼吁,对于蒙氏教育法在中国的传播,曾起了不小的作用。

值得注意的是,20世纪20年代以来,人们对新式教育理论的吸收,不再像从前一样,只是以日本为中转站,而是转向以欧美国家为中心,尤其是以美国教育家的理论为重点。固然,这与留学欧美的大批留学生的回归有关,但还有一个不可忽视的因素是,以杜威、孟禄为代表的许多美国著名的教育家登陆中国,分赴各地,就世界教育思潮和中国教育所面临的问题,发表自己的看法,将中国教育"近代化的内容扩大到教育哲学、教育测量和教学方法改革等等众多方面"(刘正伟:《督抚与士绅——江苏教育近代化研究》)。他们的演讲活动,得到了国内文化界、教育界,甚至出版界的热心支持和推动。这种状况,成了当时教育思潮的重要组成部分。[1]（见下表）

①参见刘正伟:《督抚与士绅——江苏教育近代化研究》,第237页。石家庄:河北教育出版社,2001。实际上,早在1913年6月,孟禄就来过中国,会见过江苏教育司司长黄炎培,并参观了该省的一些中小学校。

20 年代美国教育家来华活动一览表

时　间	人　物	邀请单位	演讲内容
1919 年 5 月	杜威	北大、江苏省教育会	实用主义教育哲学
1921 年 9 月	孟禄	北京实际教育调查社	教育方法的改革
1922 年 6 月	推士	中华教育改进社	考察科学教育
1922 年 6 月	麦柯尔	中华教育改进社	帮助编制教育测验和训练人员
1925 年 7 月	柏克赫斯特	中华教育改进社	考察道尔顿制
1927 年 3 月	克伯屈	中华教育改进社	考察设计教育学法

就上述来华的美国教育家而言,以杜威实用主义教育思想的影响,应当说最为广泛和深远。对此,当时的学者发表文章,做了大量的评述。郑宗海指出:"近年到中国访问的外国学者中留下影响最大的,许多人说要算杜威博士。他的学说有关于哲学、教育、政治等——最近数年所发表的政论,常引起世人的瞩目——但是他最大的实际的贡献,是在他的教育学说。至于我国所受于他的影响,恐怕只在教育方面;但所受的教育影响却很不小,尤其是在初等教育方面。"(《中华教育界》第 18 卷第 5 期)1922年,陈启天曾就引起的教育思潮勃兴的角度,也进行了评论,说:"自杜威博士到华讲演,于是教育界的思想翻然大变。所谓平民主义的教育,人本主义的教育,试验主义的教育,只要得着杜威博士一言一字的指点,就无不被其影响,把素所惯谈的贵族教育,文艺教育,因袭教育完全廓清。于是'新教育'的呼声,遂遍于全国。虽实际的影响不大普及,而教育思想界却开一大新纪元,教育根本的动机,已伏于此时了。只要源源的灌输新学术、新方法,全盘改革的时机,必将不远。"实际情况也正是如此,近代教育界的变革,无不渗透着杜威理论的启迪。

约翰·杜威(John Dewey,1859—1952),美国哥伦比亚大学教授,著名的哲学家、社会学家、教育家,近代实用主义教育哲学的创始人。他针对旧教育消极地对待儿童的弊端,提出教育即生活、学校即社会的命题。他指出,要把教育的重心从教科书、教师或任何别的什么地方转移到儿童身上。他强调以活动为媒介,培养学生的主动性和创造性,"由做中学"。这些观念,不啻为"教育思想和教育观念领域的一场大革命,是对传统教育的一次根本突破"(陈学恂主编:《中国教育史研究》近代分卷)。

当然,杜威及其教育理论,很早就引起国内教育界有关人士的关注。

1913 年,《中华教育界》专门开辟了"实用主义"栏目,发表顾树森的《生活教育设施法》等一系列文章,开始介绍实用主义的教育学说(《中华教育界》1913 年 1 月号)。① 不过,杜威实用主义教育思想在中国的广泛传播,还在于他来华讲学以后。1919 年 5 月,杜威被中国知识界从日本邀至中国,开始了为期二年有余的讲学历程。其足迹遍至大江南北 10 多个省市,巡回演讲近 200 次。仅在江苏一地,从 1919 年到 1920 年,杜威就发表演讲 43 次。他的演讲内容,可以说涉及到教育问题的诸方面,如学校教育、平民教育、职业教育和社会教育,等等。当时,实用主义教育哲学在中国的教育界蔚为时尚。人们纷纷兴起了研究杜威学说的热潮,一时间,"教育即生活","学校即社会","儿童中心主义"等杜氏名言,广为流传,成为主张教育变革的人们的口头禅。

应当指出,民国以来新的思想学说的输入和传播,都离不开民营出版业的努力。杜威在华的活动,以及其理论受到许多出版机构的关注,它们以书籍和刊物等方式,成为这时期宣传杜氏学说的主力,中华书局当然不会例外。作为一家有影响的大书局,中华书局参与迎接杜威的聚会,并及时地对杜威的演讲内容予以报道和介绍。1920 年 4 月,杜威在南京高师发表演讲,引起较大的反响。其内容大致分为教育哲学、实验论理、哲学史三类,"其中以教育哲学较为详细,共讲六周,计二十二次"。5 月,《中华教育界》即刊出听讲人姚之壁的笔记,名为《杜威的教育哲学》,连载数期,洋洋数万言。杜威在讲演中,较系统地阐述了他的教育哲学思想,宣扬广义上的教育,即学校内外的教育,"凡生活的工具,可以陶冶人,指导人,教人如何生活的,都有教育的价值"。这篇文章记录了杜威设计的五个有关教育的主要问题,即教育的必要性、教育的可能性、教育的实施方法、教育的结果、教育价值的评判等。直到二年后的 1922 年,商务印书馆才出版了这次讲演记录——《杜威教育哲学》。

概而言之,杜威教育哲学的重点是儿童中心主义,即儿童通过自身积累经验,发展个性,适应生活,教师在其中起辅助性的作用。他说:"这是一种变革,这是一种革命,这是和哥白尼把天文学的中心从地球转到太阳一样的那种革命。这里儿童变成了太阳,而教育的一切措施则围绕着他们转动,儿童是中心,教育的措施便围绕他们而组织起来。"杜威的教育思

---

① 此外,黄炎培在《教育杂志》第 5 卷第 7 号(1913 年)上发表《学校教育采用实用主义之商榷》,提出:"今观我国教育界之现象,虽谓此主义为惟一之对症良药,可也。"

想,使我国文化教育界人士能够以更为广阔的视野,去审视域外的教育理论和学说。事实上,也在一个新的层次上疏离了传统教育。那时,就有学者撰文评论说:"近年到中国访问的外国学者中留下影响最广大的,许多人说要算杜威博士(John Dewey)。他的学说有关于哲学、教育、政治等——最近数年所发表的政论,常引起世人的注目——但是他最大的实际的贡献,是在他的教育学说。"(杜威著:《杜威教育论著选》)一个有趣的现象是,作为哲学家的杜威,他在中国所产生的影响,不在哲学而在教育理论。归根到底,这与当时国内教育变革的大趋势,有着密切的关系。中华书局对杜威学说的介绍,其意义自然不可小觑。

如果说,杜威在华的讲演活动,给中国的教育注入了新鲜滋养,带来了令人耳目一新的理论,那么,孟禄(旧译有时称孟罗)的莅华及其活动,则"以科学的目光调查教育以谋教育之改进,实为我国开一新纪元"(陶行知语,《孟禄与中国教育界同人在中央公园饯别会之言论》,《新教育》第4卷第4期)。

孟禄(Paul Monroe,1869—1947),美国教育家,主要从事教育史研究。他是继杜威来华讲学后,另一位影响较大的教育家。1921年9月,孟禄首次踏上中国大地。与杜威不同的是,他并不急于在各地发表演说,而是先对中国当时的教育状况进行了实地考查、研究,随后才向人们表达了自己对中国教育问题的观点。孟禄这次来中国调查教育,先后到过北京、河北、山西、河南、江苏、广东、福建、浙江、山东、奉天、天津等多个省市,历时3个多月。他对各处教育界人士及学生的讲演约60次,出席许多教育讨论会。期间,对中国教育的现状,提出了尖锐的批评;对中国教育的改革,提出很多具体的建议。在孟禄看来,"中国既为共和国,则当施共和国之教育",要以培养国民的"德谟克拉西"精神为宗旨。其中的要素体现在独创和效率两个方面,即:(一)"为独创的能力,能以自动之精神,自己研究,自己判断,而自用方法以达一定之目的。"(二)"以少数之金钱、时间、精神,而得多数之效力。"只有具备了这两个要素,才算符合共和之精神,"在学校,与学生以自动之机会、独创之能力,则卒业后其创造力、判断力,自能充足,即此共和教育之目的也"(孟禄:《学理与应用》,见《孟禄的演讲》,《新教育》第4卷第4期)。本着这个原则,在教学方法上,孟禄强调重在自动,以此来引起学生的兴趣,启发他们的求知欲和思维力,训练他们解决实际问题的能力。对此,著名的教育家叶圣陶指出,孟禄的思想带来中国教育的新纪元,并强调:"我们当这新纪元开始时候要参与革新的运动,须具有两种精神:一是开辟的精神,二是试验的精神。有开辟的精神,然后愿到那人不肯到的地方去服务,然后我们足迹所到之处,就是教育所到之处。有试验的精神,然后对于教育问题,才有彻底的解决,对于教育原理,才有充量的发现。"当时,著名的学者王卓然也评价说:"孟禄博士每次对学生演说,莫不恳切的说明。说真正的德谟克拉西,是要学生自动的负责任管理自己,鞭策自己,要学生自动的去专心研究学问。"可以相信,人们赞同孟禄的观点,接受他的思想,认为他的调查对中国的教育前途,有着很大的贡献。因此,孟禄来华对中国教育界的影响,也是非常之大的。

　　同样,对孟禄的来华调查及其讲学活动,中华书局也做出了较快的反应,为其教育学说的广为流传做出了努力。陈启天在《中华教育界》上发表《孟禄博士与中国教育》一文,指出孟禄给中国所带来的,"即在使我教育界得着新学术与新方法;并且本他实行的精神,示我们以模范,使我们得着这种学术和方法能不断的见诸实行,不至如昙花偶现"。接着,他向人们强调说,要认真研讨孟禄"教育的历史研究"和"教育的实际研究"的方法,"孟禄此次来华调查教育的方法,是搜集关于教育事实的印刷品,实际参观,与各地教育界人士会谈。这种实际研究的方法,可以给我们一个很大的教训,他要研究中国教育,先要明了中国教育的实际,而我们研究教育的,从前多醉心日本,现在多醉心美国,将来或要醉心法国了,于本国的教育实际,却未尝多加研究。无论革新不革新,终久'外国的教育',不是本国的教育,离着真正的教育恐怕还远。所以我希望教育界以后应效博士的方法,要急于用一部工夫,在本国教育的实际研究上,明了中国社会的特别需要与情况及中国儿童的特别需要,才能多收采用教育成法的功效,不至为其所误"。在这里,他以孟禄的调查为例,重在强调"本国的实际";他所阐述的观点,对于当时躁动不已的教育界,冷静思考,深刻反省,认真研究国内现状,可以说有重要的启示。同一期,邰爽秋发表《评孟罗教育史》一文,简要评述了孟禄对中国教育史的了解,以及我们应当如何对待其中的某些误区,等等。1922年6月,中华书局出版《孟禄的中国教育讨论》一书,由陈宝泉、陶行知、胡适等选取《新教育》杂志上《孟禄号》的有关文章,这是一部孟禄来华调查教育和演讲报告的汇编。由此,进一步扩大了孟禄教育学说在中国的传播和影响。

　　以杜威、孟禄等人为代表的西方教育学说经社会各界的提倡,尤其是在民营出版业扶持下,在教育界掀动起一阵不小的波澜。人们对教育问题的思考和认识,相对传统思维来讲,已发生了相当的变化,为接受西传而来的新式教学方法,奠定了一定的思想基础。此后,设计教学法、道尔顿制、文纳特卡制、葛雷制、德克乐利教学法等,相继涌入,此起彼伏。这些教学方法尽管内容、方法和实际操作上,各具特色,个性鲜明,但都体现了以学生为本位、以社会生活为旨归的共性,"把教学过程的重心移到学生一边,注重与社会生活和儿童实际密切结合,注重培养儿童自身的主动性、创造性,以更好地发挥他们的个性和天赋才能"(陈学恂主编:《中国教育史研究》近代分卷)。对于这些足以振聋发聩,足以启迪人们传统教学观念转变的新式教学方法,以中华书局为代表的出版业,均进行了不遗余力地介绍。这里,我们以设计教学法和道尔顿制为例,从中体味出版人的传播之功。

设计教学法,为美国进步教育家克屈伯(W.H.,今译基尔帕特里克)于1918年创立。它体现了杜威"儿童中心主义"的原则,主要内容是克服传统教学中呆板的课堂灌输模式,以及孤立的分科、只重课本知识的缺陷。提倡改革教科书,强调学生的自动能力。学生在教师的辅助下,自行决定学习内容,在自行设计、自行负责实行的单元活动中获得相关的知识,从而增强解决实际问题的能力。20世纪初期,设计教学法吸引了中国教育界的注意。当时,有人指出,这是一种有兴味的、有次序的、有系统的、有组织的、有效率的学习方法。它使学生得到的知识是具体的,不是抽象的;是完全的,不是零星的;是一体的,不是片面的。其观念是明确的,不是暧昧的;是清楚的,不是糊涂的;是牢靠的,不是松散的。中华书局也很快认识到,这种方法为"新教学法中一种良好方法"。于是,以《中华教育界》为阵地,先后编选多篇有关此类问题的文章,进行了多方面、多视角的报道和介绍。如曹刍的《设计教学法的价值》、漱逸的《答余迺安先生——设计教学法与单级小学问题》等。

1921年,邰爽秋在《中华教育界》第11卷第11期上,发表《设计教学法》一文,这是一篇颇具分量和代表性的文章。首先,他力陈传统教学上的种种弊端。关于教材,则"零星琐碎彼此不相联络的、干燥无味的、无目的的杂凑的、不合实际生活的、抽象空泛的"等;关于教学方法,"课课的教法,都是一样。日复一日,年复一年,形式的功夫,已经做到极点了",这是没有生机的"注入的教法、形式的教法、符号的教法";关于效果,则"使教育与生活分离;戕贼儿童的本能同自动能力;发生教学上的消耗,使教育的效率降低"。接着,他指出,要纠正这些久行不衰的流弊,"只有设计教学法"。作者详细地说明了设计教学法的性质、原则、与学习公理之间的关系,以及实际应用中的注意事项等等,向人们展示了"发达基本知识时合并归纳的演绎的思想过程、用已得的知识来类化新的知识、解决问题组织知识中之自动"等新式教学理念。当然,这些观点不无偏颇之处,设计教学法也并非完全适合于我国。但作者所批评的传统教学方法的弊端,却是当时中国教育中普遍存在的问题。他呼吁:"我们现在应做的工夫,就是要设法把各种重要的代表的设计搜求出来,依年级的高下,依地方的需要,一类一类的编成小册子,以备各教师采用"。由此可见,作为一种新式教学方法,作者强调不在于是否马上采用,而在于引起人们对久成习惯的旧模式,沿用不衰的传统教学方法的再思考,以促使教育观念的更新和实践。

道尔顿制,又称道尔顿实验室计划,由美国女教育家 H. H. 柏克赫斯特于 1920 年在马萨诸塞州道尔顿中学所创立,因此得名。这种方法所遵循的原则是:"自由,学校即社会,知而后行。"所实施的方法是:"把各级教室变成各科作业室;把课程列成大纲,按月分配,任学生签定工约,自由学习,将每次所得成绩,记载于日程表、分科表、周表上面。教师从旁个别指导,遇必要时也可用全体讲解。学完一个工约,经过相当的考验,教师认为通过时,得另换新工约,进行学习。小规模的学校,也有通同性质相近的各科,合设一作业室;或将一作业室,依科目分成几区图书标本,一应用具,都放在作业室中。"(祝其乐:《"道尔顿制"与设计教学》,《中华教育界》第 12 卷第 7 期)不难发现,与传统的教学方法相比,道尔顿制更强调学生在学习上的自由,废除了年级制、课程表、课堂教学。学生根据自己的兴趣与能力,自行选择科目,自由地学习。学习时间的长短,也由学生根据所选科目决定。不难发现,强调学生的自主性、创造性,挖掘潜力,提高学习效率和质量,这是道尔顿制的实质所在。

道尔顿制产生以后,在美国引起了广泛的影响,并很快传播到其他国家。在英国,成立了道尔顿制研究会,专门研究这种教学方法。数年间,这项新式教学法盛行的国家,首推英国,德国、法国和日本次之,各类学校纷纷进行实验。在我国,不少教育刊物闻风而动,对道尔顿制进行了报道和介绍。其中,中华书局做出的努力和取得的成绩,更是有目共睹。

从 1923 年开始,《中华教育界》刊载大量介绍和研究道尔顿制的文章,仅在第 12、13 两卷里,就发表了许多名家名篇,如祝保乐的《"道尔顿制"与设计教学》(12 卷 7 期)、杨逸群的《高级小学算术科采用"道尔顿制"的研究》(12 卷 8 期)和《高级小学国语科采用"道尔顿制"的理由和办法》(12 卷 11 期)、舒新城的《道尔顿制讨论集要》(13 卷 3 期)、舒新城的《道尔顿制可有的弊端》(13 卷 2 期)、杨逸群的《小学实施道尔顿制的我见》(13 卷 3 期)、穆济波的《道尔顿制实验班国文科比较教学的报告》

(13卷10期)、余家菊的《道尔顿制之精神》(13卷7期)、舒新城的《论道尔顿制精神答余家菊》(13卷8期)、杨逸群的《试行道尔顿制后的报告》(13卷10期),等等。这些文章,从理论或实践的角度,对道尔顿制的根本宗旨、基本内容、实施方法,以及实施时应当具备的条件等,均作了大量而有益的探讨。可以说,中华书局对道尔顿制的推广,伴随着它东渐而来的全过程。

然而,值得注意的是,随着道尔顿制学说流传的盛极一时,有人扩大它的作用,甚至不顾实情地认为,"此制可以解决教育上之一切问题"。对于传播道尔顿制极为热心、不遗余力的中华书局,已迫切感到引导人们以正确的态度,来对待外来学说的必要性。1926年,《中华教育界》于第15卷第5期推出《道尔顿制批评号》,包括舒新城的《今后的中国道尔顿制》、廖世承的《中学实施道尔顿制的批评》、俞子夷的《小学实施道尔顿制的批评》、马客谈的《小学国语科实施道尔顿制的批评》、徐元善的《小学历史科实施道尔顿制的批评》、武受丹的《小学地理科实施道尔顿制的批评》、穆息岑的《中学文科实施道尔顿制的研究》、李儒勉的《道尔顿制与英语教学》等文章。时任刊物主编的陈启天,在《刊行道尔顿制批评号旨趣》上,开宗明义地指出:"抑教育之事,昌论之时,贵有所批评而示其适当之价值,试行之后又贵有所批评而明其真实之效果,然后教育之进行乃有所准绳而非徒以教育为儿戏或时髦也。因是吾等认教育之批评与教育之进步有极大之关系,于当今之教育已有所批评矣,而今刊行专号批评道尔顿制亦本是旨矣。"事实上,作为一种新式教学方法,道尔顿制强调培养学生的个性、自动性,自有其合理的成分,但与任何域外思想理论的输入一样,必须与自己的实际结合起来,才能发挥它应有的作用。在这里,提倡该学说最为得力的舒新城也指出:"我们对于道尔顿制的实施,不要以道尔顿制的机械方法为限,更不当为适合于外国环境之方法所束缚,当本其精神努力研求更适宜国情的良好方法。"可以相信,这是一种理性的思考,一种批判的精神,也是传统思维中较为缺乏的因子。

民国以来,欧美各种教育理论和方法的输入,异彩纷呈,绚丽夺目。有学者指出:"如果说杜威来华是将中国的教育引向美式道路,为它指明了民主主义教育改革方向的话,那么,其后的孟禄、推士等人的访华则进一步为中国教育民主化改良运动进行了具体的策划,将杜威的口头讲演逐渐付诸现实。"(卫道治主编:《中外教育交流史》)此外,包括出版机构在内的国内人士的呼应,也是他们的教育思想发生影响的重要原因。作为影响较大的教育专业性刊物,《中华教育界》充当了宣传新理论、新学说和新方法的急先锋。与之同时,中华书局还出版了诸如此类的论著、译作,并在编写教科书中体现了以学生为本的理念(参见本书第三章的有关章节)。

当然,从另一方面来说,这时期的教育界虽然思想活跃,进步较快,"但脚跟尚没站定,逢到一种新学说或新方法,便率尔采用"。① 可以说,这是民营出版业竞相出版此类译著,刊载大量此类文章的商业动机。针对"我国教育界底感受性太强而分析性抵抗性太弱"的现状,中华书局坚持宣扬而不走极端、提倡而又有理性的观点,主张对它们认真加以研究、讨论,"不把它当宗教般地信仰,更不愿大家拿来当作装饰门面,随便试验"。在他们看来,重要的是外国教育家求实的方法,批判的精神,以及外来先进理论对我国教育界的启发作用。为了强调这一点,《中华教育界》在第 21 卷第 8 期上,编发吴克刚的《丹麦教育的社会背景》一文,并配以编者按,指出:"俾读者能明了丹麦社会之各方面,而知其教育之所由建立。""我们研究丹麦的,并不主张只有丹麦的方法,才可以救中国,历史环境地、民族、习俗,都大不相同,所走的道路,当然也不会一样。不过看人家的平民生活,那样的富裕,社会组织比较的良好,也可以使我们格外痛恨中国农工的贫困,更加看清中国社会的缺陷。现状的改变,真是刻不容缓了。"这是中华书局的目的,又何尝不是全体国人的愿望呢?

中国教育由传统向近代的转型是一项艰巨的事业,涉及到的社会层面十分广泛和复杂,如果没有一定的理论作指导,就很容易步入误区,或者多走一些弯路,至少要延长探索的历程。从这个意义上说,包括中华书局在内的出版业,对西方教育理论的介绍与引进,"使我国教育界获得了可资模仿、借鉴的教育学科体系和理论模式,用短短几十年时间跨越了别人几百年的路程,大大缩短了从近代教育思想出现到近代教育理论形成的历程,尤其是新教育观念的传播,猛烈冲击了几千年来的封建教育旧观念,有力推动了我国教育改革的实践"(陈学恂主编:《中国教育史研究》近代分卷)。

二、对国内新兴教育思潮的推进

梁启超说:"凡'思'非皆能成'潮',能成'潮'者,则其'思'必有相当

---

①廖世承:《东大附中道尔顿制实验报告·导言》,上海:商务印书馆,1925。

之价值,而又适合于其时代之要求者也。"(梁启超:《清代学术概论》)以
此观之,教育思潮是指适合时代发展需求的,而又能对社会进步起推动作
用的,人们在教育问题上的所思所想。因此,任何教育思潮都是社会历史
的产物,具有时代的特征。近代以来,随着社会政治、经济的变迁,以及西
方文化的冲击,人们对旧式教育的宗旨、内容、体制和方法,及其相互之间
的关系,进行了深刻的反思。旧的教育理念,旧的教育模式,与社会不相
适应的现实,不断受到冲击。伴随而来的是,变革教育的呼声不绝于耳,
新兴教育思潮呈波浪式地向前推进,一次比一次深化。民国以降,政体刷
新,培养共和国民,适应民主政治的教育思潮,更是此起彼伏,交相激荡。

　　民国时期,随着西方各种新式教育理论的传播,于教育领域内激起了
一轮又一轮的波澜,涌现出各有侧重,颇具特色的新兴教育思潮。中华书
局以服务民国教育为职志,积极参与其中,为近代教育思潮勃兴,发挥了
重要作用。

1.实利主义教育思潮

　　长期以来,在官本位的中国社会里,"学而优则仕"为传统教育的追
求目的。由此而来的八股制度,演成愚民之策而非育人之道。近代思想
家严复一针见血地指出,八股文"锢智慧"、"坏心术"、"滋游手"的三大危
害。甲午战争以后,变革科举、讲求实用、培养"通才",被提到了议事日
程。清政府学部奏请教育宗旨,其中之一是"尚实",即学以致用,用其所
学。这种观念,堪称实利主义之发端。

　　时至民国,百业待兴。面对国穷民弱的现实,实利主义教育开始受到
有识之士的重视。民国教育总长蔡元培发表《对于教育方针之意见》,认
为"今之世界所恃以竞争者,不仅在武力,而尤在财力"。因此,"以人民
生计为普通教育之中坚"的实利主义教育,理所得到应有的提倡。他呼
吁:"我国地宝不发,实业界之组织尚幼稚,人民失业者至多,而国甚贫,实
利主义之教育,固亦当务之急者也。"①其目的在于使学生掌握实业知识,
养成谋生技能,从而增强国家财力。从此,实利主义不仅成为民国的教育
宗旨之一,而且演成一种思想浪潮,以致"凡有利于实际者,皆谓之实利。
故利己利人,实利主义也;利国利民,实利主义也。约言之,勤劳俭朴贮蓄
等,对于己之实利主义;信义协济和平等,对于人之实利主义也;团结贸易

---

①蔡元培:《对于教育方针之意见》。此文曾以《新教育意见》为题,发表在《教育杂
　志》第3年第11期。后经修改,以现名发表在《东方杂志》第8卷第8号。

经济等,对于社会之实利主义也;兴业纳税助饷等,对于国家之实利主义也;交通竞争比较等,对于世界之实利主义也"(庄俞:《论教育方针》,《教育杂志》第4卷第1号)。

但是,这一时期,对实利主义阐述最为详尽,宣传最为有力的当数陆费逵。1912年,陆费逵撰成《民国教育方针当采实利主义》一文,认为"夫教育方针,当与国是一致,尤当合世界潮流,非可尽超轶夫政治也"。在他看来,"万事根本,实在乎财。吾国大患,尤在夫贫。苟一旦民穷财尽,则国与民不免于破产。国家破产,外侮立乘,国民破产,盗贼愈甚,而皆不免于亡"。何况,在我国,下层民众虽能耐劳而知识缺乏,生活能力薄弱;上层社会则"文弱优柔,既无耐劳之筋力,又无谋生之能力"。因此,"今日教育方针,亟采实利主义"。陆费逵指出,国民与国家的富裕充足,需要倡导实利主义教育来实现。施行实利主义,不但能在经济上脱贫,足以增强国力,而且能促进人格的高尚。他批评孔孟之重义轻利,黄老之恬退无为,不注重实际教育,不能有益于人民生活,这是数千年中国教育的误区。鉴于此,他进一步强调说:"教育宗旨,以养成'人'为第一义。而人之能为人否,实以能否自立为断。所谓自立者无他,有生活之知识,谋生之技能,而能自食其力不仰给于人是也。欲达此目的,非采实利主义为方针不可。"与一般人的看法不同,陆费逵认为,实利主义不仅仅指的是实业、手工图画等,这些只是外在的形式,更重要的是它的精神实质,"其精神所在,则勤俭也,耐劳也,自立自营也。举凡一切为人之德义,实利主义之教育无不含之。人人能勤俭、耐劳、自立、自营,则民智民德进,而社会国家亦进步矣。今世各文明国,若英、若美、若法、若德、若日本,其教育皆有注重实利主义之倾向。质言之,则人之维持生活,既为人生第一要事,教育人人使能维持生活,或更从而进步之,斯教育之目的达矣"。他指出:"民国教育方针,宜以实利主义为标志,勤俭耐劳为学风。普通人民,宜令具生活之知识技能;俊秀之士,宜令备指挥监督之才,或注意于研究发明。"不难看出,陆费逵对实利主义的认识,不仅只停留在形成国民知识技能的水平,而且重在勤俭耐劳的精神之培养。因此,他将实利主义的内容、实质,及其教育思潮向前推进了一大步。

在陆费逵的倡导下,中华书局大力宣扬实利主义教育。与此相关的实业教育、实用主义教育、或职业教育等,作为重点教育主张,也受到更多的关注。从本质上来说,它们与实利主义教育思想,前后相继,一脉相承,均注重培养人的能力,注重知识在实际中的应用①。1913 年,《中华教育界》第 8 号上发表彭佛初《论中国今日当振兴实业教育》的文章,呼吁:"吾国今日之贫已达于极点……疮痍满地,民不聊生,壮者散之,四方弱者转乎沟壑,上下交困,何以为国? 吾人坐以待毙,则亦已矣。否则实业教育又何可不讲?"接着,作者对于教育部将实利主义教育列为宗旨之一,表现了殷切的期望,认为自此以后,"实业教育庶几有振兴之望"。在作者的心目中,实业教育包括在实利主义教育之中。的确,从对内治贫、对外御侮的愿望出发,积极提倡和实行实业(实利)教育,能够"挽多年之积习,应世界之潮流"。此外,《中华教育界》相继刊载《训练之基础》(咸利,1913 年 5 月号)、《记黄韧之考察美国教育演词并志所感》(轻根,4 卷 4 期)等多篇文章,多角度地强调了实业、实用主义教育为中国教育的急务。值得注意的是,费揽登发表《论推广实业教育之必要及其计划》一文,继承了陆费逵的实利主义教育思想,并有所发挥。他认为,教育的作用主要表现在两个方面,一个是生活问题,另一个是道德问题。就二者的关系而言,则"欲提倡道德教育,必以生活教育为前提"。他还指出,自清末算来,我国实行新式教育已有 20 余年,之所以成效难尽人意,就在于学生所学"不适切于实际生活,所学非所用,毕业之后不能就职业以谋生,坐食无为,辍学以嬉,徒耗青年有用之光阴"。因此,他强调说,推广实业教育,培养学生的生产、生活技能,进而谋求整个社会道德风尚的进步,实为目前之急切需要。

有学者指出,实利主义、实用主义教育思潮的兴起,实质在于要使实业的需要真正成为整个教育的中心,以谋求整个中国教育从宏观到微观的以实际为标尺的改造,来适应现实社会发展的需要。它们"从理论到实践对封建的空虚教育展开了扫荡,对教育实践产生了深刻的影响,实是从 1912 年到 1916 年间教育界影响广泛的教育思潮"(吴洪成:《略论民初实

---

① 舒新城在《近代中国教育思想史》中,曾概述实利主义教育、实用主义教育、职业教育三种教育思想的递嬗。他说:"自光绪三十二年教育宗旨中列入尚实一项为始,至民国六年职业教育思想代实用主义教育思想而起止,为时只十二年。自清末至民国二年为实利教育思想,其产生以旧教育之空疏虚浮及国际资本帝国主义之压迫为主要原因。二年以后为实用主义教育思想,以反对当时之旧本教育为主要原因。二者之来源虽不同,但其目的则均在使教育合于实际需要。所不同者,实教育不独使学校课程'实际化',并欲以之为一种德目,使学生由崇尚实际而养成勤俭耐劳独立自尊之人格,实用主义则特别注重学校科目之应用。"

利主义、实用主义教育思潮》）。事实上，"在民初的教育改革中，就最高教育行政当局而言，实业教育的发展是较少受到关注的"。而且，"就整个教育体系的结构而言，实业学校数和实业学校在校学生人数与普通学校在校学生人数相比，前者分别仅占 0.49% 和 1.1%，这种结构与客观现实的需要是很不相适应的"（陈学恂主编：《中国教育史研究》近代分卷）。由此看来，陆费逵和《中华教育界》，以实利主义教育为主导，兼及实业、实用教育的大力提倡，一时蔚为风气，成为民初具有一定影响的教育思潮，对当时的教育变革也不无启迪作用。

2. 国民教育思潮

国民教育，又称强迫教育、普及教育或义务教育。这一教育思想，旨在提倡人人受教育，人人享有均等的受教育机会，以期开发民智，塑造新国民，适应共和民主国家的需要。也就是说，在一个民主的国家里，"它是每个国民要受的教育，个个国民受了教育，才能使国家健全起来"（凤兮：《今后国民教育之研究》，《大中华》第 1 卷第 7 期）。

中国素称礼仪之邦，非常重视对人的礼义教化。历代统治者弘扬圣贤政教，表彰万世师表，都从一个侧面说明教育的社会功能。但是，从根本上说来，"有教无类"仅是一种可望而不可及的表象。专制教育下的人民，没有国家观念，没有独立、自由、自治的思想。在这种教育体制下，只是造就了大批的"臣民"、"部民"和"奴隶"。如果说有教育，也属于社会上层的特权。对此，陈翊林撰成《由旧教育到新教育的历史概观》一文，对旧教育和新教育进行了对比，并强调由旧教育向新教育转变的必要性。他指出，过去的教育"只是少数士绅官吏的专利品"，对广大的民众而言，"对于教育，可谓无缘已极"。近代以来，西力东侵，西学东渐，"海内之士……讲求教育者日多，教育之原理，亦日益昌明。始知所谓教育者，不徒养成少数之人才，而实当养成多数之国民"（《中华教育界》第 17 卷第 9 期）。挽救国家，振兴民族，是全体国民的责任，以教育为手段，造就新国民，引发了传统贵族教育向国民教育的转变。

民国建立，外事纷扰，救亡形势严峻如故。在这种情况下，国民教育进一步受到有识之士的关注。他们认为，每个国民都受到应有的教育，这是"关系到国势盛衰隆替"的大事，"苟欲救亡，舍养成国之势力无他道，而欲养成国之实力，更非施行国民教育不为功"（《义务教育案》，《中华教育界》第 4 卷第 2 期）。他们多次申明，居今之世而欲谋求人类之进步，国民之发达，舍教育外，没有别的办法。以培养共和国民为己任的中华书局，藉《中华教育界》为阵地，成为国民教育思想的有力鼓吹者。它组织刊发了大批文章,多方面地论述了国民素质高低与国家盛衰之关系。不厌其烦地向人们强调,国家的强大在于多数国民之进取,而不在少数国民之奋斗,"今欲多数之国民,有程度、有知识能力,以发展其国力,又于多数国民中,从而得多数之人才,以治理其国家,试问舍使多数之国民悉受教育外,尚有何道乎? 此义务教育,所以为今日根本治国必不可缓之政策也"。

1916 年,《中华教育界》发表顾树森《论共和国国民教育之精神》一文,较为全面而系统地阐述了国民教育的宗旨,即应当培养国民健全之精神,包括富有理想、明晰个人与国家和社会的关系、为国家谋幸福和为社会求进步等内涵。在他看来,"国民教育,非仅关于国民知识上之问题,乃国家全体发达上之问题也"。就内容上来讲,国民教育"一曰当培养公民之资也,二曰当注意道德教育也,三曰当注意各种职业之准备也,四曰当破除阶级制度也"。无疑,顾树森将国民教育,视为一种全面的教育,是提高国民综合素质的教育。无独有偶,杨效春在《我们的教育》的文章中,明确地指出:"我们的教育是全民教育,不是阶级教育。不问贫富,不问贵贱,不问男女老幼,亦不问他信什么教,进什么党,在什么会,干什么职业,凡来就学的,我们都一样地尽心教他,而且都要有教育机会给他。"在这里,他心目中的国民教育,实际上就是全民教育,即人人都应当受教育,都有受教育的权利。他认为,教育是人的生活教育,用以指导人生的困难,适应人生的需要,追求人生的意义,实现人生的价值。社会的进步,离不开社会中每个人的进步;社会的文明,依赖于社会中每个人的文明。

当时,担任中华书局编辑所所长的著名教育家范源廉[①],大力提倡国民教育。他直截了当提出:"义务教育当规定于宪法。"他认为:"义务教育云者,为国民必应受之教育,即所谓强迫教育是也。"实行义务教育,就要使全国适龄儿童,不分男女受到学校教育。他以普鲁士、丹麦、瑞士、葡萄牙等国的宪法为例,对义务教育均有明文规定。既然如此,如果义务教育不规定于宪法,不但"人民公私家国之观念不易革之使新",而且"不足

[①]范源廉,字静生,湖南湘阴人。曾留学日本,回国后任清政府学部参事,参与学制和学校章程的制定。1913 年任中华书局编辑所所长,参与编辑新制、新编、新式教科书。编辑《辞海》时,亦积极支持和规划。1916 年出任北洋政府教育总长,后又出任北京师范大学校长。他任职中华书局期间,颇多贡献。陆费逵说他"目光远大,不计利害,在局虽四年,然服务勤劳,时间恪守,编辑基础于以立,社会声誉于以隆,而东山再起之后,对于公司尤多擘画维持"。

增强法律之实施力",更"不足以追先进之前迹,而挽国势于将来也"。与世界各国比较,"当今文明诸邦,富强之源,莫不发于教育;而各种教育,又莫不以国民教育为始基,此固有定论矣。吾国今日既贫且弱,凡百庶务莫不待教育以振之。使今后五年或十年而义务教育犹不能举,或仅举而犹不能普及,则何以济此贫弱之穷?"(《中华教育界》1913年7月号)

陆费逵对国民教育的问题有着独到的见解,先后发表了一系列的文章。首先,他论述了国民教育与人才教育、职业教育的关系,提出了三者并重的观点,认为"一国之立,非有曾受教育之国民,则风气塞陋,民俗愚顽。为民谋乐利,民反阻之;欲事改革,尤夏夏乎其难! 此吾国数十年来曾受之痛苦也"。强调国民教育于现今十分地必要和迫切,但不能因此忽视人才教育、职业教育。他指出,人才为社会之中坚,而"目下国家社会之中坚,大半犹为曾受旧教育之人。文化日开,需用人才日多,如不早为培植,将来老成凋谢,继起无人,实为国家社会之隐忧"。职业教育,"则以一技之长,可谋生活为主,所以使中人之资者,各尽所长,以期地无弃利,国富民裕也"。从中外教育发达之事实看,"非职业教育兴盛,实业必不发达,民生必不能富裕"(陆费逵:《论人才教育、职业教育当与国民教育并重》)。他强调说,国民程度之高下,靠国民教育;国民生计之赢绌,靠职业教育;国势之隆替,教育之盛衰,靠人才教育。换言之,无国民教育则国基不固,无职业教育则生活维艰,无人才教育则国家无所倚。所以,他主张国民教育、人才教育、职业教育均不能忽视,缺一不可。其次,对于国民教育的本义进行了阐释。他指出,我国为共和国体,而增进国民人格,发挥共和精神,实为国民教育之真谛。1920年,他在论述教育本义时,提出应定为:"培养国民人格,以发展民国精神"。接着,陆费逵详细地分析道:"欲民国精神之发展,不可不求国民人格之增进。故培养国民人格以发展民国精神,实今日我国教育之唯一主义也。培养国民人格而不用以发展民国精神,则民国之基础不立。发展民国精神而不先之以培养国民人格,则乌合之众,民国精神终未由发展也。人格教育,教育主义之极品也。民国,国体之极品也。吾国而能注重人格教育及民国精神,教育前途有厚望焉,国民前途有厚望焉,民国前途有厚望焉。"(陆费逵:《论教育本义当定为"培养国民人格,以发展民国精神"》)再次,对于贫民儿童教育的关注。难能可贵的是,陆费逵对社会下层的儿童教育问题非常尖锐地提了出来。他在《国民教育的疑问》一文中,关于贫民儿童的教育,有许多的疑问:"这种儿童,我们怎样去教育他?""这种儿童,是不是享得着现在的教育权利?""中等以上社会之子弟,肯不肯同这种儿童共学?""这种儿童的习惯很不好,我们应当不应当叫中等以上社会之子弟同这种儿童共学?""这种儿童的能力和财力,能不能同中等社会以上之子弟共学?""这种儿童很有天才好的,我们怎样养他成才?""学费尽管轻,书籍尽管便宜,到底贫民能不能负担?""普通各处办的国民学校、高等小学,到底是什么目的? 如果是国民义务教育,我就要问问,为什么贫民很少?""教育怎么样方能平等?""有钱的人占了学校的额子,没钱的人关在学校外面,怎么办法?"等等。这是很现实的问题,也是容易为人们所忽略而习以为常的问题,然而却是国民教育的重要组成部分。他说对于这些疑问,想了多日也没有什么好的办法。但"这个问题很大,很要紧,望大家注意,不要糊涂过去"。

对于上述疑问,陆费逵时时放在心上。不久,他将自己深入思考的成果撰写成文,题为《教育上一个大问题》。他认为:"贫民尽有聪明的子弟,出身贫困的人物,实在比富家更多。现在的学校收费虽少,却不过便宜了小康以上的人家,真正贫穷的人还是没有力量读书。"因此,他竭力呼吁:"教育平等,是要无论贫富有同受教育的机会。"在他的理想里,"使富人多出点学费,使贫人得读书的机会,使中材以下的子弟受相当的教育,使中材以上的子弟得优良的进步"。他指出,国民平等"就教育上说,一面使一般国民均受义务教育;一面把天才养成人才,不使贫而智的向隅,这才是真正平等呢! 我们要把贫而愚的人民变成富而智,只有给他受好的教育"。后来,他在《国民教育之两大问题》中,进一步发挥了自己观点。认为只有这样,"可使教育普及,贫苦儿童得受教育之机会,更可使种种不齐之儿童各得其所,尤可免教育费被中上人家占尽,屏贫民于教育之外也"。作为一位民营出版家,陆费逵对国民教育的分析和主张,较为全面、深刻,也是他教育思想的一个重要内容。

曾长期任中华书局编辑的李璜,在《中华教育界》第 12 卷第 12 期上,以《国民教育与国民道德》为题,论证了民主政体下的国民不能等同于专制政体下的百姓,因而"讲到国民教育,更是该当唤起学生的心情和智慧在一道儿发展;明白些说,就是不仅该当使学生知道国民的责任是甚么,要该当使他愿意去尽国民的天职"。如此,倡导国民教育,培养国民的自治能力、公共道德责任,是现今教育家"最大的责任"!

热心教育的郑嬰,对全国受教育的人口比例,进行了认真的分析。他估计,中国受教育者(包括一部分仅仅是识字者)约占总人口的 20%。绝大多数的国民"尽为失去教育机会的儿童和已成了文盲的民众,这样只有占人口一小部分能受教育恩惠的,却还是特殊阶级的子弟为多数,其他沦于下层的工人及农人们的那些子弟,实在很少很少有受教育的机会与可能。所以我们简直可以说,中国今日没有良好的教育"。他在《我国急需的义务教育》一文中,指出国民教育实施,已到了刻不容缓的地步。尤其是国民革命尚未成功,"故必须藉教育以唤起民众,使四万万民众个个有革命的思想,个个有革命的意志,站在同一条战线上,为救国而牺牲,为和平而奋斗"。

与此同时,对于当时国民教育所存在着的误区,中华书局也没有等闲视之,而是组织了诸多有分量的文章予以辨析。1915 年,风兮在《大中华》发表《今后国民教育之研究》的文章,对于国民教育主体的学校教育,提醒人们注意,"不可视为官吏之预备"、"不可以文学为唯一目的"、"不可取放任主义"、"国民学校外不可特设预备学校"、"小学校无增设读经之必要"。刘衡如在《中华教育界》上发表《我们需要一种教育理想》一文,他指出,无论职业教育、生产教育,还是人才教育,"都不能不以品格为基础,以做人为根本。……一个国家所需要的才,有种种的不同,因此要有种种不同的训练。但一个国家也要求他所有的国民具有某种最低限度的品格。这是立国的精神,也是一切国民所当同具,教育的真价值、真责任乃在于此"。常乃惪则撰成《普及教育与平民生活》的文章,从实行民主政治的角度,指出国民教育在民主政治建设中的作用。他认为,普及教育,使国民"能够自己站得起来,有意志去信仰国家的命运,有勇气去担当国家的困难,有智识去解决国家的问题"。但是,对政治民主国家来说,普及教育不能仅仅停留在"普及教科书或者平民千字课的教育,还应该有更广大的意义含在里面"。这个"更广大的意义",包括"国民文化的普及、国民情绪的提高"等。

此外,沈颐的《平民教育与平民政治》(5 卷 7 期)、沈步洲的《实施强迫教育之程度》(3 年 3 月号)和《社会与教育》(4 卷 6 期)、啬厂的《中国教育上固有之特色及今后教育之要点》(3 年 4 月号)等,对国民教育的意义、与政治的关系,以及应当注意的问题等进行了阐述。可以说,《中华教育界》对国民教育的提倡倾注了热情和信心,"可以使无知识的民众变为有知,可以使民众的生计有所改进,可以使民众个个成为精壮康健的公民。它可以使民众明了自己在社会在国家的地位,同自己的权利与义务。它能使民众个个能管自己的事。它能使一盘散沙、自私自利的民众,变为有组织有纪律的民众。它的最大目标在用教育的力量来建设新的社会……在社会方面,是对于社会的改造"。然而,这在当时只能是一种良好的愿望,它没有也不可能实现。

　　1917 年,蔡元培在爱国女学校发表演讲,指出:"民国成立,改革之目的已达,如病已医愈,不再有死亡之忧。则欲副爱国之名称,其精神不在提倡革命,而在养成完全之人格。盖国民无完全之人格,欲国家之隆盛而不衰亡,非但不可得,且有衰亡之虑焉。造成完全人格,使国家隆盛而不衰亡,真所谓爱国矣。"(蔡元培:《在爱国女学校之演说》)这里,"完全之人格"的培养,实际上为国民教育的目的提出了建设性的指针。中华书局致力于新国民的培育,为国民文化素质和道德素质的提高做出了不懈的努力,成为国民教育思潮中的一个亮点。

3. 乡村教育思潮

　　乡村教育思潮兴起于五四运动前后,是以教育乡村的农民为重心的教育思潮。中国向来以农立国,农民在国民中占了绝对的比例。因此,中国的问题,实质上是个农民的问题。就教育来讲,没有农民的觉悟,就不可能有共和国家的巩固。再说,农民接受教育也是民主的一个重要体现。著名教育家傅葆琛写成《乡村运动中之乡村教育》一文,指出:"要建设中国,必先建设中国的乡村,因为乡村是中国社会的基础,一切问题的重心。"(《中华教育界》第 22 卷第 4 期)当时,论及教育上的问题,人们总是自觉地将其与乡村教育联系起来,认为:"我国方盛倡普及教育,苟欲普及也,学校十之八九当属于乡村。"(黄炎培:《〈农村教育〉弁言》)正是由于他们的提倡,乡村教育逐渐演成一种社会思潮。

　　然而,乡村教育思潮的勃兴,也是与中华书局大力倡导分不开的。1919 年秋冬之交,时任中华书局编辑的余家菊,在《中华教育界》上发表《乡村教育的危机》的文章,"根据事实,指陈乡村教育危机之所在"(余家菊:《〈乡村教育通论〉序》)。不久,他又撰成《乡村教育运动的涵养和方向》,对开展乡村教育的内容、方法和宗旨等,提出了许多建设性的意见。这些文字,引起了知识界、教育界人士对乡村农民教育问题的关注。以此为开端,拉开了乡村教育思潮的序幕。

　　《中华教育界》成为宣传乡村教育思潮的重要刊物。傅葆琛是乡村教育的有力倡导者,他相继在《中华教育界》上发表《乡村运动与乡村教育》、《对于中国乡村教育建设的一点意见》等文章,呼吁要将普及教育的侧重点,由城镇转向乡村。提高农民的文化素质,使他们真正成为共和民主国家的社会基础。并且,乡村教育的实施办法,不能只局限于学校教育,而"应当侧重社会式的方法"。这种办法因地制宜,因人设施,"完全根据乡村的生活教育与需要,比学校教育活动得多"(《中华教育界》第 19 卷第 11 期)。此外,还刊载了教育界许多知名学者的文章,以广为提倡,使乡村教育思潮不断向纵深发展。如祝其乐的《乡村生活与教育》(13 卷 7—9 期)、《乡村教师问题》(13 卷 10—11 期)、《乡村教育调查报告》(14 卷 10—12 期);金海观的《丹麦的乡村教育》(10 卷 4 期)、《南京高师附属江宁县沙洲圩乡村农校之调查》(10 卷 7 期)、《未来之乡村学校》(10 卷 12 期);俞子夷的《对于城镇村小学的建议》(14 卷 3 期)、《参观乡村小学校后之报告》(14 卷 3 期)等。

1927 年 4 月,《中华教育界》在"今后本刊之使命"中指出:"教育事业是绵延不断求进步的事业,教育研究是指导教育事业的必需之工具,不断求研究的进步,也是当然的。"为了适应社会的需要,"努力使教育事业成为建设国家的事业"。而"教育谋普及,乃中国最切要之事。中国人口十居八九,都在乡村。普及教育,果能使乡村教育普及,建设国家的企图,也就算十成功八九了"。因此,中华书局的编辑将"乡村教育之推行",看成"要特别注意的"事情,要求人们加强讨论和研究的力度。

随后,《中华教育界》于第 16 卷第 10 期出版"乡村教育专号",刊发了许多有名的文章。包括陶行知的《中国乡村教育之根本改造》、古楳的《乡村教师应负之使命及今后之乡村师范应行注意之点》、傅保琛的《中国乡村小学课程概论》、杨效春的《培养中国乡村教师之计划》、赵叔愚的《培养中国乡村教师之计划》等。从这期专号的作者来看,可谓名家众多,时贤荟萃,多属文化界、教育界的学者,他们的言论足以引导视听。更重要的是,他们关于乡村教育的阐述,就论及的范围和内容来说,相当广泛、博杂,几乎涵盖了人们所关注的所有热点问题。既有综合研究性的论文,又有调查报告、心得体会,还有课程、师范等专题性的探讨,适合了不同层次的读者的需要。值得指出的是,陶行知《中国乡村教育之根本改造》,堪称乡村教育问题的集大成之作。在此文中,陶行知强调了乡村教育的重要性,指出这项事业"关系三万万六千万人民之幸福!办得好,能叫农民上天堂;办得不好,能叫农民下地狱"。为了实现这一目标,我们所要做的工作,"就是建设适合乡村实际生活的活教育"!这种"活"的教育,不是陈旧式的呆板的教育,"要从乡村实际生活产生活的中心学校;从活的中心学校产生活的乡村师范;从活的乡村师范产生活的教师;从活的教师产生活的学生,活的国民"。当然,单凭教育界或某些团体的力量是不够的,要动员整个社会力量的参与,多方面拓展办学渠道,"我们要有一个大规模的联合,才能希望成功"。

直到 20 世纪 30 年代以后,《中华教育界》仍然致力于乡村教育的宣扬,为执着于此项事业的学者们提供发表理论创见的园地。固然,当时广大的乡村缺乏推行乡村教育的实际条件,致使满腔热情的诸多教育家之努力收效不大。但是,他们"期望全国的智识分子,往常拥挤充塞于都市的,大家一齐回乡,与乡民打并一起,骈力来作广义的乡村教育工夫——乡村建设工夫,开出乡村建设风气,造成乡村运动的潮流"(杨效春:《从乡村教育的观点看山东乡村建设研究院》,《中华教育界》第 20 卷第 5 期)。应当说,这种努力和追求,无疑是中国教育观念的一个重要转变,对促进农村教育的发展,具有重要的意义。

4.平民教育思潮

平民教育思潮是五四时期兴起的又一种颇具声势的教育思潮。伴随着辛亥革命后民主思想的传播,作为国民构成的平民(大众)接受教育,被视为一项重要的民主权利而受到众多知识分子的关注。据教育家晏阳初的解释,平民教育中的"平"字,除含有"平凡"一义外,还有"平等"的意思。1915 年,陈独秀在《今日之教育方针》中就提出:"民主国家,真国家也,国民之公产也。以人民为主人,以执政为公仆者也。"在他看来,实行"惟民主义"的教育,理应包括那些"引车卖浆之徒,瓮牖绳枢之子"(陈独秀:《今日之教育方针》,《青年杂志》第 1 卷第 2 号)。这种"惟民主义"的主张,可谓平民教育思想的先声。五四新文化启蒙运动,以及其后欧美思潮的冲击,平民主义教育思潮遂逐渐演成规模。

相对于乡村教育思潮而言,平民教育思潮主张教育的平民化、大众化,前者以乡村民众为主,后者的重心以城市市民阶层为对象。中华书局是这一思潮的大力支持者,并较早地从国家政治、健全国民人格等方面提倡之。1916 年,中华书局创始人之一、著名编辑沈颐,在《平民教育与平民政治》一文中指出,民主政治实际上就是平民政治,民主政治下的人民,"贵平等、乐自由、崇法治、尊人格"。然而,这种政治与平民教育互为因果,"盖必实施平民教育,然后其国人能群趋于平民政治之途轨;亦必有平民政治,然后平民教育乃有存在发展之境地"。但是,由于我国专制政体日久,不知平民教育为何物,致使大多数人缺乏"自尊、自治、自奋、亲爱"之性格,与民主国家的政体不相适应。因此,重新认识平民教育之精神,是建立民主共和政体之基石(沈颐:《平民教育与平民政治》,《中华教育界》第 5 卷第 7 期)。著名教育家陶行知认为,平民教育实际上是一个平民读书运动,"我们要用最短的时间,最少的银钱去教一般人民读好,做好人"。并坚信读书的能力是各种教育的基础,"会读书的人对于人类和国家应尽之责任,应享之权利,可以多明白些。他们读了书,对于自己生计最有关系的职业也可以从书籍报纸上多得些改进的知识和最新的方法。

一般无知识的人对于子女的教育漠不关心,若是自己会读书就明白读书的重要,再也不肯让自己儿女失学;所以今日之平民教育就是将来普及教育的先声"(陶行知:《平民教育概论》,《中华教育界》第 14 卷第 4 期)。由于受西方教育思想的影响,培养独立自主的人格,被视为平民教育的重要内容。《中华教育界》刊载抱木《人格教育之精神》的文章,指出:"凡一国之文明进步,未有不由于人格之发展矣。夫人格独立之仇敌,则倚赖天命,倚赖圣贤,倚赖社会,倚赖国家,倚赖政治,皆倚赖也。盖自人格独立以外,实未有足为文化之根本者也。社会可多有独立自主之人格,将来国家之文明进步,莫不赖此。"他希望从事教育事业的人们,重视平民的独立人格之教育。随着平民教育思潮的高涨,《中华教育界》以《怎样才能算是真正的平民主义教育》为题,节录国外教育家波特的有关论点,称:"真的平民主义,必以个人为他自己的目的,而使他能在智慧上感情上参与人们的生活——这就是'全律'(指耶稣说以己所欲的施之于人)的表现。"

此外,面对一般民众知识的缺乏,许多教育界人士指出,这种状况是导致国势衰弱不振的根本原因。但是,始终关注平民教育的中华书局,并没有像一般人所认为的那样,仅仅停留在识字扫盲的文字普及上,而是从一个更高的层次上来理解。在一则中华书局的广告中,认为:"失学民众之多,为我国现代化之最大障碍;如何扫除文盲,为我国教育上之最大问题。但所谓文盲,非仅仅为文字而已,且为知识盲,技术盲,思想、行为,一切落伍于现代生活之外。故欲扫除文盲,非仅仅施以识字教育所能为功;而必须从知识、技术、思想、行为,举凡生活之各方面予以现代化之启迪,使占我国人口过半数之失学民众,皆有做一个现代的人之基本条件,而后我国始能迎头赶上,成为富强康乐之新中国"。(《中华教育界》复刊第 2 卷第 4 期)可见,中华书局对蔚然兴起的平民教育思潮,不仅有着介绍推动之功,而且在很大程度上使其内涵得到深化。

5.国家主义教育思潮

自清末以来,面对国权丧失、国民不知有国家的现实,有识之士企图通过教育,以增强国民的国家观念。由此,国家主义教育思想渐兴。20世纪 20 年代以后,受西方的国家教育主义的冲击,以及内乱纷争、外来强权压迫的刺激,国家主义教育受到人们的关注。1923 年,余家菊、曾琦、李璜等人,开始进行国家主义的宣传,使之演化为一场全国性的教育思潮。

这时期,中华书局是国家主义教育思潮的传播中心。当时在局内任编辑的左舜生、陈启天、余家菊等人,均是倡导国家主义教育的著名代表人物。1923 年 10 月,中华书局出版了一部由余家菊、李璜合著的论文专集,题为《国家主义的教育》,标志着国家主义教育思潮的开始。陈启天时任《中华教育界》的主编,大量刊发有关国家主义教育的文章,使之成为国家主义教育思潮的主要阵地。

1925 年,《中华教育界》在第 14 卷第 7 期刊出"国家主义的教育研究"征文启事,称:"近代东西列强以国家主义的教育教育国民,形成国性,使对外可为独立国,对内可为统一国,史实俱在,班班可考。我国自新教育输入以来,亦曾提倡国家主义,但未切实行。"出于这个考虑,乃提倡国家主义,并加以认真地研究,"拟于十五卷第一期刊行国家主义的教育研究专号,盼海内外教育家于下列各题中任选一题或数题惠登本志"。从征文题目来看,有国家主义在近代教育上的地位、意义、宗旨、必要性;英、法、美、德、日等国教育与国家主义;国家主义与我国小学、中学、师范、实业等学校的课程问题。

《中华教育界》的征文启事引起了知识界、教育界的大力呼应,人们纷纷撰文陈述己见。在此基础上,《中华教育界》第 15 卷刊发"国家主义的教育研究号",分上、下两期出版。计征得来稿 33 篇,包括陈启天《刊行专号引端——国家主义的教育要义》、余家菊《教育上的国家主义与其他三种主义之比较》和《国家主义下之教育行政》、李璜《国家主义的教育与伦理教育》、祝其乐《论教育上之国家主义》、范寿康等人有关其他各国的教育与国家主义,以及国家主义与教育政策、平民教育、乡村教育、中小学的课程教育、师范教育、音乐教育、图书馆等关系的研究。基本上涵盖了征文的论题要求,对国家主义教育的有关问题,从不同的侧面展开论述。他们强调国家主义教育是"内求国家的统一,外求国家的独立"之工具,"凝成国民意识,发扬本国文化,以促成国家的统一和独立,才是国家主义的宗旨"。

其后,《中华教育界》陆续刊发有关国家主义教育的文章。潘之赓在《国家主义与中国今后办学的方针》一文中,提出国家主义教育应当与振兴实业相结合。在他看来,"中国今日教育方针,第一是定爱国为目的,第二就是振兴实业教育"。"爱护国家,抵御外侮,以求生存竞争于世界,是中国现在应采用的教育目的;利用机器振兴实业,增加出产以与外国竞争,使本国经济力日益充足,是中国今日办教育最重要的事务"。陈启天则对国家主义教育与平民教育进行了比较,认为前者在于发展"国性",后者在于发展人的"个性",二者是相辅相成的关系,均不可忽视。他还进一步阐释说:"从训练上发展个性只是训练的一个目的,而非惟一的目的,与个性发展居于同样重要地位的目的,尚有国性发展。发展个性所以求尽个人的特长而贡献于国家,而发展国性则所以立国家的基础,使个人有用武的地方。两种目的在今日的中国须相辅相成,不可偏废。"李璜甚至将国家主义视为伦理价值判断的标准,是构成国民道德的重要组成部分。他说:"今日的好国民是当以救国兴邦为念"的国民,如不具备这种观念,不能算是称职的国民,抑或说不是一个有道德的国民。

国家主义教育经中华书局的编辑,以及出版物的大力提倡,成为风行一时的教育思潮,在当时赢得许多教育界人士的支持和响应。但值得注意的是,他们当中的不少人对国家主义教育存在着片面认识,不恰当地扩大了其社会功能。同时,这种教育思潮也打上了国家主义派别的烙印,含有反对包括马克思主义在内的其他思想和学说的企图,甚至有的反对小学设置外语课程,具有极端的民族主义倾向。然而,国家主义教育思潮,也是对当时国民党政府提倡的"党化"教育的反动。随着日本帝国主义侵华的咄咄逼人,国家存亡形势的严峻,国家主义教育思潮所宣扬的勿忘国耻、振奋民族精神等主张,还是具有一定的意义的。

综上所述,动荡转型时期的民国,随着社会政治、经济和文化的变迁,以及西方教育理论的输入,国内新兴教育思潮异彩纷呈。除上述教育思潮而外,军国民教育、科学教育、生活教育、勤劳主义教育等思潮,也先后流行。对此,中华书局作为一个出版机关,均没有置之度外,而是通过各种方式和途径,也予以或多或少地介绍。同时,中华书局代为发行的一些教育团体的期刊,构成了其另一个重要的教育领域。从 1921 年开始,北京高师编的《教育丛刊》、南京高师教育研究会创办的《教育汇刊》、南京大学附中等编的《中等教育》等,由中华书局出版发行。它们均为闻名全国的师范教育类刊物,对于教师教育、各种教育理论和教学方法多有介绍。可以相信,近代波涛汹涌的教育思潮,离不开以中华书局为代表的民营出版业的推动,在一定程度上促进了中国教育近代化的行程。

第二节　中华书局的"教育丛书"

斯坦利·昂温曾指出:"从经济角度出发,任何出版社令人满意的业务项目在于优秀的教育书方面,因为要是目录上有许多本站得稳的教育书的话,那么几乎不论业务进行得怎么样,这些书会继续有销路。许多出版社就是靠他们教育目录中的书而生存的。"此语,从经济效益、利润获取的方面,道出了出版业与教育的相互关系,可谓一语中的。

在近代中国,当民营出版业崛起后,均将社会教育和学校教育类的图书供给,纳入自己的出版领域,并视为重中之重。独占鳌头的商务印书馆是如此,后起的中华书局、世界书局、开明书店等,也是如此。中华书局诞生后,始终将出版中外名著、译作和刊物,作为重要业务对待,而教育类图书又占有相当的比例。其中,"教育丛书"为代表的教育书籍,对民国学校与社会教育的发展起了积极的推进作用。

新文化运动以来,随着民国教育的发展,人们对教育类图书的需求与日俱增。尤其是一些外来思想学说的引进,人们急于了解、试验和比较,并试图探讨中国教育的出路。于是,为应社会之需要,得风气之先的出版业将此类图书作为重点项目。自1917年开始,陆费逵、戴克敦等人经过多次商讨,拟定了出版"教育丛书"的计划。随后,"教育丛书"得以陆续出版。至1945年,共计60多种。(见下表)

中华书局"教育丛书"书目举要

书　名	著　者	译　者	出版时间	备　注
德法英美国民教育比较论		余寄编译	1917	以中岛(日)所著《国民教育比较研究》为底稿,参考其他多种有关书籍编译而成。书末附录
儿童矫弊论		叶农生	1917	共7章,为儿童教育理论专著
社会教育		余寄编译	1917	
小学地理教学法	薛钟泰		1921	
教育心理学大意	[美]哥尔文/裴葛兰	廖世承	1921	1934年18版
美国教育彻览	汪懋祖		1922	1933年6版
儿童与教材	[美]杜威	郑宗梅	1922	1936年12版
幼稚教育之意义	[美]约翰·斐思客	王克仁	1922	1932年5版,包括《幼稚之意义》和《幼稚在人类演进中所尽之职分》2篇
幼稚园课程研究		唐　毅	1922	1936年8版,共8章
中学训练问题	陈启天		1922	1936年8版,书末附参考书目

书　名	著　者	译　者	出版时间	备　注
图书馆简说	蔡莹		1922	1935 年 8 版
教学观察法	[美]麦克司卫尔	施复仁	1923	1941 年 10 版
初等教育设计教学法	[美]克拉可韦瑞	沈有乾	1923	1941 年 12 版
葛雷式学校组织概观	芮佳瑞编		1924	1935 年 6 版
施行新学制后之东大附中	廖世承		1924	1929 年 6 版
美国乡村教育概观	古楳		1924	1941 年 8 版,分上、中、下三篇
青年职业指导	[美]卜龙飞	王文培	1924	1932 年 7 版
教育心理学		廖世承编	1924	1940 年 17 版
学校教育指导法	杜定友		1925	1935 年 8 版,书后附参考书目及索引
国家主义与中国乡村教育	祝其乐		1925	
中学以上作文教学法	梁启超		1925	1940 年 10 版,这是由卫士生等作的笔记,书末附梁启超的另一篇讲演《中国韵文里头所表现的情感》
教育统计学	周调阳		1926	1940 年 8 版,书末 3 个附录,章末附参考书目
战后世界教育新趋势		余家菊、汪德全编译	1926	1930 年 2 版,介绍一战后英、法、美、德、意、日等国的教育趋势
法国教育概览	周太玄		1926	1929 年 3 版
家庭教育与儿童	徐松石		1926	1936 年 7 版,共分 6 章
收回教育权运动	舒新城		1927	共 7 章,书末附参考资料
近代中国留学史	舒新城		1927	1933 年 3 版,书末附《六十年留学大事记》及参考书目

书　名	著　者	译　者	出版时间	备　注
中国新教育概况	舒新城编		1928	内收陶行知等 10 余人关于中国教育问题的论著 14 篇
近代中国教育史料	舒新城		1928	1933 年 3 版,共 4 册,收有同治初年到民国 15 年间的教育史料
幼稚教育概论	张宗麟		1928	1932 年 6 版,共 9 章,章末附参考书目
一个小学十年努力记	中央大学实验小学校编		1928	1933 年 6 版,是该小学所取得的各种实验结果的详细报告
青年心理	〔美〕孟禄	刘建阳	1928	1936 年 3 版
儿童心理与兴味	葛承训		1929	1933 年 4 版,共 7 章
比较教育	常导之编著		1930	1934 年 3 版,介绍俄、意、奥、丹麦、土耳其、日本、瑞士、比利时等 8 国的教育状况
欧洲新学校	〔美〕华士本/斯瑞氏	唐现之	1930	1936 年 3 版
新兴俄国教育	〔日〕山下德治	祝　康	1931	1933 年 2 版,附苏维埃初等学校的理论与实际、参观日记摘要
训育论	〔英〕威尔顿/步南佛	余家菊	1931	1936 年 3 版
西洋教育史	杨　廉		1932	原为"国家教育协会丛书",1932 年 5 版时,归于"教育丛书"出版
历史教学法	胡哲敷		1932	1934 年 2 版
玩具与儿童	俞寄凡		1933	1933 年 5 月 2 版,书后有附录
教育社会哲学	〔美〕芬赖	余家菊	1933	1937 年 4 月再版

书　名	著　者	译　者	出版时间	备　注
游戏与教育	王国园		1940	共 8 章
中学国文教学研究	阮　真		1940	共 8 章
小学科学教育实施法	吴　鼎		1945	

"教育丛书"由国内外教育学专家担任编辑,文体新颖,简明易懂。从以上所列的书目中,我们可以看到,"教育丛书"有两个显著的特点:

(一)选题具有时代性,反映了社会对教育变革的驱动。教育作为培养人的一种社会活动,为一定社会的政治和经济服务,同社会发展有着本质的联系。因此,社会的变革,总是能够在教育的变革上体现出来。近代以来,我国处于一个"数千年未有之变局"的社会,改革传统教育体制和内容,培养近代化的国民,成为有识之士孜孜以求的目标。以"民主"、"科学"相标榜的新文化运动,将人的近代化视为教育的终极目标。社会需要根本的改造,不是闭门造车,不是坐而论道。但是,"改造从哪里起?解决问题从哪里起?这是根本的问题。这根本的问题,就是教育,教育是作改造事业的工具,作解放运动的利器,离开教育,便不能讲解放,讲改造"。事实上,社会的改造,说到底是如何地来改造人的问题。所以,"社会的改进,非教育不成功"(范煜璲:《教育的罪恶》,《曙光》第 1 卷第 3 号)。既然如此,具体到教育来讲,"现在最要紧的是什么呢? 教育者的思想革命。……改革思想的责任,自然要算教育者为比较最大"(谢扶维:《教育者对于时代思潮应取什么态度》,《中华教育界》第 9 卷第 1 期)。人们在思考着,在探索着。

"教育丛书"就是时代变化以及社会改造在教育上的反映。杜威的《儿童与教材》,体现了"儿童中心主义"的思想;以儿童为中心、重视发展个性的心理学、小学教学法等,在丛书中占有一定的分量;设计教学法、葛雷制、德克乐利法、蒙铁梭利制、文纳特卡制、道尔顿制等,当时西方先进的教育理论和方法,几乎都能在其中找到相应的译作。此外,国家主义教育、乡村教育、社会教育、师范教育等著作,为新兴教育思潮的重要载体。

(二)内容具有广泛性,涉及到教育问题的各个领域。诸如教育理论、比较教育、教学方法、教育制度、教育史料、学校教育、社会教育、西方国家的教育状况,以及著名教育家等,大致齐备。至于家庭教育、幼稚园、儿童、小学、中学、师范和青年教育等,基本上都有所涉及。教育测量、统计、历史、地理、心理学等,也有相当的介绍。可以说,"教育丛书"触及到教育问题的各个方面、各个领域,有的是一般读物,有的是研究论著;有的是知识介绍,有的是史料汇集,适合了不同层次的读者需要。

当然,判断出版物的价值和生命力,无疑要以其产生的社会影响为标准。中华书局"教育丛书"特点鲜明,应时所需,因而受到读者的欢迎。许多书籍一版再版,有的甚至达 18 版之多。由此可见,它在人们心目中的地位,对人们教育观念的转变,确是作用甚大,非同凡响。

就译著来说,"教育丛书"收录的西方教育学名著之译本或编译本,有的就是当时对教育热点问题的反映。20 年代初期,受国内现实的刺激和西方思潮的影响,知识分子将国民性的改造看作实现社会改造的前提,而国民性的改造又离不开对国民心理的研究,因而国外心理学译著成为一时之需。由此,国内教育界掀起了包括心理测验在内的教育科学化运动。但诸如此类的书籍并不多见,"教育丛书"中的《教育心理学大意》和《教育心理学》,可谓应时之书,分别发行至 18、17 版。《教育心理学大意》为东南大学教授廖世承翻译,分 3 集 18 章,堪称"较为完备"的我国教育心理学专著。《教育心理学》则分为学习心理、儿童心理、个别心理 3 编,与其他一些书肆坊间印行的"浅薄不足称数"的教育心理学书籍相比,实为"开山鼻祖"之作。"该书编辑方法采取美人斯曲朗(Strong)的《教师心理学》导言 *An Introductory Psychology for Teachers* 的体例,'一方讨论学理,一方参用实验,使学生从实际研究方面,得到一个结论'"。据陈启天的分析,本书有八大特色:(1)自来读心理学者每苦干枯,本书力矫斯弊,用浅显文字,并多引与日常生活有关系的事实以保持读者的兴趣。(2)理论与实验相结合,使学者能自行证实各种原理,以备随时应用。(3)凡本国例子可引用者则引用之,以期适合我国现情,如"个别差异"一编所载各种测验法、计分法教学法、论断法等,均为我国最新的材料。(4)每课附有研究及讨论问题,有时并附录各种实验材料,教师苟能充分利用,当增进兴趣不少。(5)每编有一课总温习,该课即为全编纲要,用填字式,令学生填入相当的字句。此为最经济的温习方法,开自业教科书所未有。(6)末一课为全部总温习,用测验式,共有 100 题,其中40 题用认识法编制,60 题用填字法编制,可供教师参考。(7)每课附有参考书,并注明出版处及价值,以备课外阅读。(8)令学生做每课纲要,书中有纲要的例子,也为温习的一种方法。由此可见,"本书的价值,非目下一切关于教育心理学的中文书所能比"。此外,它在内容上循序渐进,"读第一编学习心理可以知学习心理学的大要;读第二编儿童心理可以知儿童心理学的大要；读第三编个别心理可以知个性差异、智力测验、教育测验、教育统计的大要。行文简明，说理扼要，亦为该书的一种特色"（《中华教育界》第 14 卷第 4 期）。

另外，美国教育家派尔的《学习心理学》，分学习之性质、学习曲线、经济和意念的学习、学习能量之性质、度量及差异、疲劳与学习、天性与学习之关系等。该书观念明确，内容新颖，它的翻译出版，对国内教育家的启示作用很大。英国里兹大学教授威尔顿和剑桥大学师范学院的步南佛合著的《训育论》，全书分为"训育论的性质、德育的目的、家庭学校的影响、教育与个性"、"习惯"、"义务"、"良心"、"学校社会"、"训练之实施"、"训练的组织"、"学校与家庭"、"赏罚"等 10 章。当时，有学者评论说，此书确立了三个基本观念：第一，训育不单是学校以内的事情，整个的社会，应负起责任来。第二，各种训育上的设施，要以儿童为主体，不是以成人为主体，换句话说，要顾及儿童的生活和能力。第三，训育不是专靠奖惩可以成功的，奖赏与惩罚的流弊很多，确是事实。由此，启发人们思考，我国的儿童应有哪些理想？什么是培养理想的最有效的方法？怎样使全社会的人注意儿童的训练？客观地分析，"全书对于训育原则，阐发无遗，惜未言及实际方法，但读者于训育原则，果能了然胸中，那末处理实际问题或厘定训练标准，就有些把握"（吴增芥文，《中华教育界》第 20 卷 12 期）。美国教育家芬赖著、余家菊译的《教育社会哲学》，依据社会学的原理，阐述教育的目的、价值和办法，凡哲学的意义，社会文明的渊源，精神生活的性质，社会平行的原理，教育制度的制定和功能，时代精神的谬误，社会参与中教育课程构造的社会原理，教育与家庭教育及乡村生活，教育与生活标准，职业教育的要点，社会学科的价值，道德教育的社会心理学，美术的价值，文理科大学的任务，领袖与随从，经济的定命论，社会之纯一、安定、进步与教育的关系，以及教师的专业训练等，无不有新颖独到的见解。可以说，这是一部跨学科、综合性的教育学专著，对开拓国内人们的视野，裨益甚多。

如果说，"教育丛书"中的译著，是为人们提供了改革教育的重要参照，颇有参考价值。那么，与之相比，名列其内的国内教育家所撰的教育学专著，也并不逊色。舒新城的《教育通论》，论述教育的意义、学校、学制、学生、教师、课程、教学、训育等问题。庄泽宣的《教育概论》，阐明了教育之定义、教法与分级、课程与教材、学校制度、教育行政与经费等。它们在出版后，数年内印行至 12 版，可见受欢迎的程度。而余家菊的《教育原理》，分为绪论、资质论、目的论、课程论、方法论（一）、方法论(二)、学校论 7 章,附录有参考用书及中西名词对照表。该书对于各种教育学说尽量叙述,使人们在研究中加以比较、鉴别,不致墨守一家之言。同时,对诸多重要原理也极力搜求,不但使从事教育实际工作者获得指导,而且为研究教育学术者整理知识,形成理论,不无启迪作用。此书印行达 17 版之多,被评为"近来中国教育界出版物中之具有个性而能大胆批评之一部中国书,其长处在根据历史条述原理批评现状"(舒新城:《余著教育原理与陈著家庭教育评述》,《中华教育界》第 15 卷第 6 期)。

　　如前所述,道尔顿制是影响中国较大的一种新式教学方法,而教育家舒新城是其中的倡导者之一。他视野开阔,敏于思考,对教育的改革向来热心不减。通过对道尔顿制的了解,他"觉得这种办法在事实上可以解决我们困难底大部分,在理论上可以答复我们疑问底一大部分,于是我们高兴地研究,并大胆地实验"(舒新城:《道尔顿制概观·绪论》)。1922 年秋,舒新城力排众议,在吴淞中学率先实施,开道尔顿制在我国实践的先河。与此同时,他著书立说,巡回演讲,解答人们在这一问题上的疑问,希望教育界对之采取实验的态度,并创造出适合国情的新方法。在他编译的 5 部关于道尔顿制的著作中,就有 3 部被列入"教育丛书"内①。《道尔顿制概观》分十三章,为舒新城在实施道尔顿制后所编成,不乏许多心得体会。他根据柏克赫尔司特和杜威的有关理论,用简明易懂的语言介绍道尔顿制,"说明中国教育界何以要采用道尔顿制的原因,同时并叙述道尔顿与中学小学教育,及设计教学格里学校制度的关系。他编此书固不是随便抄袭,他们在吴淞中学实验此制也不是随便趋新"。时人评介说:"读者欲明白中国教育界何以要施行此制,此制在中国历史上的根据如何,应当读此书"。《道尔顿研究集》共分十章,"不独介绍道尔顿制于中国教育界,而且根据中国教育界情形为进一步之研究"。同时,强调:"我

_____

①其余的二部,一是《道尔顿概论》,由商务印书馆出版;二是《道尔顿浅说》,列为中华书局的"常识丛书"。《道尔顿浅说》全书约三万字,分六章。万东在《学灯》上书评,称此书"文体用故事体,设为问题,颇能引人入胜。关于原理和方法都简单扼要地论述。比较读生硬艰涩的译本,有趣得多;并对一般人底误解加以充分而满意的解释;研究此制的方法也有具体的指示。这书容积虽甚少,实在是一本介绍道尔顿制的好书"。余怡在《中国道尔顿制书评》中,对上述评价表示赞同。并认为:"编者将道尔顿底原理、方法,以及他自己底经验融贯一起而用文艺的形式表现出来,读者如只仅要知道什么是道尔顿制,即读此书。"

们对于道尔顿制之研究与实施,不要以道尔顿制底机械办法为限,更不当为适合于外国环境之办法所束缚,当本其精神努力研求更适宜于国情的良好办法。"该书出版后,被评为"在舒著所有之教育书籍中为最精辟,亦即中国所有道尔顿书中最有价值的著作。研究道尔顿制者固常读,即研究普通教育原理与方法亦当参考也"。《道尔顿制讨论集》,为舒新城1923年在各地讲演后,调查众多听者的意见,得204个问题,按内容归为11类,逐一加以解释,事后再整理编写而成,"此书为中国关于道尔顿制实际研究的第一部著作"。书中的一切解释,虽然是舒新城个人的意见,"但所有问题大概都是初行道尔顿制者所常遇的,实际上确有许多帮助"(余怡:《中国道尔顿制书评》,《中华教育界》第15卷第5期)。

总之,动荡转型的民国社会,促使人们对教育问题从理论上的反省,到实践方法上的变革,乃至教育观念的更新。诚如时人所评述的那样,"在最近十余年间,中国的教育界显然有了一种新的气象,代表这种新气象的事实确凿,便是许多关于教学或组织的新方法的采用或创制。例如《蒙台梭利的教学法》、《葛雷式的学校组织法》、《智力测验法》、《设计教学法》、《道尔顿制》、《设计协动教学法》,乃至最近的《教学做合一法》等等,可谓风起云涌之势"(仲平:《教育界的充实》,《中华教育界》第18卷第1期)。这些激起教育界"风起云涌之势"的译作、专著,在中华书局的"教育丛书"中,基本上能够得以体现出来。

与此同时,中华书局相继推出其他教育类丛书或书籍,实践着以出版服务教育事业的诺言。1921年开始,中华书局"教育小丛书"先后出版,包括《教育原理》([美]杜威著,元尚仁译,1921年)、《德育问题》([美]濮墨著,王克仁、邰爽秋译,1921年)、《学校与社会》([美]杜威译,1921年)《中学训育问题》(周天冲译,1925年)、《儿童论》(密鲁著,余家菊译,1921年)、《近代欧美初等教育发达小史》(杨廉编述,1924年)、《学校与社会》([美]杜威著,刘衡如译,1921年)、《家庭设计与乡村教育》(周天冲著,1931年)、《美国乡村小学标准》(唐现之译,1932年)、《公民教育概观》([日]小尾范治著,崔叔青译,1935年)、《捷克民族复兴与体育训练》(徐扬龄编,1938年)、《小学公民科教学法》(唐湛声著,1924年)等,这些中外教育名著,对教育理论和实际教学等,进行了多方面的探讨和研究,涵盖了中外教育上的诸多问题。与"教育丛书"一样,"教育小丛书"也是一版再版,以最大程度地满足社会的需要。

引人注目的是,中华书局出版的"大学用书",汇集许多有影响的教育家编写、翻译而成,包括《教育心理学》(〔美〕何林华著,吴绍熙、徐儒译,1939年),介绍心理学的基础、教学技术、学习心理及一般教育问题等。《教学通论》(罗廷光著,1940年),分为教学目的、现行通行的教学法、教学之心理基础、各种学习及其教学法、教学效果的测量、教师品格及教学技术等7篇,论述普通教学法中的各种问题,每章末附有"讨论问题"及重要参考书目。《教育行政》(刘真著,1945年),分绪论、教育宗旨与政策、教育行政组织、学校制度、教育人员、教育经费、教育视导、教育行政机关的实际问题等。《地方教育行政》(王克仁著,1939年),论述教育行政的意义、要素、权力;地方教育行政组织的原则、工作程序、学生、教师、经费、课程、设备等方面的问题。还有《各国教育制度》(上下卷,常导之编著,1936—1941年,)、《西洋教育史》(王克仁著,1939年)、《学校调查》(黄敬思编译,1937年),等等。

此外,"国家教育协会丛书"、"中山大学教育学研究所丛书"、"初等教育丛书"、"义务教育丛书"、"通俗教育丛书"、"中央大学教育学院丛书"等,也是中华书局强力推出的教育类丛书。其他的诸多单行本,有关教育类的著作,如《乡村教育通论》(余家菊编,1934年)、《乡村教育》(刘炳藜编,1935年)、《民众教育通论》(庄泽宣、徐锡龄编,1934)、《民众学校教材及教学法》(邱冶新编,1938年)、《平民课本教授书》(黎锦晖等编,1924年)、《平民千字课本教授书》(全四册,陈醉云等编,1925—1926年)等,有力地配合了不同时期的乡村教育、民众教育、平民教育运动的开展。

由于美国教育家的来华演讲,以及留美归国学生的推动,民国教育界对美国教育原理与实际的介绍很多,影响也很大。"学制、课程、教学、训育等事之原则及方法几无不有大部分系从美国脱胎而来。至于欧洲各国的教育现状,除在报纸上偶有若干通讯记其片断的消息而外,竟少系统的著作。"这种状况,从一定程度上说"是我们读中国文字书籍以研究比较教育不满足之感"。1925年2月,中华书局出版余家菊的《英国教育概览》一书,分为教育行政、小学教育、中学教育、女子教育、师范教育、大学教育六部分,附录补习教育一篇。在该书"序言"中,称:"本书每叙一事实,辄就其由来、变迁、现状、趋势一一加以说明;每述一问题,辄就其赞否之两方,详言其利弊之所在。"这一特色,人们读后也印象颇深。有人指出:"此书之优点在于每事为探源的研究之后,而附以适当的评论,使人读之不感沉闷。"虽然,该书所说的只有英国,"然而我们从此书中却能明白英国教育的现况,我们自然不可以明白英国教育现况为推翻中国现教育的工具,但因为多明白一国教育现况而使我们底见解不为一隅之见所蔽,使中国的教育由多方的参考而更切合国情,却是研究比较时应有的态度"("书报评述",《中华教育界》第 15 卷第 8 期)。应当指出,随着国外教育思潮和方法的输入,教育成为一种科学的研究,而采用统计法与图示法,实是研究教育之必须,"前者度量事实,后者表现事实。"民国年间,关于统计的书籍出得较多,"而讲图示的专册,却是非常少见。"图示法虽较普遍地应用,"惟因专才不多,错误常不能免"。1932 年 8 月,中华书局出版郐爽秋的《教育图示法》,"以便学者"。该书以威廉斯的《教育中之图示法》为蓝本,参以美国图集标准委员会所订标准,"更益以著者意见,按照制图步骤,订立制图标准七十一条"。全书 21 章,将"制图之准备"、"制图之标准及应注意之点"以及各种图形的表示方法,编成条目,详加说明。全书插图 183 幅,附录各种字体 38 种。据作者指出,编辑本书的目的:(1)说明图示法之价值及其应用。(2)训练制图之能力,使毫无绘图经验者亦易着手。(3)介绍表显教育的及社会事实时所必须之实用图式。(4)指示各种图形之用度及表现某种事实或意念时所必用之图形。(5)指出制图时所易患之错误及避免之方法。(6)举出绘制图形之标准及制图时应注意点,以养成学者判断之能力。该书出版以后,在著作、报告、展览、宣传等方面作用甚大。如大学生的各种研究报告,各种调查报告,以及中小学校用以宣传的各种图表,"有此一书,不但可以按图索骥,如法炮制,且可节省时力,减少错误"。对此,时人给予较高的评价,认为"细察本书内容,确能达其目的。在我国关于此类的出版物中,允称未曾有过的好书"。"总括一句:这书确是一本好书。……所以此书我以为从事教育者固应人手一册,即非专攻教育而却注意于统计法者亦宜人手一册"(李锦珍:《郐爽秋的教育图示法》,《图书评论》第 1 卷第 10 期)。庄泽宣为民国时期著名教育家,在教育理论和实际教学中有很高的造诣。他把在岭南大学给研究生上课的讲稿《中国教育问题》,交由中华书局出版,名为《改造中国教育出路》。该书共分 5 章,分别论述学术教育、专门与职业教育、普通教育、社会教育、教育行政与经费等。该书的内容不是纯粹谈抽象的理论与原则,"实际上,则是列举教育上的各种具体问题,一一加以说明而提出具体的解决办法"。据作者自称:"讲时多先述各问题过去解决方法及其困难与缺点,再补充个人二十年来所主张应采途径。"因此,有人评价说:"这书是值得每一个学习、研究教育或从事教育工作者阅读的"(《上海文艺》第 8 期)。

1926 年,舒新城在论及教育书籍的出版状况时,说:"中国出版界与欧美日本各国比,无论在质上或量上都相去甚远,尤其缺乏的是专门的著作,一般研究教育的人每苦国内书籍太少,而不得不读外籍,每因外籍读得太多太惯之故,竟将本国出版物完全不阅。此种现象,我在许多教授与'名人''学者'中常遇之。"更令人忧虑的是,对一些身处内地的小学教师、师范生和学生的父母而言,"以不审内容与作家性格之故,竟自费许多力而购不着一本真正需要的书"(舒新城:《余著教育原理与陈著家庭教育评述》,《中华教育界》第 15 卷第 6 期)。在这样一种背景下,中华书局适应社会改造的需求,出版相当数量的教育丛书和教育著作,使国外的著名教育家,如杜威、孟禄、蒙铁梭利、德克乐利、葛雷、文纳特卡等人的理论和方法,以及国内著名教育家的思想和实践,尽己所能地推向社会,使教育类书籍无论在"质"上,抑或在"量"上均发生着变化。它们面向不同层次的读者,在一定程度上满足了社会的需要。因此,有理由相信,中华书局对民国教育近代化起了重要的促进作用。

第三节　中华书局与国语运动

国语运动肇始于清朝末年,实际上包括了两方面的内容,一是"言文一致",即推广白话文(语体文),谋求口头语言与书面语言的一致;二是"国语统一",实行注音字母,推广全国统一的标准的口头用语。"在中国现代史中,有比辛亥革命(一九一一)更为艰巨的一种革命,就是'国语运动'"(黎锦熙:《国语运动史纲》)。此语未免有过分夸大之嫌,但也道出了国语运动之艰难①。

近代中国,西力东侵,造成严重的民族危机;西学东渐,使人们对固有文化进行了深刻的反思。尤其在甲午战争失败以后,有识之士痛切地感受到"大多数人民都是糊糊涂涂混混浊浊的决不能存立在世界上,所以要想法子唤醒人民,输入人民一点知识"(王蕴山:《注音字母与汉字》,《中华教育界》第 10 卷第 8 期)。一开始,人们认识到,由于文言太难,多数国民不识字,不能读书看报。于是,有人提出作文用白话文,出版白话文的书报。然而,这种文体的转变,并没有收到多大的效果。因为把文言改成了"白话",只是能"易懂",并不能"易识",而只有在"易识"之后,才能

①1919 年以后,所谓的国语运动,都是从广义来说的,包括新文学和新文化运动。

"易懂"。我国的语言文字历来为士大夫阶层垄断,各地言语不一,读音各异,以致"我国言与文相离,故教育不能普及,而国不能强盛"①。就是说,对广大的不识字的下层民众而言,普及教育于他们,首先需要解决的是读音识字问题,然后才能谈到读书、获取知识和提高素质等。出于这种考虑,人们决定造出一种字母,使识字变得容易一些。但人们很快发现,要利用字母,又带来了一个不可忽视的问题,这就是读音问题。假若没有方法读音,字母就会没有用处。有人提出用京语做标准语,但也造成了许多不便,"为中国全民族着想,与其用京语,不如用一种人造语。这人造语中的各分子,连最重要的读音一件事也包括在内,应当先期分别研究,务求所造成的语言,使全国中国人民,能于接受"。王炳耀、蔡锡勇、王照、劳乃宣等人,花费大量时间,经过精心研究,先后创制了注音字母、简字等,为普通人从发音上来认识更多的汉字提供了方便。于是,以注音字母认字、识字为开端,拉开了国语运动的序幕。从此,"一般提倡国语的人,才把中国全民族混通看作一块,不再用开通知识便利妇孺等话头,把一国的人民,勉强分为两家"。可见,国语运动由变革语言、识字读书开始,到后来,又绝非仅仅是一个语言的问题,而是一个民族的问题、革新文化的问题(刘半农:《国语运动》提要)。

民国建立以后,蔡元培任教育总长,出于培养有知识的国民,以奠定民主政治基础的考虑,国语运动被提到了相当的高度来认识。因为"大多数国民以不通文义之故,于国家政治绝无所知;一二人操纵之,虽有亡国败家之祸,弗能喻也。犹幸是非利害,人类尚有直觉之本能,真正民意,终难湮没;然共和回复之后,不图其本,一任大多数之国民聋盲如故,则'民意'二字,又将为少数人所攘夺,真正之共和政治,亦终不可得而见"(黎锦熙:《国语运动史纲》)。显然,在这里,国语运动已超出了单纯的语言文字范畴,而是关系到国家政治前途的大事。人们对国语运动,抱有前所未有的热情,"希望本国有一种公用的标准的国语话,希望本国有一种适用于现代的精密的明白的国语文,目的全在造成、推行一种优美的适用于表现思想的工具,作普及教育的先导,为发展文化之张本"(乐炳嗣:《国语概论》)。1913 年 2 月,全国"读音统一会"成立,汇集了全国各地的 50 名代表,又延聘著名的韵学家、方言家 30 余人。他们在前人成果的基础上,多方讨论,精心研究达 3 个多月,以北京音为基础,创制了 6000 余个

---

① 朱文熊:《江苏新字母》,第 1 页。上海普及书局,光绪三十二年七月初七日。

注音字母。1918 年,注音字母公布,先行解决了读音统一的问题。第二年,国语统一筹备会成立。作为一个正式机构,不但研究国语的一切问题,而且安排关于国语的一切事务。如此以来,为国语运动的进一步开展,奠定了坚实的基础。

　　然而,"语言是一种极守旧的东西,语言文字的改革决不是一朝一夕能做到的"(胡适:《汉字改革号卷头言》)。以改革语言文字,普及教育为目标的国语运动,"实实在在牵涉了几千年的文化和社会生活",因而所遇到的阻力之大,远非今人所能够想像。一方面,它"把向来'士人阶级'所垄断以为利的,所谓'笔耕''砚田'以及'铁饭碗'之类,弄成一个'有饭大家吃',人人可以操觚,使他们靠此为生的老大不愿意"(黎锦熙:《国语运动史纲》)。另一方面,许多思想守旧的人担心此风一开,会导致固有文化的根基被动摇,视国语为毁灭本国文化之举,"谓国文为国语,则中国古书,能解者少,文学将绝,历史及其他学术,知者更少"。在他们看来,古书记载多用文言,学者只习语体文,将无人能读文言书籍。说什么"言之无文,行之不远",语体文采用俚词俗语入文,不及文言之能行远;文言文简而能赅,非语体文所能及。还有人忧虑,"我国方言各殊,而文字则一,今舍文用语,其弊必至各用其方言,而数千年统一之文字,将因是破坏,遂酿成各地分离之祸"(陈懋治:《国民学校改设国语科意见书》,《中华教育界》第 5 卷第 7 期)。

　　更何况,袁世凯当政,复古空气浓厚,对国语运动的开展尤为不利。一些"素重文学"的地区,"自然看不起语体文,以为粗俗不堪,难以入目"(张一麔等:《致吴县劝学所所长潘振霄公函稿》,《中华教育界》第 10 卷第 4 期)。甚至出现了"不读古文,不可以为人! 不作古文,不可以为子!"的叫嚣(黎锦熙:《国语运动史纲》)。潜滋暗长的反国语势力,成为推行国语运动取得成效的主要障碍。当民国教育部下令国民学校改国文为语体文,除个别交通便利、热心倡导的地区之外,大多数人置若罔闻,"耸社会以危词,斥更张为异类。抑或轻重先后完全倒置;虽曰遵令照改,实则教法全乖。既苦受教者之脑筋,复兴反对者以口实"(黎锦熙:《致全国教育联合会书》,《中华教育界》第 10 卷第 8 期)。

　　但是,"野火烧不尽,春风吹又生"。五四新文化运动高举"文学革命"、"文学改良"的大旗,反对旧文学,提倡新文学;反对文言文,主张白话文。他们主张:"一切语言文字的作用完全在于表达思想;表得巧,达得妙,便是好文学。思想、事物古今既不相同,表达思想、事物的文学,也决不能一成不变——已经死过去了的语言、文学,决不会产生'活的文学',

那就只有努力提倡国语的文学"(乐炳嗣:《国语概论》)。"我们所提倡的文学革命,只是要替中国创造一种国语的文学。有了国语的文学,方才可有文学的国语,有了文学的国语,我们的国语才可算得真正的国语。国语没有文学,便没有生命,便没有价值,便不能成立,便不能发达"。"中国若想有活文学必须用白话,必须用国语,必须做国语的文学"(胡适:《建设的文学革命论》)。正是由于人们坚持不懈,百折不挠的努力,国语运动犹如具有顽强生命力的"野草",借五四新文化运动之"春风",得以强力前行。

国语运动冲破阻碍,成绩斐然,从学校的国文改为国语,从文言文到白话文(语体文),从注音字母到国语罗马字等。期间,以普及教育、振兴文化为使命的民营出版业,可谓身与其役,功不可没。著名语言学家黎锦熙,称它们出版的国语教科书,包括一切国语出版物,构成了维护国语运动的"第二道防线"①。作为其中的重要一员,中华书局是国语运动的积极参与者,以实际行动为国语运动的深入开展,做出了重要的贡献。

一、为开展国语运动大造舆论

陆费逵是热心倡导国语运动的著名代表人物。早在1906年,他就建议设立字母学堂,通过记字母、读拼音,以达到多识汉字的目的。陆费逵写成《论设字母学堂》一文,指出:"东西各国文字,无不有字母。字母者,所以一语言之音声,便形体之辨别,而为文明之利器也。中土无字母,其文字也,一形一音,辨别难而记忆尤不易。故读书之效迟,识字之人少。有字母则不然,熟记字母之形,及拼音之法,以之读书,迎刃而解。以之记载,力半功倍。字母之为用大矣哉"。在他看来,创制字母后,对识字帮助很大,因为"于字母既识,拼音既解之后,每见一字,先以法求其音,音得则义解矣。故有字母之文字,童子当牙牙能语之际,习之数月,即可知其大略,而读书作字,无纤微之难"。否则,没有字母,"则识此字,不能通之于彼,虽遍识应用数千字,尚难必读书无窒碍。此其难易,岂可以道里计耶"?针对中国语言不统一,各地方言不一,他认为:"无论南北语音,杂然不同。即邻郡相接,而语言亦异。甚至同一县也,此乡与彼乡且判若二

①主要是指民营出版业印行的国语教科书、国语出版物。黎锦熙还特别提到,商务印书馆的张元济、中华书局的陆费逵、世界书局的沈知方等人,堪称"第二道防线"的总司令。

国焉。是亦我国上下,知有乡谊而不知有国家观念,知有省界而不知有国家种界也,可不为大哀哉！平日政教不一,交通不便,以言统一难矣。"更有甚者,在国内居然还出现了异地之人使用英语交谈的状况,对国家的政治、军事、教育和社会交往等,"无不引为莫大之害"。最后,他强调说:"语言之不统一不可期,即全国人心之统一不可期矣。全国人心之统一不可期,则竞生存于天壤之间,必不可得胜也。"

基于此种认识,陆费逵鲜明地提出了"文字改良,语言统一"的口号。随后,他在有影响的刊物上发表了《论日本废除汉文》、《普通教育当采用俗体字》、《答沈君友卿论采用俗体字》等文章,反复指出:"我国从事改革,宜从字体简单、言文一致入手。"一再强调:"教育之盛衰,人民之智愚,无不视乎识字之难易,此有识者所同唱,而改良文字之议所由昉也。"民国初年,陆费逵与教育总长蔡元培多次商讨教育改革事宜,"对于课程标准问题,国语国音的推行问题等,提出很多独特的意见,为当局所采纳"(吴铁声:《我所知道的中华人》)。为推动国语运动的开展,陆费逵又撰文多篇,如《我对于国音国语的意见》、《国语国音与京语京音》、《整理汉字的意见》等。值得一提的是,1940 年 3 月 27 日,陆费逵飞赴重庆,出席国民参政会第一届第五次会议。在会上,他提出《改良国语案》,陈述了对于改良国语教育的理由和办法,再次强调"普及国语之需要为今日第一急务"。总起来说,陆费逵对国语运动的目的、内容、步骤,所拟定的字母、标准音、国语图书的出版,以及实际应用等问题,从多个方面、多个角度阐述了自己的观点。这些建议,亦构成了其教育思想的重要组成部分。

以陆费逵为总经理的中华书局,积极参与国语运动,并成为其中的重要驱动力之一。著名编辑沈颐为"国语统一筹备委员会"七人常委之一,对推行国语贡献颇多。当新文化运动渐次高涨、文学改良初兴之际,《中华教育界》就发表稼畦《对于国文之研究》、陈懋治《国民学校改设国语科意见书》等文章,呼吁将学校的国文科改为国语科。1919 年和 1920 年,《中华教育界》发出两次征文活动,希望教育界对国语统一的方法、标准音的标准等问题展开讨论,还征集各级各类学校对于教授国语、国音的实践情况。此举得到许多知名语言学家的响应,在此基础上,《中华教育界》分两期刊出"国语研究号",为推行国语运动大造舆论(见《中华教育界》第 10 卷第 8 期,1921 年 2 月;第 11 卷 2 期,1921 年 8 月)。代表性文章包括:陆费逵的《我对于国音国语的意见》和《国语国音和京语京音》、黎锦熙的《国语编辑与教授的纲要》和《国音音素的发音部位》、《国语的读法和教学法》、《国语教科书的革新计划》、《文学的国语教材之分类与支配》、易作霖的《五声论》、王化周的《我的国语教授试验》、王蕴山的《注音字母与汉字》、陆依言的《道听途说的笔记一》、《国音传习法》、《国语问答一》、朱葆庄的《宝山县立甲等师范讲习所附属小学校国音国语教学实况》、马国英的《非官话区域的国民学校国语话法的教学法》、乐炳嗣的《推行国语方法管见》、黎敞非的《国语教育新趋势的动机》、秦风翔的《注音字母发音实际的研究》,等等。

陆费逵、黎锦熙、乐炳嗣、马国英、陆依言、王蕴山等人均为提倡国语的得力人物,在文化教育界颇具影响,他们对国语问题的分析和理论上的创见,进一步强化了国语运动的声势。

首先,强调语言统一的重要性。中国是一个地广人多、历史悠久的国家。由于民族不同,地理、气候、环境各异,语言变迁较大。这种变迁是自然的、没有约束和范围的,导致其庞杂、无据。在语言表达上,全国各地的人"各吹各的号,各唱各的调"。因此,到现在必须统一,这是关系到国家强盛的大问题。他们指出:"全球各强国,如英、如美、如法、如德、如日本,德国虽然现在失败,他不失为强国的资格。一国的人说一样的话,语言是统一的。再看一看各弱国如土耳其、印度等等,他国内的语言杂乱和我们中国是一样的,可见语言与国家很有关系了。"但是各强国的语言统一,也并非一开始就如此,而是经过了数十年的努力而成的,"以东邻日本而论,在当初南北的语言也是不能相通的,明治维新以后,第一政策是要统一他的语言。令各府县都学东京话,没有几十年的功夫,成效大著,国势日强了"(王蕴山:《注音字母与汉字》,《中华教育界》第 10 卷第 8 期)。对国家是如此,即使对个人的日常生活,推行国语也意义非凡。随着风气渐开,交通发达,人们外出求学、经商、旅游,相互之间的交流也不断增加。而推行国语,实行语言统一,可以消除交往的障碍。同时,"在信札往来,报纸记载,以至公牍文字,各部布告"等,推行国语的文体,已是大势所趋。只有学习统一的语言——国语,才能减少不必要的麻烦,加强沟通和信息传递。

其次,肯定注音字母的功能。他们认为,注音字母出现以前,人们识字无多,常常读错字音、土音歧出,这些弊端的存在,极不利于教育的普及,何谈文化素质的提高?而创制注音字母以后,可以达到"正确发音、统一言语、救济失学的人"之目的。在他们的心目中,注音字母在教育文化事业中,(1)是"植基的利器"——注音字母,把许多读音归纳成 39 个字母,造成一种正确的发音"型式",儿童先学会这种发音的工具,不论在校内校外,不论认识不认识的字,都可以按照注音去读,不会再有读错的字。

（2）"经济的学习"——学会注音字母，便没有查不出的字、读不出的字，不用费力去查字典，节省精力，节省时间。（3）"补习的捷径"——国民学校是义务教育，要在四年之内造就健全的国民，单就国民常识上来说，在很短的年限里，是远远不够的。因此，要教给儿童种种自修的方法，具备随时补习的能力。儿童学会注音字母，自然可以帮助阅读，不论其是否毕业，随时都可以补习。总之，"用注音字母来统一读音，实在是统一言语的先导"（祈伯文：《教授注音字母的研究》，《中华教育界》第 10 卷第 8 期）。王化周在《我的国语教授试验》文章中，以自己的切身经验指出，教授国语要对当地方言进行详细地研究，因为"各地方有各地方的情形，各省有各省的方言。——就大体而言——若不能详察各地方的情形及方言的种类，因地制宜，随机应变，是收效很小的"。他从教材的分配、教授顺序之制定、四声之教授、话法之练习等方面，谈了自己的体会（王化周：《我的国语教授试验》，《中华教育界》第 10 卷第 8 期）。陆费逵对我国语音的区域性分布，通过具体的分析后，提出了国语教育应分三步走的建议，"第一步，叫儿童依着国音读书。第二步，说话读书都用国音国语，不必问他是什么腔调。第三步，要用我理想的国语，所谓国音、京调、普通合论理的语法了"。"第一步目的达到之后，一变就可以到第二步。第二步目的达到之后，更不怕不会到第三步了"。当然，依他所划分的"狭义的国语区域"、"广义的国语区域"、"非国语区域"，不同的区域可以适当变通，并非一定要按照这个次序进行（陆费逵：《我对于国音国语的意见》，《中华教育界》第 10 卷第 8 期）。

再次，指出语体文是普及教育的必要条件。王蕴山在《中华教育界》发表《注音字母与汉字》一文，指出我国办教育的时间不可谓不长，然而至今未曾普及的原因，最大的障碍在于语言不统一，文字不简练。"我们中国的文字是贵族的不是平民的，是专门的不是普通的，一个字有几个音，一个音有几个义，从少年去学，一直学到老不敢说毕业，要用一生毕不了业的东西普及一般人民，天地间哪有这样的理呢？所以必须有一种极简便极容易学的文字出来从旁帮助，然后谈到普及教育，可就有了把握了"（王蕴山：《注音字母与汉字》，《中华教育界》第 10 卷第 8 期）。向信则撰文对国内的一些学校不顾实际情形，以外国人出版的中国官话书作为课本的现象，提出了尖锐的批评，他说："我们中国人，对于自己的国语，不能够好好的研究；倒把外国人做的书子，奉为无上至宝，说来真是惭愧！"况且，外国人对中国语言的研究，难免有隔靴搔痒之嫌，未必一定是十会完备的。因此，"外国人做的中国官话的书，不一定都可以做一般学校的会话课本。即使有一部分,可以作为参考应用的,也须经过精密的审查和修正,然后可以采用"(向信:《外国人做的中国官话书可以做一般学校的会话课本吗》,《中华教育界》第 10 卷第 8 期)。陆费逵强调,掌握国语国音并非哪一个阶层的特权,认为:"国音国语是人人应该学习的,经商的、做官的一定要会说国语,那是自不必说的。农夫、工人也应该学习国语,和人家接洽,才不致误会吃亏。至于教员更应该学习国语。"(陆费逵:《我对于国音国语的意见》,《中华教育界》第 10 卷第 8 期)

　　同时,他们还用事实来说明推行国语所带来的好处。张一麐提到苏州的国语推行情况,称当地的区立学校,"已经改为语体文的,固属甚多;因循未改的,也颇不少"。但是实践的结果已经证明,"凡是受过国语教育的,都觉得进步可观;比较教授以前所用的国文收的成效,实在不可以同日语。所以同人等才敢断定改用语体文,真是求学的捷径"。据此,他进一步指出:"现在科学日新,为求学计,也没有十年窗下的闲工夫,去研究古人的文字(要做专门文学家的,不在此例)。为平民教育计,更用不着那种艰深的国文;只要嘴里说得出的,笔底下写得出,就尽够用了。何必因做父兄的,素习国文,一定要子弟们尽心思去学习那种古人的文字呢?"总而言之,"国民学校,是教多数平民的;不是教专门文学家的。既然是平民教育,自然要拿语体文算做正宗。何况普及教育,断不能各个施以人才教育"。教育部改国文为国语,"也是外面鉴于世界大势,内面察看本国学术状况,实在有不得不改用语体文的理由,所以才毅然改革"。如此一来,则"那一般平民的子弟,也得受着些普通知识,教他能够有自食其力的技能"(张一麐等:《致吴县劝学所所长潘振霄公函稿》,《中华教育界》第 10 卷第 4 期)。

二、出版国语图书,推进国语运动

　　黎锦熙曾说道:"出版界总是得风气之先的。"在为国语运动的深入开展大造舆论的同时,中华书局将国语图书作为出版业务的重点。1920年,中华书局积极筹划,强力推出朱文叔的《国语文类选》、黎均荃的《国语易解》、董文的《国音实习法》、易作霖的《国语读本》、陆衣言的《注音字母教授法》和《国音拼音盘》、李直的《语体文法》等著作。这些书的作者,均是国语研究的专家和教师,在注音和语体文方面有很高的造诣。其中,《国语文类选》一书,是从《新青年》、《新潮》、《每周评论》等具有相当影响的报刊中选编而成,包括"现在最流行的国语文,分文学、思潮、妇女、哲理、伦理、社会、教育、法政、经济、科学十类"。作者分别为胡适、蔡元培、陈独秀、蒋梦麟、张东荪、张一麐、胡汉民、罗家伦、朱希祖、周作人、李大钊、戴季陶、沈兼士、高一涵、陶行知、任鸿隽、周建人等,他们提倡文学改良,反对呆板泥古之风,在社会上颇具影响。人们阅读他们的文章,不仅在于明晰国语文法知识,而且会受到新的思想学说的熏陶,因而该书受到读者的广泛关注,到1930年即已发行达14版。《注音字母教授法》一书,阐述了教授注音字母时要依据不同的对象施教的原理。共分三编,第一编讲述儿童教授法,第二编为年长失学人的教授法,第三编是教员与师范生之教授法。该书出版后,受到民国教育部的嘉奖,称其"编制详明,方法新颖,确是以前不曾有的著作,用来推行注音字母,很是便利"。《国音实习法》一书,专讲国音实习的方法,对于注音字母的读法、用法和五声,讲得详细、明晰,并多加练习。而且,有单字的注音,罗列完备;有成篇文字的注音,富有趣味。鉴于我国各处言语不一,语法也不相同,要做语体文,一定要研究"语体文法"。而《语体文法》一书正是这样的著作,它把语体文的组织机构,讲得清楚明白:所有的名词、代名词、形容词、动词、副词、介词、连词、助词、感叹词、复词的用法,单句、复句的连缀法和标点的用法,解释得非常详尽,堪称是做语体文的典范(《中华教育界》第10卷第8期,"广告")。

为了在国语运动中发挥更大的作用,1921年,中华书局做出一个重要的决定,在编辑所内设立国语部(后改称国语文学部),以黎锦晖担纲。此后,黎锦晖网罗国语方面的人才,如乐炳嗣、陆衣言、蒋镜芙、马国英等为编辑,从而将高水平的国语书籍奉献于世。如编辑国音、国语书籍,陆续出版国语讲义、国音国语教科书及参考书等四五十种,字典词典十余种,拼音练习盘和积木牌等多种。国语部的设立和国语人才的延聘,为中华书局出版国语读物奠定了雄厚的基础。"大家出主意、订计划",为多出书、出好书进行了不懈的努力。1922年2月,国语研究会所编《国语月刊》创刊,由中华书局印行,主要是国语部的编辑参与其中。此刊以宣传国语、研究国语相号召,推出特刊,如"汉字改革号"、"字母研究号"等。1923年,国语部的编辑发起"一日一书运动"。一年内,果然出书361本。其后不久,中华书局推出一批高质量的国语图书。如王璞的《国语会话》,这是作者在教育部国语讲习所教授会话时所用讲义,经详细修订。该书特色有四,一是文字的旁边,注有注音字母。注音按照1919年12月教育部公布改正的国音注出。二是凡重读的字,变音的字,都用粗体字或特别符号标出,以便学习。三是句下都有新式标点,以表语气。四是书后附有学员集句数百句。文字的旁边,也都有注音字母,以便练习。又如黎锦熙的《国语讲坛》,是书为黎锦熙 1920 年 9—11 月,在江苏、浙江一带演讲的笔记。全书共 13 篇、三大类:关于概论国语的;关于讨论学理的;关于国语教育的。再如马国英的《国语交际会话》和《国语普通会话》,前者采集交际上必要的会话:初会、久别、探亲、问病、请客、谢赠、谢劳、辞行、送行、贺生日、贺娶嫁、贺生子、吊丧、慰唁各类,全用国语编成。注音明确,标点清楚,语句流畅。后者分词类、句法两种,词类以普通应用为标准,分类编入各课。句法采取应用最繁且不容易明了、容易误会的词类,插入句中,表明句意各种的用法。陆衣言的《国语常识会话》(交通),其材料专取交通上的常识,形式方面:语法力求变换,并且注重反复出现,以便熟练。每课均有图画,以便与文句对照。同时,在文字的上方,详注国音,又用新式标点,以表语意。陆费逵的《国音教本》,包括三十六课,特色颇多。前半部以实物短语练习字母,每课都有熟字;前七课用各地都能发音的字母,凡个别发音稍难的,都放在后面;后半部练习三拼,注意结合韵母;每一字母,都重复多次;而且,五声都点明,连续的词类都连写,语句简洁明确,附有文字对照表。此外,尔梅的《国语文法讲义》、达文社的《白话文速成法》等,也是推行国语的重要著作。

　　1922—1926 年,中华书局推出"国语讲义",包括马国英的《国语文》、蒋镜芙的《国音》、后觉的《国语发音学》、乐炳嗣的《国语旗语》、《国语概论》、《语言学大义》、《国语辨音》、《声韵沿革大纲》等名作。从 1924 年开始,中华书局集中力量,加大投入,陆续出版"国语小丛书",汇集了黎锦熙的《国语文法纲要六讲》、黄正厂的《国语文作法》、后觉的《国语新游艺》和《国语声调研究》等。其中,《国语声调研究》一书,共分十章。内容包括关于声调的性质、种类、实验法及学习法等,论述详尽;关于声调的理论,博采众说,平允切实;附有图表及乐谱,举例丰富而切用;对于漫无系统而杂记的北京语的入声转调,用科学方法分析,进行系统的阐述。《国语文作法》一书分为六讲,关于作文法的构造、体裁、美质、学习等,都有明晰精确的解释。1930 年,为配合教育部将"注音字母"改称"注音符号"的规定,中华书局推出蒋镜芙的《国语注音符号新教本》、陆衣言的《国语注音符号讲习课本》和《国语注音符号发音法》等。此外,还有"标准国音丛书"、"新国音丛书"等。许多国语运动的积极倡导者、研究者,或为中华书局的编辑,或为热心的作者,他们以实际的调查,对国语教育的核心内容,如注音、文法和词类等项,提出了较多的独到而切实可行的见解。中华书局策划出版的国语图书,基本上反映了当时国语研究和国语教育的最新成果,显示了较高的学术水平。

1921 年,黎锦熙在《中华教育界》上发表文章,指出:"试看一两年来,国语国音的书,宽一点来说,各种新思潮新文化的书,不是风起水涌,层出不穷吗? 固然多半是营业家的投机,但也要有主顾来买它,若是赔本钱的生意,还有谁来做呢? 可见社会风气的转移,不是可以完全靠他自动的。社会的需求,大半也是靠学校的提倡创造出来的。小学校教授音标,和社会上需用音标,是互为因果的。"(黎锦熙:《国语问答一束》,《中华教育界》第 10 卷第 8 期)固然,从本质上来说,出版是一种商业文化活动,要受到一定的文化环境的影响。反之亦然,出版也推动着所处环境的新兴文化的发展。中华书局与时俱进,把握国语运动的发展趋向,出版大量的国语图书以应社会所需。大多数国语著作一版再版,有的书籍,如马国英的《国语交际会话》(1922 年),到 1939 年印行高达 47 版;《国语会话》、《白话文速成法》、《新式标点符号使用法》(马国英,1922 年)等,均印行至 30版以上,可见这些书籍的受欢迎的程度。

1926 年,国语研究会在北京召开成立 10 周年庆祝大会。同时,在全国各地的学校团体就地召开国语运动大会,要求各大书店配合。中华书局积极响应,表示将出版的所有国音国语图书一律五折廉价发售 1 个月,以广为提倡。可以断言,国语运动在民国的兴盛发展,形成了一股不可阻挡的文化潮流,是时代的发展和社会的需要使然,而以中华书局为代表的民营出版业的参与,也是不可或缺的推动力量。

三、承办上海国语专修学校,制作国语教具

值得指出的是,中华书局承办上海国语专修学校,制作国音留声机片,对国语运动起到了重要的促进作用。

(一)上海国语专修学校

随着国语运动的渐次高涨,尤其是教育部下令国民学校改国文为国语科,进一步激发了文化教育界推行国语的热情。大家普遍认为,设立国语专修学校、组织国语研究团体和出版国语出版物,为推行国语的重要手段。于是,1921 年 3 月,国语研究会上海支部创办上海国语专修学校,公开申明:"统一国语的事业,渐渐的举办了,国民学校改授国语,已经实行了,但传习注音字母,不讲究读、说、作是不行的,同人以为统一国语和教授国语,都应该从养成人材下手,所以开办这个学校",校址在敏体尼荫路415 号。沈思孚、黎锦熙、李宗邺、李廷翰、王璞、顾树森、陆费逵七人为校

董(《申报》1921 年 3 月 17 日)。陆费逵为该校的发起人之一,并由中华书局具体承办。为此,中华书局每年投资 1200 元,并且负责讲义的印行。

起初,上海国语专修学校开办专修科和讲习科各一班。专修科设置注音字母拼音、国语文法讲读、国语文法、作国语文、国语文文件、会话练习、音韵学、言语学、万国发音法、国语教授法。讲习科的课程则为注音字母、拼音、国语文讲读、国语文法、作国语文、会话练习、国语教授法。学校呈请教育部派江范伍任校长兼主任教员(不久由黎锦晖、蒋镜芙先后继任),中华书局的许多编辑成为该校的骨干教学人员,如黎锦晖、陆衣言、马国英、郭后觉、蒋镜芙、乐炳嗣等。学校置备了乐器、书刊,搞起课外活动,吸引本书局总厂和总店的同事,凡爱好音乐者,均欢迎参与。1921 年 4 月 4 日,首批学员入学。由于社会对国语人才的需求增加,上海国语专修学校又开设星期补习科、寒暑假讲习科等,办学方式灵活多样。而中华书局从资金到教学等方面的热心扶持,使上海国语专修学校办得非常有特色,管理制度健全,教学方法灵活,教学质量较高,成为培养国语人才的重要基地,仅两年的时间,毕业生人数就达 700 人之多(胡国光:《参加了国语专修学校以后》,《国语月刊》第 1 卷第 7 期)。大多数学员毕业后,分赴各地任教,从而使国语运动得到进一步推广。1925 年 7 月,中华书局董事会决议停办此校。如有人接办,则将校具奉送,或每月再补助 50 元。不久,热心国语运动的专家蒋镜芙等人接办。按照协定,中华书局予以资助,直到 1930 年 2 月,才停止津贴。

值得一提的是,1922 年 1 月,黎锦晖为了实验新编的课本和新的教学法,决定在"语专"设立附属小学。开学之前,他以学校的名义,组成三个国语宣传队。其中,黎锦晖率领的第一队,先到宝山、松江等县,再到苏州、无锡、镇江、南京和芜湖等地,宣传小学改用国语的好处,通过表演、问答、释疑,吸引了郊区各县众多的教师和学生,从而激起了人们对国语的兴趣。

(二)国语国音教具

国语运动从注音字母发其端,缘于普通人多识字、认字的方便。但由于我国地域辽阔,各地方言不一,使教授字母的发音,与教育部规定的国音相比有相当的差距。甚至在同一学校内,两人以上的教员,所教的发音也在两种以上,让学生无所适从。对此,陆费逵为首的中华书局,早就有着很深刻的体会,认为"教授国音,非从表演练习不可。"于是,中华书局不断加大人力、物力的投入,制作大批国语国音的教具,如国音留声机、积木、色版、拼音牌、练习盘木牌、自习片、发音图、方字等,可谓寓教于乐,在游戏中练习国音。以注音字母练习盘为例,此盘由里外三层组成,内层为十二韵母,中层为三介母,外层为二十四声母,拼音时将指定的字母旋于上盖的空格内。有独用声母者,有独用介母者,有独用韵母者,有声母与韵母拼成者,有声母与介母拼成者,有介母与韵母拼成者,有声母与介母、韵母三者拼成者,无论何音,均可于此盘中旋转求之,信手而得,的确是练习注音字母拼音的捷径。

但是,提及国语国音教具,特别值得关注的是中华国音留声机片。向来热心研究和推广国语的陆费逵,通过对北京、天津、太原、济南、南京等处的实地调查,得知注音字母已颁布,各学校都要用国音国语。而实际上,国音教授的困难,在读音不准确;国语教授的困难,在语法语调不明白。他"觉得这事很不妥当,想了许多日子,只有制成国音留声机片,把准备可作模范的音,留入片内,全国都拿来做标准,方才可以统一呢!"(陆费逵:《中华国语留声机片缘起》,《中华教育界》第 10 卷第 4 期)出于此种考虑,1919 年秋,中华书局决定制造国音留声机片,与法国百代公司达成协议。经过一番试验,克服了种种困难,于 1920 年 8 月制作成功。这套留声机片,由教育部派王璞到上海录音、又派黎锦熙审查,共 6 片 12 面 12 课。包括国音 6 课,凡字母拼音五声都完全的;国语 6 课,普通语法基本具备。另外,附有相对应的课本正文,可以对着片子听;说明书 1 册把发音和语法详细说明。中华留声机片为学习国音国语者,提供了标准的发音参照。民国教育部通过审查,于 1920 年 10 月 13 日做出批示,说:"合查所制各片发音清正,编次整齐,于国语国音之传习,殊有裨益。应准审定公布,为各学校学习国语之教科用品。至附属该片之课本说明书等,应由该局妥速编定送部审核备案,其各片中有将来应行修订增减之处,即由该局随时改制呈部核定可也。"

中华国音留声机片发行以来,因其特色鲜明,方便实用,又适合国语运动之急需,深受人们的欢迎。有人撰文评述,它"可以辅助人工传习,帮助正音,矫正语调。并且这种仪器,不论在甚么地方,只要使用合法,都可以试演的。虽是开几千几百遍,一丝一毫,都不会差异"。"可以辅助研究国语语音学,用以证明各个语音的发音和两个以上语音的切音,以及发音的乐调等等"(石衡:《我对于中华国音留声机片的感想》)。同时,它对于人们提高语言学的水平,以及外国人学习中国语言,也有很大的帮助。还有人指出:"关于音的,国音的排列法,很有次序;各课的发音,清楚正确,足为学习国音的标准;机片里的国音拼法,完全具备,的确可以做我们没有拼音习惯的模范;五声都取各声兼备的字,依照拼法的顺序排列,课本里又附注文字，更觉得清楚完备了。关于语的，语法的排列，悉照语法系统的程序，前后支配，非常得当，确是练习国语的利器；语调之轻重高低，声情之抑扬抗坠，颇有节奏，确是练习语法的准绳；会话里的应酬，很切实用。"（蒋英：《我对于中华书局的中华国音留声机片的批评》）因此，中华国音留声机片制成后，先后发行数千套之多。

　　1932 年，民国教育部规定国音国语"以现代的北平音北平语为标准"。但问题是"北京话不是人人学得会的"，就北平的居民而言，"北平知识低下的人，说话多土语俗音；北平城外的人和寄居北平的人，语言又不免夹杂。在各地方要请到一位可为模范的标准语教师，却也不甚容易"（中华书局发售"标准国语国音留声机片"广告，《申报》1934 年 1 月 10 日）。即使是一些国语专家，如读音统一会的黎锦熙、张仲平、陈颂平、陆雨菴等人，"都是在北京许多年的，哪个说得来纯粹的京话？"（陆费逵：《国语国音和京语京音》）

　　为了解决这个问题，中华书局特请教育部国语统一筹备委员会常务委员、在北平各大学教授国语的白涤洲发音，灌制了一套"标准国音国语留声机片"。全套共 16 片，计国音 4 片、国语 4 片、小学国语读本选读 8 片，附课本 1 册。这套新的国音国语留声机片的制作和发行，充分表明了中华书局对国语的积极推广，以及一以贯之的态度。

　　语言是人类交际的重要工具，语言素质是人类文明素质的重要组成部分，"是一个社会、一个民族文明程度的一个显著标志"。毫无疑问，作为信息的媒介和载体，语言"在文化的继承、传递和交流中也担负着无可替代的特殊使命"（晓义主编：《语言素质概论》）。也就是说，人类文明的进步和发展，无论如何都离不开语言。与此同时，随着社会的变化发展，语言也要不断地改进、充实和完善，以便能够适应新形势下人们的交际需要。兴起于清末的国语运动，是民族危机和西学激荡下，社会变革所必然引起的语言上的变革。我们看到，在脆弱的民主意识中建立起来的中华民国，急需培养大多数国民的民主思想，以作为坚实的立国之基础。而以"注音字母"、"统一语言"、"言文一致"为中心的国语运动，是实现这一目标的必要手段。推行国语，"于传布文化，普及教育，都有很大的益处"。当然，国语运动也从一个侧面反映了近代政治由专制向民主、文化由垄断向普及的演变。在这场推进社会文明和进步的征程中，作为一家民营书业，中华书局不但表现了"顶喜欢顶赞成的"态度（陆费逵：《小学校国语教授问题》），而且身体力行，从造舆论、出图书，到制作机片等，通过各种方式积极地参与，为国语运动的兴起和向纵深发展，做出了重要的贡献。

第三章　中华书局与近代教育(下)

　　中华书局以出版扶助教育,自觉地承担起普及教育的重要使命。民国年间,中华书局是学校教科书的主要供给者之一,通过对近代教科书的研究、编辑和出版,有力地促进了教科书从内容到体例上的更加完备。同时,中华书局不惜投入巨资和人力,而编写印行的大量工具书,既反映了我国文化发展的浓厚积淀,也有利于文化教育的普及,对国民综合素质的提高,也产生了很大的影响。

第一节　中华书局与教科书近代化

　　中华书局以推出"中华教科书"而宣告成立,并一举奠定在书业中的地位。自此伊始,与社会变革和教育发展同步,相继出版"新制教科书"、"新编教科书"、"新式教科书"、"新中学教科书"、"新教育教科书"、"新课程标准教科书",等等。毫无疑问,民国教科书的每一步前进,均没有离开过中华书局的参与。中华书局公开宣言:"立国根本在乎教育,教育根本,实在教科书。教育不革命,国基终无由巩固,教科书不革命,教育目的终不能达也"(陆费逵:《中华书局宣言书》)。秉承这一出版理念,中华书局编纂中小学教科书,尽力满足民国学校教育的需求,有力地推动了教科书,乃至整个教育的近代化历程。

一、近代教科书的编纂

　　近代教科书在我国的出现,是中西文化交流和新式教育兴起的必然。清末新式学堂兴起以前,我国儿童的学习用书,大体上分为二种:一种是启蒙性质的,如《三字经》、《百家姓》、《千字文》、《神童诗》、《千家诗》、《幼学诗》,以及日用杂字书、日记故事之类。另一种是为应付科举考试而诵习的,如《四书》、《五经》、《史鉴》、《古文辞》之类。在后人看来,这些传统教育模式所沿用不衰的教学用书,"有的没有教育的意义,有的陈义过高,不合儿童生活,而且文字都很艰深,教学时除了死读死背诵之外,也不能使儿童们明瞭到底读的是些甚么,儿童读这些书,一定要花上了七八年的工夫,读得烂熟了,再由老师开讲,然后才能渐渐地明白一点字义跟章句,至于圣贤的大道理,往往读了一辈子读到老死,也读不出甚么来。固然从这些读本读起,再读下去也会读出几个所谓'通儒'来,但是一则成功的只是少数的天才,一则这些少数的天才也往往书读通了,天才也成为废才弃才了"。所谓的"天才"当中,有的迂腐昏庸不辨菽麦,有的狂妄放肆空言无实,很难出现发明家、科学家(吴研因:《清末以来我国小学教科书概观》)。可见,这些千年不变的教学用书,无论从选材内容、编排体例上,还是从教师的讲授、学生的接受能力上,与近代社会的发展和需求,已显得格格不入。

鸦片战争以降,中国长期闭锁的大门被迫对外开放。藉此而涌入沿海内地的西方传教士,通过兴办学校以扩展教会势力,由此引发了编纂教科书的问题。1876 年,在华基督教会于上海举行第一届传教士大会。林乐知、狄考文等传教士,鉴于西学各种教材无适用之书籍,决定组织"学堂教科书委员会"(即通常所说的"益智书会"),以便为教会学校编辑和出版教科书。随后,该委员会编印的教科书种类较多,"有算学、泰西历史、地理、宗教、伦理等科,以供教会学校之用,间以赠各地传教区之私塾。教科书之名自是始于我国矣"(《教科书之发刊情况》,张静庐辑注:《中国近代出版史料初编》)。到 1890 年该委员会结束止,计出版书籍 50 种、74册;图表 40 幅;审定合乎学校使用之书 48 种、115 册。共计 98 种、189 册(王树槐:《基督教教育会及其出版事业》)。

教会教科书的编纂,受到国内知识界和教育界人士的广泛关注。伴随着洋务运动的兴起,同文馆、上海广方言馆、福州船政学堂等新式学堂的设立,一些著名的传教士如丁韪良、李提摩太等被聘为教习,一定程度上促使了洋务学堂的课程改革。他们希望增加更多的课目,除外国语以外,西方的数学、化学、物理学、天文学、航海学、地质学、地理学、国际法、经济学等也应当在讲授之列。可以说,这是官立教育引进西学内容的开始。但这些课目,大多数没有现成的教学用书。于是,中外教习、学生通力合作,编译了一批供给洋务学堂用的教科书。就内容上来说,这些教科书由西书原著翻译而成,并且以宗教、科技为主,与洋务时期"求强"、"求富"的指导思想相一致。

甲午战争的失败,引起了中国社会的急剧动荡,维新运动渐次高涨。

设立学校,改革科举,变革课程内容,建立新式教育体制,成为教育变革的重点内容之一。在维新思潮的冲击下,许多企业家投资学堂和出版,为自编教科书事业提供了必要的条件。1896 年 12 月,盛宣怀在上海创办南洋公学,以培养内政、外交和经济人才为宗旨。第二年,该校成立译书院,分国文、算学、舆地、史学、体育五科,由陈懋治、杜嗣程、沈庆鸿等编纂《蒙学课本》三编,此外还有算学、物理等科目的教科书,"是为我国人自编教科书之始"(蒋维乔:《创办初期之商务印书馆与中华书局》)。因为是初始阶段,没有多少经验,基本上"仿英美读本体例,但是没有图画。后来又出一部《格致读本》,竟是翻译的"。但它们的选材,开始注重来源于生活,强调知识的传授,呆板机械的内容有所改变,因而具有了更多的近代意义。

1898 年,无锡三等学堂开办,俞复、丁宝书、杜嗣程和吴稚晖等教员,在投入教学的同时,"因为无适用的书,就自己编辑起来"。数年后,他们编成国文教材《蒙学课本》,共七编,由上海文澜书局石印发行,载明"为寻常学堂读书科生徒用教科书"。"其前三编谓系就眼前浅理引起儿童读书之兴趣,间及史地、物理各科之大端,附入启事便函,逐课均图书精致,一览了然。第四编专重德育,用论语弟子章分纲提目,系以历史故事,每课示以指归,以修身为本。第五编专重智育,采辑子部喻言,每课系以问答,可为论理之阶引。第六编前半为修辞,写游戏习惯之事,为儿童读《史》、《汉》之阶引;后半为达理,即以游戏命题,演为议论,为儿童作文秘诀。第七编选《史》、《汉》最有兴会之文,暨诸子之篇,及名家论说,由浅及深"(国民政府教育部编:《教科书之发刊概况》)。这些教科书内容上注重综合性、知识性、趣味性,如第一课"天在上,地在下,人在地之上";体例上注重次序性,分类编排,有所提炼。与前相比,这套教科书大有进步,有的"书、写画都好,文字简洁而有趣,在那时能有此种出品实在是难得"。因编教科书之故,俞复、廉泉等人创办文明书局,专营教科书业务。除将《蒙学课本》重印外,又发行教科书多种,总称"科学全书",并冠以"蒙学"二字。

商务印书馆创立后,很快就涉足教科书领域。1903 年,张元济加盟商务印书馆编译所,与高凤谦等人致力于教科书的编写工作,加之"日人长尾加藤等以其经验助之",从而编成"最新教科书",包括《女子初小国文》及《修身教科书》各八册、《女子高小新国文教科书》六册(庄俞等编)、《女子高小国文》及《修身教科书》各四册、《最新教科书植物学矿物学》(杜亚泉译)、《动物学》(黄英译)、《地质学》(包光镛、张逢辰合译)、

《理化示教》(杜亚泉译)、《几何学》(谢洪赍译)、《中学中国地理》(屠寄)、《万国史纲》(邵希雍译)、《帝国英文读本》(伍光建),以及各种图画、画帖等数十种。可谓门类齐全,科目丰富。至此,在有识之士的努力下,"教科书之形式方备"(陆费逵:《与舒新城论中国教科书史书》)。以此为开端,商务印书馆赢得了良好的社会效益,也带来了非常可观的利润,出版教科书成为其主要的业务。

教科书是反映社会政治、文化和教育变革的一个窗口,我国自编和出版教科书的活动,正是近代中国社会发生巨变的反映,对于近代教育的发展起了重要的推动作用。但总的来看,由于新式教育刚刚起步,长期滞后的教育观念急待转型,加之编写者们缺乏经验等原因,清末自编教科书尚处于探索和实验阶段,难以避免地存在着许多不成熟、不完善的地方。对此,有学者指出,清末自编教科书存在着两方面的偏差,"一方面,当时教科书编纂者仍然束缚于传统启蒙教材的模式之中,他们所思考的核心点只不过是在蒙养教材的基础上如何翻新的问题。因而所编教科书也就难免带上了传统教材无学制限制无教法要求的痕迹。程度的深浅当然也就难于把握。另一方面,当时教科书编纂者一味仿外国,以外国教科书的形式套用中国新式教育,忽略了中国教育内容的特质和中国儿童的特点。两相作用,就出现了或是新瓶装旧酒,或是旧瓶装新酒的现象"(王建军:《中国近代教科书发展研究》)。这就意味着如何改革教科书存在的偏差,在内容和体例上脱离旧式编写模式及外人所编教科书的影响,使教科书适合儿童心理和中国教育实际,已成为摆在教育界、出版界面前的一个亟待研究和解决的重要问题。

二、中华书局与教科书研究

教科书是一定时期的教育方针和宗旨的具体反映。1912 年 1 月,南京临时政府宣告成立,以蔡元培为首的教育部,对教育开始实行民主性的改造。教育的目的、方针和体制等问题,引起各界人士的关注。"忠君尊孔"的封建教育宗旨被废除,学制得以改革和完善,体现了为资产阶级政权服务的方针。但随之而来的政局动荡,专制政治时而死灰复燃,每每使新兴的民国教育遭遇挫折。人们不得不对培养人的教育活动进行新的思考,新教育和旧教育到底有哪些区别,应当培养什么样的学生和如何培养等问题,成为当时的讨论热点。

1918 年,蔡元培在天津中华书局"直隶全省小学会议欢迎会"上发表演说,题为《新教育与旧教育之歧点》,指出:"夫新教育所以异于旧教育者,有一要点焉,即教育者非以吾人教育儿童,而吾人受教于儿童之谓也。"由于我国旧教育以养成"科名仕宦之材"为目的,必经考试,考试必有诗文,欲作诗文,必不可不识古字,读古书,记古代琐事。可以说是整齐划一,呆板机械。而"新教育则否,在深知儿童身心发达之程序,而择种种适当之方法以助之"。因此,要从旧教育变成新教育,"第一,须设实验教育之研究所。第二,教员须有充分之知识,足以应儿童之请益与模范而不匮。第三,则供给教育品者,亦当有种种参考之图画与仪器,以供教员之取资"(蔡元培:《新教育与旧教育之歧点》)。他反对压抑人性的旧教育,崇尚发展个性的新教育,注重实验教学,注重内容的生动、形象。此文发表于《北京大学日刊》,转载于《新青年》,对人们产生了很大的启迪作用。陈独秀在《新教育是什么》的演讲中,一针见血地指出:"旧教育是教学生应当如何如何,不应当如何如何,完全是教训的意味,不问学生理会不理会,总是这么教训下去,这正是先生教学生。新教育是要研究学生何以如何如何,何以不如何如何,怎样才能够使学生如何如何,怎样才能使学生不如何如何,完全是启发的意味,是很虚心去研究儿童心理,注意受教育者之反应。"(陈独秀:《新教育是什么》,《中国现代教育文选》)这里,实际上已触及到了近代教育的实质,亦即教育观念和教学方法的变革问题。

随着新的教育方针的确立,特别是西方各种教育理论的输入,一轮又一轮的新兴教育思潮,不可避免地引起人们教育观念的更新。伴随而来的是,对民营出版业而言,教育图书中的重中之重——教科书,其编纂宗旨、内容、方法和体例等问题,已提到了议事日程。一句话,如何使教科书成为教育的有力工具,充分发挥其培养健全人格的国民,成为民国出版界、教育界努力探索和改进的重要目标。作为教科书的供给大户,中华书局围绕着人们关心的热点问题,积极倡导和开展对教科书的研究,为教科书的近代化做出了不懈的努力。

实际上,在武昌起义的炮火声中,陆费逵就意识到政治革命成功后的教育革命、教科书变革的问题。民国刚刚建立,他就呼吁:"清帝退位,民国统一,政治革命,功已成矣。今日最急者则教育革命也。"(陆费逵:《教科书革命》)而教科书革命,又是教育革命的根本所在。中华书局由此成立,正是这一思想付诸实践的结果。陆费逵涉足书业之初,亲自参与国文、修身等教科书的编纂工作,同时,撰写《论国定教科书》、《论各国教科书制度》、《与舒新城论中国教科书史书》、中华书局教科书的编纂宗旨,以及改革学制的建议等文章,系统地阐述了对教科书问题的观点。他认为,民国教育方针应以"养成共和国民"为旨归,"而后教员可据以施其训练陶冶,教科书可据以定其编辑宗旨"。至于教科书的使用,不要整齐划一,"可听各省自由采用,惟以不背教育方针为限"(陆费逵:《敬告民国教育总长》)。1913年,自称"好言教育,尤好言学制"的陆费逵,借指陈清政府教育的弊端,对新学制的不合理之处提出了批评,他认为:"前清时代之教育,无方针,无方法,非以牖民,实以愚民,非以教育儿童,实以戕贼儿童。办学愈久,去教育愈远,余辈之批评主张愈多。盖至浅极显之学说,彼等皆未尝梦见也。"(陆费逵:《新学制之批评》)与之相比,民国新学制的进步明显,非前清所能相提并论。但就儿童利益而言,也有许多问题值得进一步研究。如随年级不同的算术课程量的多少、高小是否以英语为必修课、农业和商业是否当为高小必修科、历史和地理的课时是否当与日本相等、女子教育是否应有家事科,等等。可以说,这些问题得不到很好地研究和解决,将会直接影响到出版机构对教科书编纂的依据、内容等如何取舍的问题。

随着新文化思潮和新教育理论的洗礼,以中华书局、商务印书馆为代表的民营出版业,在推动教科书日趋完备方面成绩斐然。但时代的发展,社会的进步,总是对教科书的编纂提出更高、更新的要求。民国时期,许多教育界人士对教科书提出了批评,有些观点非常尖锐、深刻,甚至不乏偏激、片面之处,大有"对于现行小学教科书的不满,更是一致的论调"。对此,中华书局予以高度重视,在《中华教育界》上刊载许多诸如此类的文章,以引起人们的讨论。韦息予在《小学教科书的改善及其障碍》一文中,指出"枯燥"是现行小学教科书的最大缺点,而所以造成这种情形的原因,主要是:其一,内容不充实。国语教科书只精读材料,"不足以供训练增进读书速率之用";算术教科书中的习题往往不够用,"也不足以供充分练习计算能力之用";社会、自然等科目的内容,"非失之浅薄,即失之空洞,万不足以启发社会的自然的基本知识之用"。其二,文字太艰深少趣。现行小学教科书,缺少文字上的提炼功夫,"语病且不免,简明生致力当然谈不到了。其结果除国语教科书外,大都弄成了一种呆板模棱的表解式文字,非经教师的讲授,儿童很难了解"。其三,插图嫌简陋。"现行教科书的插图,多由编书人规定图意,使绘画人按着作图。绘画人对于儿童教育和编书人的意志,不免有所隔膜。"与日本、欧美国家的儿童用书中的插图相比,缺陷明显。除此而外,"现行小学教科书的选材、排列和其他编纂方法,尚多可商之处"(韦息予:《小学教科书的改善及其障碍》,《中华教育界》第19卷第4期)。上海工部局北区小学教师黄玉笙,则从社会发展趋势,指出教科书的内容,"有一部分的教材不合时代趋势"。而"社会的情形,人类的生活,无时无刻不在变迁推移,人群生活的方法已经改变,那末领导儿童适应环境的教材,就当也要跟着前进的"。而且,缺乏弹性,如不适合地方的需要、不能适合个性的需要、不符合儿童的特点。更重要的是,教科书的文字艰深,制约了儿童学习兴趣;割裂生活,不能满足儿童的需要;不适用于中心课程的教学(黄玉笙:《教科书和教材自编问题》,《中华教育界》第19卷第4期)。有人将清末教科书与民国教科书做了比较,指出三十年来,"中国的教科书在枝节上虽有好些进步,便是在根本上是一点变化也没有。三十年前中国的教科书是以文字做中心,到现在中国的教科书还是以文字做中心。进步的地方:从前是一个一个字的认,现在是一句一句的认;从前是用文言文,现在是小学用白话文,中学参用白话文与文言文;从前所写的文字是忠君、尊孔、尚公、尚武、尚实的宗旨,现在所写的文字是依着三民主义的宗旨。但是教科书的根本意义毫未改变;现在和从前一样,教科书是认字的书,读文的书罢了"。客观说来,这种观点不无失实之处,但批判是创新的开始,教科书的进步,离不开这种批判精神(何日平:《教学做合一下之教科书》,《中华教育界》第19卷第4期)。

应当指出,清末以来自编教科书的出现,是我国教育近代化的重要标志之一。但如前文所述,由于教育观念和教育体制的滞后,教科书的编写上存在着许多有待完善的地方,譬如对于课本中的选材,容易以成年人的观点来理解和取舍,很多不合儿童心理的内容。这样的教科书"最易犯干枯的毛病,所以教学的时候,难得引起儿童的兴趣,常常见许多儿童,在课堂里,把书一打开来,不久就已沉沉睡去了"。有的教师,"只因有了教科书,他便懒惰起来,觉得翻开书,对着儿童一句一句发挥书义,就算好极了"。有的学生,"他们把书上说的,就当成惟一无二的知识,死死记忆,不再去观察和证验了"(王克仁:《小学教科书问题——在厦门集美学校演讲之一》,《中华教育界》第15卷第12期)。于是,有人指责教科书"将使人与人相食而造成无量无数的浩劫"。而一部分教师则"以金科玉律视教科书,捧读捧讲,不敢率儿童齐居于主人的地位"。

一石激起千层浪。社会上对于教科书的批评意见,作为其重要的出版者、提供者,中华书局没有等闲视之,而是对这些意见,即使那些以偏概全的意见,也进行了认真分析,做出了积极的回应。一方面,对教科书功能和使用上的误解,中华书局提出了委婉的批评,表示:"都不免多少有些错误",认为"教科书终不过教育工具之一"(《编者弁言》,《中华教育界》

第 19 卷第 4 期)。另一方面,他们指出:"就教科书本身讲,重要问题在于如何编纂才能有裨于教学,适合于学生程度;就教科书和教师的关系讲,重要问题是在如何使用,才有裨于对学生所施行的教学。所以教科书的编纂和教科书的使用在教学上犹如车之两轮,缺了一个,车便失去效能。"这里,实际上涉及到了教科书研究中,必须要解决的两个根本问题,即"研究他的编纂和使用"(金兆梓:《从教科书的编纂说到教科书的使用》,《中华教育界》第 19 卷第 4 期)。

更重要的是,中华书局敏锐地认识到,对于学校的教科书问题,"我们要切实的去研究、去批评、去改进。在未进步到可以废止现有形式的教科书以前,我们不仅希望国内有几部新颖的、进步的、完美的教科书出现,我们尤其希望有适于本地应用的、精采的、美观的'自编教材'产生"(《编者弁言》,《中华教育界》第 19 卷第 4 期)。为此,他们以《中华教育界》为阵地,于第 19 卷第 4 期上,及时推出"教科书研究专号",汇集了人们对教科书问题的主要观点,代表了当时对教科书问题的研究水平。

首先,关于教科书的地位与功能。其实,早在此之前,《中华教育界》第 11 卷第 6 期上,就刊登唐钰所写《编辑小学教科书的程序》的文章,批评了"视书为神圣"的观念,"书上面所说的话有无上威权,要求知识,即将书上面所说的一一记熟就是尽他求知识的能事了"。对于教科书,现在最要紧的,是要打破这种观念,"使人视教科书不过为我们求知识与养成习惯之工具及指南",而并不是知识和习惯的本身。他认为,教科书应当包括六大功用:"(一)可以引起读书的兴趣。(二)可以指示读书之方法。(三)可以帮助记忆。(四)可以整理思想。(五)可以引起想像。(六)可以为自修的帮助。"

与此同时,郑宗海表示了类似的观点。他在《教科书在教育上的地位》一文中,认为:"教科书是辅助教学的一种教具,所有材料的选择、组织和行文的体裁,一应以此为准。"随后,他从五个方面论述了教科书的地位:1.教科书是最重要的教具。学生在学校汲取知识,教师在学校传授知识,这是一个学习过程,教科书就是这个过程的重要媒介。甚至,对学生而言,"其地位与教师等"。2.教科书是运行学习材料的汇集所。教科书把一科目的学习材料,按照程度之所需,汇总起来为教育儿童提供便利。3.教科书是设施课程一个实际的努力。国家规定的课程,只能借助于教科书的应用来实施。4.教科书为指导学习的工具。良好的教科书,对激发学生学习,有很大的启发作用。5.教科书为辅助教师的良友。教师得到良好的教科书,犹如得到一种良好的利器,可以省却许多心思和时间,而腾出精力去了解学生,研究教学方法。因此可以断言,教科书在教育上的地位"极为重要","与教师等"。他得出结论,教科书"好则如天使散花,芳馨四溢;劣则如谬种流传,滋漫何极! 教科书实握教育实际之重要枢纽,无俟赘言"(《中华教育界》第19卷第4期)。黄玉笙认为:"我们有了课程,必须有教材,才能把儿童活动的具体方案实现,他是达到儿童享受圆满生活必要的工具。在教育历程中,原素不仅儿童,还要有教材,二者缺其一,就没有教育的历程了。教材的价值,不在儿童记忆他的内容,是在他能帮助儿童扩展经验,组织经验,改造经验,使儿童能由他而变化其实际行为,以适应社会生活的环境。"金兆梓指出:"教科书是供给学校教师用以对于学校学生施行教学的一种工具,也可以说是教师用以训练儿童教他们使用来求学的一种工具。"这种工具,在各种教学工具中占有最重要的地位。对于大多数学校,尤其是乡村小学而言,教科书恐怕就算是惟一的工具。"而学校教育又是我国全盘教育的中心,教育又是人类全部生活的总锁钥。这小小几片纸几个字的教科书竟要负着这样的大使命,看似滑稽,但不能不说是事实"(金兆梓:《从教科书的编纂说到教科书的使用》)。著名教育家王克仁,以题为《小学教科书的问题》发表演讲,肯定了教科书在教育上的重要地位和功能。他认为,教科书代表一种材料、代表一种明确的组织、代表时代教育思潮的倾向、可以补助平庸的教师、代表一种普遍的适应性、可以指导儿童养成良好的习惯、足以训练学生的思想、可以使教学经济,等等(《中华教育界》第15卷第12期)。总之,通过认真的讨论,人们对教科书的功用问题,有了更明晰的认识,并在许多方面达成一致的看法。伴随而来的是,对教科书提出了更高的要求:"我们要活的书,不要死的书;要真的书,不要假的书;要动的书,不要死的书;要用的书,不要读的书。"(何日平:《教学做合一下之教科书》)

　　其次,关于教科书的使用问题。但是,地位重要的教科书,其功能的发挥,全在于教师如何看待它,如何使用它。诚如黄玉笙所指出的:"教科书是机械的,要怎样的使用他,教学才不致被书所束缚,才能适应儿童的需要,这是教学法上一个重要的问题。"他认为,使用教科书的方法有三种:"机械的使用法"、"仍以教材为中心"、"教学以儿童为本位"。比较起来,第三种即"教学以儿童为本位",才是合理的。因为这种方法,教材不过是辅助的资料而已,"认儿童为教学的中心,不问教科书内容的排列次序怎样,但看儿童现在需要什么? 儿童的经验怎样? 然后寻求教科书里有什么教材可以满足儿童的需要,能助儿童解决问题。这种方法,儿童对于学习,是觉得有意义的,有兴趣的"(黄玉笙:《教科书和教材自编的问题》)。郑宗海认为,教科书的运用,关健在于教师的驾驭。在他看来,与教科书相比,教师有面部的表情,并且有身体四肢的动作,能做到有声有色,特别对于低年级儿童,更加显得重要。对此,他强调说:"教科书无论编制得如何精密,仍看教者之如何利用。他仍应视学生情形,按照教育上的需要",以灵活性的态度来待之。否则,"假如教者不知所以利用,致使教科书不能充分表现其功能,这不是教科书之咎,而是教师不善用教科书之咎"(郑宗海:《教科书在教育上的地位》)。

金兆梓从一个编辑的角度,认为教科书除了制作要求精良以外,"尤须使用得法,才能发生或增加教学的效率"。接着,他指出教科书编纂过程中,需要弥补的弊端:(1)过于简略、不完备。(2)易使教师受拘束。(3)编纂者个性过强。(4)不能应付不同的环境。(5)各科联络,有时为编纂上所不易照顾得周到。(6)各地儿童程度的不齐一。(7)儿童的境遇不齐一。(8)语言不曾统一。"这八个缺憾,有的是由于教科书的编者,有的由于教科书的本身,有的是由于使用教科书的儿童。要弥补这些缺憾,是全赖施行教学的教师训练儿童使用时的运用得宜了"(金兆梓:《从教科书的编纂说到教科书的使用》)。舒新城则认为,教者必须于课文中的文字和内容,都要能深入才可以浅出;教者必须具有语言的技巧;教者必须懂得修辞学或雄辩术,讲得生动,吸引听者的注意力;教者必须能利用新工具,如幻灯片等。应当指出,《中华教育界》所刊发的系列文章,对教科书的功能和使用的问题做了有益的探讨。在肯定教科书为教育上重要工具的同时,又着重强调以正确的观点对待之、使用之,这对于消除人们于教科书认识上的一些误区,有着积极的意义。

再次,关于教科书的编纂问题。教科书是服务教育的利器,"理想的教科书,运用教育学术上最高最精的贡献于某科的学术,以便利于学者之学习"(郑宗海:《教科书在教育上的地位》)。对大多数的学生来说,课本是他们阅读的主要对象,其基本知识的来源主要是教科书。因此,就教科书的编著而言,在选材内容、排列次序和繁简取舍等方面,是否与社会发展和时代潮流一致,以及如何更好地适合学生的学习心理,均是非常重要和值得研究的问题。1915年,《中华教育界》接连发表缪文功的《国文教科书之批评及其改良方法》(4卷6期)、侯鸿鉴的《改订教科书之臆说》(4卷8期)、李廷翰的《小学国文科读法之研究》(4卷8期)等文章,对教科书编写过程中的选材和排列等,提出许多较好的建议。可以说,这是比较早地研究教科书编纂问题的论文。

此后,随着新文化运动的深入,西方教育理论的强力输进,以及国内教育思潮的高涨,作为教科书供给大户的中华书局,开始从新的理论角度出发,更加关注教科书编写问题的研究。在《中华教育界》上组织一系列文章,于许多方面提出了编纂教科书的建设性意见。

1.教科书编纂人员的素质。1923年,《中华教育界》发表一位名叫王惕非的小学教师的文章。作者以小学国文课本为例,深有体会地谈到:"我们小学教师每日所做的功课,是在教学、训练、管理方面的多,实在没有许多的功夫来编辑教科书。从个人方面说起来,且没有编书的能力。现在我每周所用的教材,大概都是选自各种课本上的。但是因为没有善本的原故,就是每周选取教材,已经是煞费苦心。所以很盼望能有一种善本,使得我们连选取的手续,都不须经过,那岂不更好呢?"但需求好的教科书的前提,关键是有一支高素质的编写人员队伍。在他看来,从事教科书的编写人员,要具备五个条件:"(一)要透彻新学制的真精神,而有通盘的筹划。(二)要有论理学的知识。(三)要有各学科的常识。(四)对于语体文,要有研究。(五)要有方言的常识。"最后,他强调说:"以上这几个条件,不过是至少限度。若照严格的说起来,那更是难了。"对于没有专门学识、不具备上述条件的人,不要尝试去编写教科书,"免得自误误人";而对于饱学而热心编辑的人,要以负责任的态度,尽量具备所列条件(王惕非:《为编辑小学国文读本者进一忠告》)。

郑宗海则从教科书的特点入手,认为与其他书籍不同,"惟其是教科书,所以教科书的作者,不能专事发挥一家的学说,但成一家之言;即使要伸张己见,也当敷陈他的见解,然后以客观的态度加以批驳,要不能抹杀一切。国中近来颇有数种中等学校的教科书,正犯此病。教者不知教科书应有的职能,遽加采用,甚非所宜。教科书的作者,非不可保存其个性,但自有其相当的限制。尤不当排除一切异己的学说而不顾"。因此,"凡教科书编辑人——果有相当学术造诣者——须知编辑时能多加一分工夫,即是为教员多省一分力,间接就是为学者多造一分幸福"。他从相当的高度认识到编辑人员的使命,"凡出版界以及一切文化社会,应深切明瞭,教科书编辑人不啻教师的教师,其权威远驾一切督学官之上"。他热切地期望:"才学并茂之教育家,以从事于此,使万千教员,都得到一副极精美的教学利器。则造福邦家,曷其有极!"最后,他坚信:"一部教科书的编辑人,不难化身千万个、同时教授于千万个的教室。而且教科书影响教学之实际,故又不啻为教师的教师。"(郑宗海:《教科书在教育上的地位》)唐钺也认为,编写教科书事关重大,对于编写人员来说,不能草率应付,必须有目的、有计划地进行。这些目的和计划,"不仅是小学教科书本身的目的,是指教育的目的教材的目的等等;所说的计划,也不是单是如何排列教材,是指如何收集教材,如何组织教材等等而言"。他全面地阐述了编辑者须具备的八个"要知道",即:要知道现在的教育之目的、教育学说、教材的功用、各科特殊的目的、选择教材的方法、教科书的功用、排列教材的方法,以及表现材料之方法等(唐珏:《编辑小学教科书的程序》)。何日平出于教学做合一的考虑,指出教科书的编写,应当具备下列条件:"(一)各门专家中须有几位去接近小孩子或竟毅然去当几年小学教员,一面实验,一面编辑几部教学做指导。(二)现在接近小孩子的中小学教师须有许多位,各人开始研究一门科学,待研究有得可以编辑几部教学做指导。(三)现在教科书的编辑者有志编辑生活用书如缺少某种准备,专科学术或儿童经验,亦宜设法补足,然后动手编辑。(四)现在商务印书馆、中华书局、世界书局每年大部分收入是从小朋友那里来的,应该多下点本钱,搜罗各国儿童成人用书(不是教科书)和工具聘请上列三种人才,为小朋友多编几部可用的好书。"(何日平:《教学做合一上之教科书》)

的确,就教科书的编写来讲,并非具有了某种专业知识,就能够编写出某种良好的教科书来。1934年,有人写信给吴晗,慨叹中学生国史知识劣下,并对一般专家轻视历史教材的编写深表遗憾。对此,张荫麟在《大公报·史地周刊》上发表《关于"历史学家的当前责任"》一文,认为学生历史知识低下,"良好的国史课本之缺乏要负很大的责任"。接着,他又指出,大多数历史学家所以不从事中学历史课本编写的原因,并非"耻易希难,避轻就重"。相反,"是不能也,非不为也"。在他看来,"很明显,这种工作不仅需要历史知识,并且需要通俗(就其对于青年的通俗)的文章技巧。而这两种造诣的结合,从来是不多见的。同样明显的,这种工作不仅需要局部的专精,而且需要全部之广涉而深入,需要特殊的别裁和组织的能力。譬如,编撰国史课本的先决问题:什么是人人应知之国史常识? 这其间所涉及的标准,就只有具上说那种资格的国史家才配去规定。浅人所谓常识,只是自划的偏蔽"。由此观之,良好的教科书有赖于良好素质的编辑人员。

不难发现,中华书局对编辑人员的素质问题,从各个方面的深入讨论,引起了更多人们的关注。不但消除了诸多的误区,而且提出了不少有价值的思考,促使教育界、出版界就此反思,其意义是不可磨灭的。

2.教科书的选材和排列。教科书是按照课程标准编定的系统的反映学科内容的教学用书,其内容需要反映人类社会发展的新成果,并通过一定的方式排列,以便于学生更好地掌握基础知识,即如何编纂才能有利于教学,并适合于学生程度。因此,内容的取舍和排列,是教科书编写中最实质的问题。

　　同样,《中华教育界》组织刊发的诸多文章中,从不同的角度进行了较为深入的探讨,提出了许多良好的建议。唐珏在所发表文章里断言:"选择教材是不容易的事情,关起门来坐在编辑室里去选择教材更不容易。"他认为选择的方法,就是如何确定"至少精粹"教材的方法,"各地所需要的教材虽有不同,然一国之内必有共同需要的材料,各人虽有不同,然同年岁同智力的儿童必有共同需要的材料"。接着,他概括地说:"教材的选择于社会与学生都有极大的关系,我们总希望将来能做到凡是社会所需要的,学生所能学习的至少精粹的教材即是教科书里所选的教材"。否则,不必要的教材充斥教科书中,"不特不能促进社会,反消耗学生的宝贵光阴——换言之即是缩短学生的寿命"(唐珏:《编辑小学教科书的程序》)。

　　当然,随着社会和时势的变化,教材选择的标准也无时不处在变化之中。黄玉笙认为,教科书是使儿童达到享受圆满生活的工具,以增进社会的进步为教育目的,因而教材的选择和组织,应当经过非常精密的考虑。鉴于此,他提出内容的选材应为:"(1)要能发展儿童思想的。(2)是儿童现实生活所必需的。(3)有改造经验的功用,可以增加儿童适应生活的能力的。(4)要能发展儿童思想的。(5)要能引起儿童建造的。(6)要能增加儿童的研究兴趣的。(7)要使儿童能领会的,能享乐的。(8)要以儿童生活范围内的经验和动境做根据的。(9)要有伸缩的余地,使能适应个性的需要。(10)要适合儿童心理、生理的发展程序的。(11)要生动的、有趣味的、不违犯自然现象的。(12)要不妨害儿童心理上生理上的照常发展的。(13)要能指示进化的趋势,鼓舞儿童奋发的。"显而易见,他所强调的选材之出发点,体现了完全以儿童为中心的原则。至于选材的排列,他认为,一是多用心理的排列。所谓心理的排列,"就是根据儿童的经验去求满足其需要的排列法"。也就是把同类的相关系的材料集合在一起,组成一个大单元。继续研究的单元,要和前面已研究过的单元有关系的、能联系的。二是从具体到抽象的。具体的材料比抽象的容易明白,"年级越低的儿童,教材愈要用具体的;到高年级,才可稍稍谈到抽象的问题,否则使儿童学习不能理解的教材,非独无益,且减杀儿童学习的兴趣"。三是从旧经验到新知识。教学要建立在儿童已有的经验基础上,儿童学习的兴趣才浓,才能立即得到反应。"教材的排列次序,要根据儿童生活范围内的经验为原则,遇不得已,有时要用到儿童生活范围外的教材,也要设法从经验范围内的事渐渐引发"(黄玉笙:《教科书和教材自编的问题》)。这里,他是运用心理学、逻辑学和知识的联贯性,来强调教科书材料排列问题,体现了作者的真知灼见。

　　值得注意的是,中华书局编辑所教科书部的编辑人员,自始至终是教科书研究的积极参加者。他们结合自身的实践经验,从多个方面阐述了教科书编纂的问题。朱文叔在《怎样使教科书适应儿童和社会的需要》一文中,强调"要使教科书适应儿童和社会的需要,第一要有客观的标准,第二不要忘记了客观的事实,这是我们编教科书的人所首当注意的"。接着,他从三个方面阐述了编辑教科书所应遵循的原则。指出:"我们编教科书的人,在编某科教科书的时候,第一要明瞭所以设置本科的目的,就是要研究本科所要传递的是那些社会经验,要分析本科包含着那些具有社会价值的至少精粹的教材。第二要明瞭所以设置本科的儿童目的,就是要研究儿童由本科的教材,可以获得那些制驭事物的方法;儿童的经验和本能,怎样才可以由本科的学习,逐渐变化发展,过渡到更成熟的更进步境界。第三更要研究这些具有社会价值的至少精粹的教材,要用怎样的形式表现出来,要怎样排列,要怎样组织,儿童才能够学习;换一句话说,就是要研究这些代表社会经验的教材,必如何而后能对于儿童现在的生活有适当的刺激,以引起其适当的反应。这一步的研究,目的就在沟通儿童与教材,是最重要的一步。"在他的心目中,教科书是联系儿童与社会之间关系的桥梁,其选材和排列方式,必须以社会的需要和儿童的需要为中心。同时,他深有体会地说:"教科书编辑者的责任,是在把教材介绍给儿童,这介绍的事情可不容易做。我们必须有介绍的艺术,才能沟通儿童与教材,才能使教科书适应儿童的需要。"所以,对教材要化装,即教材的心理化。"使由抽象而变为具体,由论理的而变为心理的,使儿童不看见他的严正的本来面目,而乐于亲近他。"这样,才能引起他们的学习动机,由被动接受变为主动参与。同时,要竭力减少教材文字障碍。"文字的表现要用深入浅出的方法",对某个不易懂的问题,用"换一个说法"来说明。还需注意的是,要多留给儿童想像思考的余地。"好的教科书,应该毫不参加编者个人的成见和批评,听见儿童们自己去想像思考。这样,才能使儿童对于教材下一番亲身体会的功夫,才能使教材对于儿童呈现其助长心智的功用。"总之,他强调教科书选材,由"学科本位的"转向"生活本位的"。这就要求编辑教科书时,讲究各科联络性,"不要我编国语,你编社会,他编自然,不相问闻,分别进行;要整个的同时的由许多人共同计划,共同编辑,务使合之为一大单元,分之则仍能各自独立。惟有这样彻底的各科联络,教科书才能适应儿童的需要"。

　　无独有偶,金兆梓也立足于儿童的接受心理,以及与现实生活的密切关系,强调了教科书的选材和排列应当注意的问题。他说:"教科书编纂方面,最重要的,便是如何可以由浅入深,由简入繁,由具体到抽象,由常识而到研究的一种循序渐进的安排。能有这种安排,教科书才能尽到它工具的使命。"他认为,编纂教科书有六大步骤:教材选择、教材排列、教材的支配、文字的斟酌、图表的利用、学习辅导的设计。具体到教材的选择,要以各学科的特性作为取舍的标准,譬如与现实有联系的内容才是好的内容。譬如语言文字,"须以文字的认识,句的组织,文章的构成,以及文法、修辞学、文字学等为中心教材,而以文字所写的内容为副标准。即以字句等论,字必须以现在应用很广的字为标准,句法必以全国行通的句法为标准;凡是已废弃的字,艰涩不适应的句法,都不是好教材"。对于其他各科,也是如此,那些和现实生活没有什么大关系的教材都不是好教材。当然,也不能不考虑学生的年龄,以及接受的程度。在这篇文章里,他特别提出教材排列的两种方法。一是"直进法与周期法",即"将各种教材,按照他们本身的系,从头至尾,很详尽的顺序教完,这叫直进法;将各种教材,先作一次极简单的编制,定于一定期内授完,然后从头再来,作比较详一点的编制,依次再授——如是者作几次的周而复始的教授,这叫周期法"。但比较起来,两种方法各有利弊,要具体问题具体分析。二是"心理的排列与论理的排列",称:"心理的排列,是将教材,完全依照学生的经验和兴趣而定的排列法;论理的排列法,是完全依照学科本身的系统而定的排列法。换言之,心理排列法,是以儿童心理为中心的排列法;论理的排列法是以教材为中心的排列法。所以心理的排列法,是按着儿童在发展中心理的程序而排列;论理的排列法,是按着前人所已构成的该学科的体系而排列,也就是按着成人已成熟的心理而排列。因此心理的排列,所以引起学业趣味,宜于初入学的儿童;论理的排列,所以引起学科系统的整个的认识,宜于青春期少年"。基于上述认识,他得出结论说:"小学初期,应完全用周期法为经,心理的排列为纬,去排列教材;小学后期和前期,惟宜参用问题中心法以养成儿童系统的观念;中学初级应用直进法,论理的排列,惟仍宜参用心理的排列;中学高级,完全用直进法和论理的排列。"至于教科书的文字风格,也是编写过程中应当注意的,主要表现在:(1)要鲜明生动,犹如图画。(2)要音节谐和,便于诵读。(3)要富于暗示性。(4)要能吸引学生的注意。(5)做到要言不烦,避免不相干的话来分散学生的注意力。(6)要浅显而又亲切,犹如和学生对话一样。(7)每课或每一段落中,主意所在,必须于适当的地位用加重的语句交代清楚学生一个真切的印象。(8)每课或每一段落中,所有教材间的关系,必须于衔接处用加重的语气,使其关系分明(金兆梓:《从教科书的编纂说到教科书的使用》)。这些看法,是相当有见地的,也是近代教科书编纂理论日趋成熟的标志之一。

出身小学教师的编辑吕伯攸,则独辟蹊径,于细微处见精神。他认为学生特别是小学的儿童,"教科书的编辑者,在精心编撰课文之余,似乎还应该注意到课文以外的一切事情。因为教育的本质,并不仅仅在灌注知识,同时更要研究到如何方能适应儿童的生活;所以一本教科书的材料,虽然采选得十分精当,用字造句,斟酌得非常完密,但是在儿童的使用上说起来,未必即可算是一本良好的教科书"。于是,他从小学教科书的封面用纸、设计和插图上,考察了颜色、图画对儿童接受课文的内容,会产生较为直观的影响。首先,他提出要改良封面。认为做封面的材料,以坚韧厚实的为好,这样才不至于易碎、易折角。封面上的字体,应当大小有别,把科目清楚显示出来。同时,应配以适当的封面画。他着重指出:"封面用纸或封面画,绝对要避去黯淡、沉闷、儿童所不欢喜的颜色,而代以鲜明灿烂,为个个儿童所爱好的三原色——红、黄、蓝,或两原色的混合色——橙、绿、紫。而且,所作图稿,是要能表现本书特性的。"其次,重视课本内的插图。他认为:"插图的作用,是在表现出文字的内部的情绪和精神,也就是用图画来表现书中的文字所已经表白的一部分意思,或补充文字所表白不出的部分的。在教科书中。因为儿童欣赏插图的兴趣,比较欣赏文字的兴趣来得深切,他们常常为了一幅插图的不合口味,联带地竟为减少了学习文字的兴趣。"所以,插图在教科书中不可谓不重要。通过亲自的实践调查,他得出:"儿童所欢喜的插图,是要比较单纯的;儿童所欢喜的插图,是要近于儿童的自由画的;儿童所欢喜的插图,是不是呆板死滞的。"再次,他论述了文学的教科书与科学的教科书的插图,指出:"文学教科书的插图,目的只在供给儿童们美的欣赏;科学教科书的插图,目的却注重明瞭实物。目的既不同,作图的趋向也应该分别清楚。"最后,他详细阐明了插图的位置、插图的排列法,以及编辑者和绘画者必须互相了解等(吕伯攸:《小学教科书的封面和插图》)。这表明,中华书局对教科书的研究是全面的、具体的,对一些容易为人所忽视的细节问题,也都做了有益的探索。

众所周知,"教科书是教学内容的主要依据,是实现一定教育目的的重要工具,是师生教与学的主要材料,也是考核教学成绩的主要标准"(《中国大百科全书·教育》)。因此,教科书在教育用书中的地位及其重要性是不言而喻的。中华书局坚持教科书编纂问题的研究,涉及到教科书的方方面面,无论在广度上,还是在深度上,均达到了一个较高的水平。随着教科书讨论的深入,有人向出版业建议:"一、特出定期刊物,或在已有的教育刊物中特立一栏为讨论各种教科书的机关。悬奖征求用书者的意见,用书者如有所询问宜详为置答。二、特课实验学校或特约著名学校,实地试验所出各种教科书,如发见不适宜之点,应立即改正。倘能在印行之前先行试验,尤为妥善。三、对于聘任或物约编辑教科书者,宜在相当期内派赴各地考察教育状况,随地征询各地教育界对于所出各种教科书的意见。"(韦息予:《小学教科书的改善及其障碍》)这些意见,中华书局都认真对待,并身体力行地予以实践。可以肯定,这对于促使教科书编写的科学化、规范化,无疑具有重要的意义。

三、中华书局的教科书

　　就近代民营出版机构的主要业务而言,出版教科书一直占有最重要的地位。具体到中华书局,其本身就是"教科书革命"的产物,此后亦将教科书出版作为工作的重中之重。当时,商务印书馆与中华书局占有教科书市场的绝对优势,"全国所用之教科书,商务供给什六,中华供给什三"(陆费逵:《六十年来中国之出版业与印刷业》)。两家机构"所以能成为出版界的翘楚,唯一的基本条件是印数最多的教科书"(章锡琛:《漫谈商务印书馆》)。随着新学制的颁布、教育方针的更新,以及教育思想的演变,中华书局与时俱进,编纂的教科书种类多、数量大,涵盖了包括大学在内的各级学校、师范院校,甚至新加坡和南洋一带华侨子弟学校的教学用书。(见本节附表)

　　中华书局的教科书品质优良,称誉教育界。1936年,华北基督教教育协会用了一年的时间,对教会中学的教科书情况,专门进行了调查,写出《中等学校各科教学用书调查报告》。其中,发表意见的教员共398人,评估的教科书358种。他们当中的大多数人,对中华书局教科书给予了较高的评价。如,对中华版《初中国文读本》,天津汇文中学的孙汝林说:"本书选入关于陶冶民族精神理解现代文化一类之文字与从来偏重文艺之排法不同。"烟台育才高职的董阆生认为:"本书多采积极发扬的作品,凡感伤文字,足以沮丧青年精神者,概未录用,且每册皆分八组,每组各课均有适当的联络,颇利于教学进行。"威海卫育华中学的顾五云指出:"关于道德上特注重民族精神之陶冶,关于智识上要明了现代文化之理解,固不斤斤计较皮相之一文一字。然意义须求其透澈,不专究古今与派别,必求其适合于现代国家之需要。"同学校的刘亚先也说:"陶镕学生使其有道德高尚人格的养成,诱导学生使其有爱国爱群的观念,训练学生使有德智美育的观感,督励学生使其有研究文学浓厚的趋向。"又如,对《新中学古文读本》的评价,沂州圣道院的陆彤说:"该读本编辑取自远朝近代名人著作,或节录经史子集诗词等类材料丰富,无不应有尽有,实足以启迪幼学补充教材,如《国策·苏秦止孟尝入秦》、《触龙说赵太后》,可以教人言语;吕坤为善说,宁儒语录,可以培养其身心;各种传记,可以激发忠义,增长知识;至于正人格、助兴趣,有关于新生活者,亦均有可考,洵善本也。"再如,对《初中本国史》的评论,德州博文中学的雷守廉说:"此书的优点(一)本书于警醒处概用方体字排印,以资醒目而便于学生记忆。(二)用语体文叙述,减少学生文字艰深的困难。"顾五云指出:"注重历代政治兴替之本源以及历代沿革重大关键,尤注意古时现代之国耻,以激起学生爱国之意志。"等等,不一而足。

中华书局的教科书,培养了一代又一代的青少年学生。在这些教科书里,他们从中获取大量的科技文化知识,对于健全人格的塑造,近代化思想意识的形成,均起着潜移默化的作用。许多人正是在中华教科书的引导下,由此激发兴趣而走上了学术研究之路。王树民曾满怀深情地回忆说:"1919年,在保定读小学,所用的课本就是中华书局编印的《小学校新国文教科书》,开头几课的课文是:'人、手、足、刀、尺。山、水、田。狗、牛、羊。'一边是图,一边是字。……大学毕业后,在中学讲授国文和历史、地理,一部分教材选自中华书局的教科书"(王树民:《我与中华书局之间的奇缘》)。曹道衡也亲切地说:"记得我刚上初中的时候,所读的'国文'(即现在语文)和地理课本,都是中华书局出版的。那时我在校的成绩,以'国文'为较好,也许正由于此,我后来才报考了中文系。""所以在某种程度上说,正是中华书局出版一些书帮助我初入文史之门。"他所指的"一些书",自然也包括大宗的教科书在内(曹道衡:《衷心的感谢》)。其实,何止学术大家、文史名流曾受到中华教科书的哺育,即使那些从中受益而不知名的普通人,又岂是可以尽数的?李侃说:"现在五六十岁以上的知识分子,他们之中的很多人就是在中、小学时代,从中华书局出版的各科教科书中,得到文化科学基础知识的。"此言,并非溢美之辞。

中华书局出品多种多套的优质教科书,与其拥有高素质的编辑人员是分不开的。陆费逵、戴克敦、沈颐、范源廉、张相、黎锦晖、金兆梓、朱文叔、吕伯攸、舒新城等人，他们均学有专长，深谙教育理论和教学规律。并能把握时代和社会发展脉络，在教科书的选材、体例和语言等方面，以人为本，与时俱进。为避免闭门造车、不切实情之弊，中华书局还通过各种方式，与中小学校的教学第一线的教师合作，共同编著教科书。如1934年1月发行的《小学国语读本》（新课程标准适用），就是中华书局与上海中学实验小学、苏州中学国语教材研究会等集体智慧的结晶。再如"新教育教科书"，编辑人员主要有三类，除中华书局富有经验的编辑外，一类是各校的教师，如北京、上海、南通、无锡的各师范学校；苏州、杭州的女师范；上海的学务本女学、万竹小学等。另一类是教育家，如黎锦熙、沈恩孚、王璞、陆衣言、黎均荃等。由于他们的共同努力，才保障了这套教科书的质量。同时，中华书局为教科书的编纂，曾经多次发布征文启事，如1931年的《中华教育界》第18卷第10期，刊出"中华书局为教科书征文启事"，称："敝局出版中小学教科图书，夙承海内教育同志谬赞采用，无任感荷。兹为集思广益起见，特征集教科书教材及改良意见，以便重新编辑各级教科书时，得以参考采择。"征文内容要求：小学国语读本教材、教科书改良意见、某某省特殊教材等。在"启事"中，向世人详细解释了征文的目的：关于小学国语读本教材，"今拟新编一套，正在进行。惟恐少数人之作品，思想文字或有局于一隅之弊，拟请各省教育界同志，共襄斯举，庶可精益求精"！关于教科书的改良意见，称本局虽然以出版教科书著称，但"对于体裁、内容，兢兢业业，务求适合实际教学之用"。希望各地的学校在用过以后，"究竟有无缺点，何者适用，何者尚须改良，以及应如何改良之处"等意见，及时反馈到编辑部，"俾可更求改进，期臻完善，庶使敝局得对于吾国教育聊尽棉薄"。关于某某省特殊教材，"小学教材有全国公共者，有材料虽非公共而各省学生均应知晓者，有为某一省所当有而其他各省不必尽知者。普通教科书仅能就前两类编辑，第三类则以见闻有限，应由各地方教育家自行补充。本局为谋供给乡土教材起见，颇拟刊行各省特殊教材，惟有囿于见闻，仍望各地教育家惠然供给材料，藉求真确"（《中华书局为教科书征文启事》）。透过这些字里行间的话语，我们不难发现，中华书局对编纂教科书精益求精，谨慎对待，认真负责的态度。

　　中华书局在服务民国教育的过程中，编纂出版的教科书门类繁多，难以尽述。这里以小学国文（语）和历史教科书为例，以阐明中华书局教科书的时代特色，力求达到窥一斑而知全豹之功。

(一)以学生为本,应时创新,是中华书局教科书的一个鲜明特点。

中华书局创立之初,陆费逵就提出"民国行共和政体,须养成共和国民"的出版理念。在他看来,二十世纪为竞争剧烈之世,"非军国民、经济,国民不足以立国。""而文明日启,工业发达,非有科学又不足以促进国家之进化也"。因此,"务养成独立、自尊、自由、平等、勤俭、武勇、绵密、活泼之国民",才能"发达我国势,执二十世纪之牛耳"(陆费逵:《民国普通学制议》)。在教科书的编纂过程中,中华书局自觉地贯彻这一出版理念。具体地说来,选材内容力求适应时势,体例编排尽量符合学生、儿童的学习心理。

民国建立后,于 1912 年 1 月 19 日颁布《普通教育暂行办法》十四条,规定各种教科书务令合于共和国民宗旨,清政府学部颁行的教科书一律禁用。2 月,早就秘密编辑的"中华教科书"开始出版,此为中华书局的第一套教科书。这套教科书,有初等小学修身、国文、算术、习字帖、习画帖五种四十册,教授书三种二十四册;高等小学修身、国文、算术、历史、地理、理科、英文、英文法八种三十三册,教授书六种二十八册;中学、师范用书共二十七种五十册,到 1913 年出齐。其编纂宗旨是"本最新之学说,遵教育部通令,以独立、自尊、自由、平等之精神,采人道、实业、政治、军国民之主义。程度适合,内容完善,期养成完全共和国民以植我国基础"(陆费逵:《教科书革命》)。因此,"中华教科书"适合共和政体,吻合教育宗旨,"不仅开十余年来教科书的新纪元,也是推翻了几千年的封建统治、建立共和后的第一套教科书"。在国文教科书中,提倡爱国旗、爱中华,称临时大总统孙文"为共和奔走二十余年,是中国第一伟人"。而反观其他出版业的教科书,因内含封建思想内容的教科书,一时间来不及修改,又适逢春季开学用书,"中华教科书"大行其道,几乎独占了当时教科书市场。除应时势外,这套教科书于选材上,也体现了以儿童为中心的原则。其特色有五:"程度较旧本略浅,适合学龄儿童之用,一也。各科联络,初高小衔接,二也。各科不重复,不冲突,三也。修身用德目主义也,尤注重共和国民教育,四也。高小各科略分二循环,有直进之益,无直进之损,五也"(陈寅:《中华书局一年之回顾》,《中华教育界》1913 年 1 月号)。可见,"中华教科书"被各地学校广泛采用,并非人们所想象的那样,仅仅缘于政治上的原因,还应看到在编写方面上的独具匠心,力求适合儿童心理的特点。以此为起点,中华书局奠定了立足书业的根基。

民国初年,新的教育宗旨颁布后,又修订学校修业年限的新学制,为初小四年,高小三年,中学、师范各四年,初高小设补习科,均为二年毕业,师范设预科一年。又将春季始业改为秋季始业,一学年分为三学期,四月至暑假为第三学期。与之相应,中华书局积极筹划,于1913年着手"新制教科书"的编撰。初等小学有修身、国文、算术三种,各十二册,教授书同。高等小学有修身、国文、算术、历史、地理、理科六种,各九册。在《编辑新制中华小学教科书缘起》中指出,这套教科书,"甲、遵守教育部所定教育宗旨,注重道德教育,以实利教育军国民教育辅之,更以美感教育完成其道德。乙、开发共和及自由平等之真义,以端儿童之趋向。丙、提倡国粹,以启发国民之爱国心。丁、兼采欧化,以灌输国民之世界知识。戊、注意国民常识,以立国民参政之基础。己、表章汉满蒙回藏之特色,以示五族平等。庚、所选材料,关于时令者,悉按阳历编次,以引起儿童直观之感觉。辛、各科彼此联络,期收教授统一之功。并兼采女子材料,以便男女同校。壬、初高两等各科教科书,俱按照学期之数,每学年分编三册,并照学期之长短,分配课数,无过多过少难以支配之弊。癸、各科均编有教授书,与教科书同时并出,以供教员使用"(《编辑新制中华小学教科书缘起》,《中华教育界》1913年1月号)。从总体上来说,较前相比,新制教科书的宗旨更为明晰,选材方面也更加符合时代要求和儿童学习心理。如新制国文教科书的编写者指出:"童稚发蒙,始于识字,一切名物,都未知名,就其所知,而渐进于知识之域,舍文字未由,而所谓授以应用之文。为学者将来立身酬世之资,舍教科书亦未由也。同人并立研究,十年于兹,今以经验所得,并参考英美日本读本之体例,编成是书。"根据新的学制,"本书之宗旨,务令儿童知普通之文字,养成其发表正确思想之能力,兼以启发其智德"。为实现这个目的,使儿童易于理解,选材力求简明,文字力求浅显,"第一学年选字,兼以笔划为主,第一册笔划务取简单,二三册由渐增加,至多亦逾二十划"(《新制中华国文教科书编辑大意》,《初等小学校新制国文中华国文教科书》第1册)。

需要指出的是,1916年的"新式教科书",较为突出地反映了中华书局勇于创新之处。就编写教科书的语言来说,从文言文而变至白话文(语体文),是教科书近代化的重要标志之一。固然,民初数年间,不少出版机构在编纂小学教科书时,开始有意识地运用较浅显的文言,"但是文言无论如何浅显,儿童总不能直接了解,小学教课,把五分之四的功夫,用在读书上面,结果也只造成了少数勉强能文的高材生,跟所谓国民教育相差太远"(吴研因:《清末以来我国小学教科书概观》)。这种状况,使众多的儿童在解字释意上花费大量的精力和时间。中华书局热心提倡国语运动,一个最重要的体现是在编纂的教科书中。"新式教科书"有国民学校用修身、国文、算术三种计二十四册;高等小学用修身、国文、算术、历史、地理、理科、农业、商业等八种计四十四册,各册教授法齐备。除国文、理科外,均为春秋始业共用。这套教科书,各科都用浅显文言编写,而在国文课本末尾,附有四课白话文体,堪称以后改用国语课本的先导。这在编写教科书的历史上,的确是一个不小的创举,反映了中华书局以儿童为本的方针。对此,民国教育部称誉:"查该书最新颖之处,在每册后各附四课,其附课系用官话演成,间有与本册各课相对者。将来学校添设国语,此可为其先导,开通风气,于教育前途殊有裨益。至各册所用文句,其次序大致均与口语相同。令教员易于讲授,儿童易于领悟。在最近教科书中洵推善本"(《中华教育界》第 5 卷第 1 期)。随着新文化运动的开展,引起了教育观念的变革,"近人盛倡实用主义,自学辅导主义"。中华书局认真对待,积极汲取,"特聘现在师范小学教员或现任小学教员担任编辑。所创各例,皆根据最近研究所得,于初学年采练习主义,期以培植儿童自力研究之基础。于高学年采自学辅导主义,期以养成儿童自力研究之习惯"(《新式教科书编纂总案》,《中华教育界》第 5 卷第 1 期)。从国文教科书的选材来看,涉及较为广泛,分为修身、历史、地理、理科、实业、国民知识等六大类,并按有系统的组织法排列。既有《麦》、《豆》、《雷雨》、《驱蝇》等自然科学知识的课文,也有《插秧》、《磨粉》、《农业》、《植树》等实用知识的内容,还有《国债》、《电报》、《邮务》、《宗教》等国民当具备的常识,体现了"教材务切于实用,令适于将来生活"的原则(王建军:《中国近代教科书发展研究》)。

实际上,最能体现中华书局教科书创新特征的,是国语教科书的编撰。如前所述,受新文化运动的影响,清末以来的国语运动得以重振。国语统一、言文一致的呼声日渐高涨。对以出版教科书为主要业务的出版机构来说,国语教科书不能不说是一个诱人的利源。何况,中华书局本来就置身其中,积极参与。1919 年,陆费逵兴奋地说:"近来各杂志日报,多有用口语文的。教育界也有主张将小学校国文科,改作国语科的。"在他看来,"这实在是一个好现象"(陆费逵:《小学国语教授问题》)。

国语运动虽阻力不小,然社会需要,乃大势所趋。1920 年 4 月,民国教育部规定,自秋季始,凡国民学校一、二年级,先改国文为语体文,以期收言文一致之效。12 月,中华书局随即做出反应,快速出版"新教育国语读本",称:"教育部采全国教育会联合会议决案,规定国民学校改国文科为国语科,高等小学言文互用。本局本此方针,并应世界之潮流,编辑之经验,编辑新教育教科书"。国民学校用《国语读本》,系中华书局与10

所学校的著名教员,通力合作编写而成。它采用语体文编写,生字都标有注音。在内容的选材上,"国民应具之知识,如历史、地理、博物、理化、公民常识等,无不以浅显有趣之文字述之"(《中华教育界》第10卷第8期,"广告")。这套教科书,还多赋予动植物拟人化、口语化的语言,以激起儿童的学习兴趣。如本书第一册第六课《燕子》:"一丝丝的雨儿,一阵阵风;一个两个燕子飞到西,飞到东。我怎么不变个燕子自由自在地飞去?燕子说'你自己束缚了自己,得怎么能望人家解放你?'"第十课《新空气》:"世界上有一种东西,看不见他的形状,听不到他的声音,嗅不着他的臭味,他却时时环绕着我们周围,有了他,我们方能生存,离去了他,便要闷死,这是什么东西呢?就是空气。"接着,讲了新鲜空气对人类的重要性。第二册第十七课《活的知识》、第二十课《鸟语》;第四册第三课《汽船》、第四课《空中游览》、第六课《动物的色彩》等,均体现了言文一致,新鲜活泼的特点。而且,这套教科书的选材内容,还有直接宣传国语的课文。如第四册第三十课《语言与文字》:"吾国今日之要图,首在统一语言,次在言文合一。盖惟各地方言渐趋一致,乃可据以规定国语,而通俗之文字,得以实施无阻,次第固不可紊耳。比者中央设读音统一会,制音标、审读法,为语言统一计,并为言文合一计,双方并进,有序可循,沟通全国人民之隔阂,其以此为嚆矢乎?"1923年,中华书局出版新小学《国语读本》,分初、高级适用。其特色有五:一是注重文学的趣味,凡枯燥的、呆滞的教材,一概不收;二是注意儿童身心发育的规律,低年级不用太深的教材,高年级不用太浅的教材;三是文学属纯粹的国语,不带土语,不用过于鄙陋的词类;四是注重反复,分量较前增加一倍。但用间歇的、不用连续反复,以免减少兴味;五是从第一册到第八册,分年级不同字体大小(前四册楷书,后四册二号铅字)、页面行数有所不同。既不伤目力,且可容易了解,容易记忆。教育部通过审定,对这些特点进行了肯定,并说是"现行各种国语教科书中善本"。

　　期间,中华书局出版的新教材国语读本,全部改用语体文,"尤注意于语法品词两项,悉按语法系统编排,第一册前段专教注音字母"。当时,教育部令国民学校国文体教科书分期作废,改用国语体文。并改国民学校为初级小学,修业年限初小四年,高小三年。"新教材教科书"及稍后出版的"新教育教科书",即适应此种情况编辑,成为早期著名的国语教科书。它们适应时代潮流,"教学、教材都从儿童生活上着想,适应儿童生活需要,形式也注重儿童化,务求合于儿童经验"(舒新城:《中华书局图书馆基本教育图书教具展览会缘起》)。中华书局的国语教科书,受到许多学校师生的欢迎。经调查,"京师公立国民学校一二年级全体改授国语者143班,采用本局出版者131班",认为前途希望无穷(钱炳寰:《中华书局大事纪要》)。

1932年11月,民国教育部颁布中小学课程标准。据此,中华书局编辑的教科书力求适用,并结合地方上的需要和自身的经验,分量求少,程度求浅,使学生能够学会、消化和应用。如《小学国语读本》,在内容方面,"力求能切合儿童生活,适应社会需要,发扬民族精神,训练生产技能"。在文字方面,"选字谨严,词汇丰富,凡儿童生活及社会生活上习用之字与词,应有尽有。生字分配,各课平均,各册逐渐增多。词类出现,依据儿童心理,严分先后,生字概照新国音兼注音、调,极为正确,语句组织,简捷自然,合于儿童口吻及标准语"。从选材来看,可以说很好地体现了这一原则。如《春天来了》一课(第三册):"东风吹吹,太阳照照,春天来了!睡着的小黄鸟,醒来瞧瞧,都穿上绿袍了。屋子里的小宝宝,出来跑跑,地上铺着青草了。红呀,桃花开了!白呀,李花开了!蝴蝶呀,都来舞蹈。"《山中的音乐》一课(第四册):"山中有塔,塔上有铃。地静路小没人行,丁令、丁令,风来摇铃鸟来听。山中有泉,泉流有声。地静路小没人行,丁东、丁东,水来弹琴鱼来听。"《互助》一课(第四册):"你种棉,我织布。你耕田,我舂谷。你挑泥土,我铺路。你采木料,我盖屋。大家互相帮助,我们才有衣、有食、有行、有住。"这些课文,语言清新、自然、明快,朗朗上口,易于儿童接受。而且,各课后还归类设有多种练习,方法变化极多,既能引起学习兴趣,又能增进学习效率,确实达到了举一反三的效果。

新课程标准初中教科书,在编制上突出两大特色:一是在精神方面,注意民族复兴,教材力求与教育宗旨课程目标相吻合,以唤起学生爱国爱群的精神;注意生产技能,强调教、学合一,以养成学生重视劳动,实行劳动的习惯;同时,注重学生学习心理和能力。材料的排列以心理的与论理的并重,使学生学习时感兴趣而不觉枯燥。根据学生的能力,各级教材以学生能领受、消化为主,使其毕业后无论升学还是谋生,均能应用。二是在形式方面,叙述以简约为主,使教师有发挥的余地;文字上以简洁浅显为主,使学生容易了解;编制上章节依次排序,均照课程标准教材大纲,每章末附提问要点,备教学时做练习之用。每节下加附注,以免教学时翻阅之劳,并有助于学生的自学。译名术语,或入附注,或另作索引附于各册之后,概不列于课文,以免分散阅读课文时的注意力,国文备有详细的参考书。以新课程标准适用《初中国文读本》为例,其编选宗旨,"一方面顾到文学本身,一方面更注重民族精神之陶冶,现代文化之理解,故除选录成文外,又特约多人,按照初中生程度,分别撰述既富兴味、又有内容之文字,编入各册,藉矫从来偏重文艺之趋向"。又充分考虑到为了与小学更好地衔接,以减少教学上的困难,在分量上下了很大的工夫,"第一册概用平易条达、篇幅较短之文字,字数约三万;以下每册递增五千字,逐步加长篇幅,提高程度"。翻开这套教科书的课文,许多当时引领文坛的名家名作出现在我们面前。如第一册里,就有巴金的《海上日出》、朱自清的《春》、庄泽宣的《邮政寄人》、周作人的《乌篷船》、沈尹默的《新诗两首》、郑振铎的《离别》、梁启超的《少年中国说的序论》、蔡元培的《舍己为人》、龚自珍的《病梅馆记》、叶绍钧的《牵牛花》、胡适的《东西文明的界线》、冰心的《东京游记》、廖世承的《青年生活》、李石岑的《旅居印象记》、徐自华的《返钏记》,等等。这些课文,均是持之有据,言之有物,有内容、有思想,足以启发学生心智的积极向上的作品。如廖世承的《青年生活》一文:"试问青年学生们,有多少人能避免读死书,注意自动的工作,注意利用他们的眼睛、耳朵、口,利用他们的双手和大脑? 世界上的文化,不是由虚空的幻想造成的,是由精密的思想和点滴的汗血一层一层堆积起来的。工作愈真实,生活的意义愈丰富,互助的精神亦愈显著。能自助助人的人,才是人世间最快乐的人。深信自己,充实自己,不要自馁,不要偷懒。抱有希望的青年,不怕工作的青年,才是向前迈进的青年,才是生机畅满的青年。"的确是发人深省,催人振奋之作。

由于上海市教育局开办注音符号传习班,增加标准国语会话一门。1932 年,中华书局出版蒋镜芙编的《标准国语应用会话新教本》,"以便中等以上各学校和国语讲习所等采作教本之用"。全书共 20 课,每课分为两段,前半课编成会话的形式,每节的意思灵活有趣,句法变化而简明,语句连贯;后半课搜集实用的词、短语、成语,或词句使用的例子等,可以说非常丰富。重要的是,该书所选的材料"浅近通俗"、"切合实用"。如第十九课讲《成语的应用》,有一节说:"这种事情,我说你也犯不着'小题大做';大家'模模糊糊'不就结啦吗? 要是认起真来,可就麻烦啦! 先生!'一言难尽'! 我本想'装疯卖傻','置之不理'的。谁知他当着面,满口'花言巧语';背过脸儿,就'为非作歹'起来。这种人非好好儿治他一下子不可。"此外,对于谚语和隐语的应用,也贴近生活,风味有趣。如第二十课上讲:"常言道:'吃得苦中苦,方为人上人。'他要一点儿艰难都不受,那还能成功吗? 是啊! 我也跟他那么说过,万一'半途而废',这不是'竹篮儿打水——闹了一场空'吗?"对此,英士在《图书评论》第一卷第二期上撰文,大加赞赏,并郑重向读者作了介绍和推荐。

同样，在历史教科书的编纂上，中华书局也表现了应时创新、以学生为本的特点。在首次推出的中华历史教科书中，即打破此前以传统帝王纪年的一贯做法，而代之以民国纪元纪年。并表示本科目的，"在令儿童知吾国历代之兴亡，文化之进退，国势之盛衰，君权民权之消长"。在排列上，"本书用圆周法，每二年为一周。第一周用史谈体，以代表一时代之人物、事实为题，注重趣味。第二周用开化史体，注重系统及文化"（陆费逵：《中华高等小学历史教科书编辑大意》）。

清末以来，有识之士批评旧史学，倡导"史界革命"。梁启超抨击旧史学有"四弊"："知有朝廷而不知有国家"，"知有个人而不知有群体"，"知有陈迹而不知有今务"，"知有事实而不知有理想"。接着，他分析得出由"四弊"而致"二病"："能铺叙而不能别裁"，"能因袭而不能创作"。正因为这些观念的存在，于是皇皇二十四史成为"帝王将相家谱"、"相斫书"、"墓志铭"（梁启超：《新史学》）。章太炎则认为旧史学的弊端有五："尚文辞而忽事实"、"因疏陋而疑伪造"、"详远古而略近代"、"审边塞而遗内治"、"重文学而轻政事"（章太炎：《旧学弊论》）。刘师培也指出："中国史书叙事详于君臣而略于人民，详于事迹而略于典制，详于后代而略于古代"（刘师培：《中国历史教科书·凡例》）。在此基础上，他们提出了"略古而详今"的史学研究的新观念。这一观念，被不少的出版业贯穿到历史教科书的编纂过程中，中华书局以积极的态度接受史学新观点，并付诸实践。1913年，在新编中华历史教科书中，明确提出"采最新史例，略古代而详今世"原则。为此，这套教科书着重突出："一、民国肇造，五族一家，是编于统一国土融合种族，特为注重。二、择述自黄帝以来开化之概略，历代伟人之言行，与夫最近中外交通之关系，俾儿童既知文化之由来，复知世界大通之情势。三、综陈历代兴亡成败及一切政制文化等要事，著其因果，论其是非，以养成判断审察之能力。"文字方面照顾到儿童的接受能力，"一、力求明显不尚博奥，绝无晦涩芜杂之弊。二、提纲挈领，点缀生新，更无繁琐枯燥之病。每课字数初自百数十字，渐增至二百余字，毫无骤进之弊"（《新编中华历史教科书编辑大意》）。

同样，随后出版的"新式高等小学历史教科书"，中华书局也表明"特详近世史，以明现在及将来之关系"。在材料繁简的取舍上，以学生的年龄和接受能力为标准，酌情增删，但以不失本意为原则。"事实以精确为归，不尚新奇以炫耳目。文字以易解易明为主，晦者达之，隐者显之"（《新式高等小学历史教科书编辑大意》）。1927年，随着北伐胜利，国民革命的成功，中华书局及时出版"新中华教科书历史课本"。其材料选择，无论是本国史，还是世界史，"均略于古代而详于近代，期使儿童明瞭现世之由来，及近代中外的重要关系"。本书对民族、民权、民生三大主义着重介绍，"使儿童略知关于此三项之事实，在历史上有如何之经过；将来应取如何之态度，以完成新国民的责任"。而且，寓史实于趣味性中，对于史料本身的价值和学生的爱好，两者兼顾，"叙述的方法，务取具体的、整个的、合于儿童心理的"(《新中华历史教科书编辑大意》)。

1923 年 1 月，中华书局出版新中华教科书《初级本国历史》，由金兆梓编写，"更驰誉全国"。本书贯彻新的史学观较为彻底，指出："研究历史的任务，在明瞭人类社会延续之活动，与其活动递嬗之迹象，藉以自认识其现处之地位。"在记述上，"一方面打破帝王兴亡之朝代观念；一方面复依各事迹之因果，认出其起讫以为大段落，且谋此事绩与彼事绩之联络而明其递嬗之迹，以成一整个的历史时代观念"。"吾国现势，又几全由近数百年之外交所支配，故本书于此起彼伏等处特注重其所以失败之因缘"(《新中学教科书初级本国历史编辑大意》)。

1928 年 10 月，中华书局的《新中华本国史教科书》，也表示了重视近世史的观点，认为："自海通以来，吾国历史，几无一不受世界大势之影响，而创巨痛深者，尤其是帝国主义之侵略；本书于此等处，特为注意"(《新中华本国史教科书编辑大意》)。不难发现，中华书局的历史教科书，以新的历史观作指导，打破以往为"帝王将相"人物延续家谱的惯例，尤其是对于近代历史的演变，及其与现实社会的密切关系，均给予相当的注重。这些，即使以今天的眼光观之，也有值得可取之处。

总之，紧随着时代车轮的前进，以学生为本，选材上力求适合社会需要和儿童心理，编排上力求各科之间、上下之间的联络，吸收最新的研究成果，宣扬新观念、新思想，为中华书局教科书的重要特征。

(二)兼采中西，服务民国，是中华书局教科书内容上的突出特点。

中华书局与民国一起诞生，从某种意义上说，它又是民国的产物。因此，崇尚民主自由，融合国粹欧化，培育共和国民，成为其一贯的追求。这一理想，在中华书局出版的教科书中，也得到了充分的体现。

首先，宣扬民主、自由、平等观念，以养成健全国民人格为目的。民国初建，万象待新，但最重要的是人的思想观念的更新。长期处在清朝封建统治下的人们，几不知共和国家为何物，更难讲民主自由意识。因此，培育共和国民，弘扬民主思想，以巩固民国根基，成为当时的一个迫切问题。中华书局创立之始，出版中华教科书，就把培养共和国民作为宗旨，并将这一理念贯穿于此后整个教科书的编撰过程中。

新制中华小学国文教科书中,就选材上来说,十分注意民主观念的传播。如第五册第二课《大总统》:"一国之中,人民至众,公举一人,总理国事,是曰大总统,其责任甚重,故必择贤者任举之。"打破君权神授的观念,向学生灌输民主选举制。第三十二课《平等之真义》:"等,阶级也,平等者,平其阶级之谓也。共和政体之国,人民受法律之待遇,不分阶级,故曰平等。"向学生传授法律面前人人平等的观念,以明晰资产阶级的法律精神。第四十五课《宪法》:"宪法者,一国之大经也,其国体如何,主权如何,立法行政司权如何,无不以宪法明定之,舍专制国无不有宪法者。我国蒙新造之邦,宪法未定,然有约法,其性质与宪法略同,其效力与宪法相等,约法第九章规定制定宪法之程序,即发生宪法之根据也。"向学生强调民主国家与专制国家的区别之一,在于是否有宪法,而民国的《临时约法》,实为民主国的重要象征。第十一册第二十二课《国会》:"议员既有议决国事之权,实全国安危所系,故选举之际,必择道德智识咸备者举之。"说明了国会的功能、议员的必备条件及选举,实际上向学生宣传了国民所应具有的选举权和被选举权。

同样,新编高等小学国文教科书中,也无不贯穿着这种精神。第三册第十九课《自由》:"具自立之精神,力除依赖,则不为今人之奴隶,抱独到之见解,不屑盲从,则不为古人之奴隶,此自由之真谛也。"这种对自由内涵的理解,向学生灌输了培育自立品格,追求真理的精神。还有,诸如《政党》、《政体》、《地方自治》、《自立》、《中华民国》、《中华民国成立记》,等等。从多层面、多角度,积极传播民主共和观念,强调了健全国民人格的养成。

在中华书局的各式教科书里,这些充满着民主观念的课文,可以说随处可见。在新制中华初等小学校教科书《国文》第十一册第二课的《政体》中,明确指出:"政体之中,民主最善,我国现今,即此政体。"但仅知于此是不够的,由于久长的封建社会,专制政治登峰造极,普通民众毫无人权可言,整个社会缺乏民主、自由、自立的传统。而"惟既有良政体,尤赖有良国民,庶足以维持于不敝也"。培养共和国民,巩固来之不易的民主政体,中华书局教科书蕴含的优秀篇章,通过对莘莘学子的滋润,承担着铸造现代健康人格的使命。

其次,祛除陋俗,弘扬美德,彰显健康向上的价值观念。何谓陋俗?风俗"作为特定国家、民族区域和人群生产和生活方式的一种惯制",所涵盖的内容非常广泛。"但社会的物质生活是不断进化的,这就要求社会风俗要随着社会的进化而更新。由于风俗的稳定性特征,有些风俗可能要落后于时代。这种落后于时代的社会风俗被视为陋俗。另一方面,有碍于社会进步与发展,有碍于人的身心健康的社会风俗也可称为陋俗"(梁景时、梁景和:《中国陋俗批判·前言》)。刚刚脱胎于清朝社会的民国,一些封建性的陈规陋俗,如迷信、赌博、缠足等,仍然阴魂不散,时时占领着人们的精神生活。尤其是在一些文化教育落后的偏僻乡村,弊习陋俗往往会成为占主导地位的社会风尚。因此,提高国民文化素质,祛除有害社会健康的陋俗,是这一时期教育界的重要使命。

中华书局的教科书,为养成学生健康向上的道德观念,将祛除社会陋俗作为重要的内容之一。

其一,反对赌博、迷信。在《戒赌博》课文中说:"群居终日,囊钱而来,费时日,荒本业,惟斤斤于胜负,是名赌博。赌博必有胜负,胜者逐饮食,制衣履,盖以为倘来之物,无足重轻也。负者耗母财,竞借贷,借贷不足,又复鬻田宅,市妻子,然愈负愈博,愈博愈负,曾不几时,穷无所归,大可哀矣。要之赌博无论胜负,其丧道德,败名誉,一也,故不可不戒。"(《新制中华国文教授书》第十册第二十八课)这里,叙述了赌博的表现,这种陋俗对家庭、社会和道德的危害性,表示了明确的反对态度。中华女子高等小学国文教科书》第三册第二十课《祛迷信》则指出:"举一切吉凶休咎之事,以为鬼神实司之,而或求预知,或求禳解,皆谓之迷信,迷信者,不察真理而妄信者也。凡扶预知之术者,必谓吉凶休咎,惟其说是从一定而不可易,然命相墓宅,诸说并陈,恒有牴牾而不可通者,而一言禳解,又谓吉无不可趋,凶无不可避,休咎无不可转移,察其矛盾诬妄,立见迷信者,当可悟也。"指出了吉凶占卜等迷信,有违真理,不合科学,希望沉溺于此陋说之人早日醒悟。

其二,反对缠足,倡导学习。作为戕害广大中国妇女的陋习缠足,可以说由来已久,惨痛无比,这是封建社会男尊女卑观念潜移默化、恶性膨胀的结果。近代以来,这种陋俗不断受到有识之士的抨击。中华书局教科书对此多有谴责,《新编国文教科书》第四册的《缠足之害》一课里,说:"世间残酷伤身之害,害及于全国,而毒流于子孙者,其中国妇女缠足乎?夫不幸而为中国女子,既不识字,又禁其出门,生人之趣,殆已索然,乃复戕其举步之器,使以纤弱之足,载全身之重,步履倾欹,动虞颠陨,非扶助几不能行。呜呼,彼何幸而罹此毒刑乎?……缠足之俗,毋乃类之,今渐就革除,女界之幸,抑岂仅女界之幸耶。"同时,在许多课文里,反对歧视妇女的陋俗,提倡女子接受教育。《新制国文教授书》第五册,内有《章女》一课,赞扬了章氏之女爱学习、懂道理的好习惯:"章君有女,年七岁,其慧,读书不忘,且能讲解,每日放学归,至父前,述书中之义,无一误者,父甚爱之。"《新式国文教科书》第一册在第一课中,就直接以《入学》为题,倡导终身教育,指出:"教育无止境,人受教育亦无止境。视其受教育之程度何若,即可知其人之造就何若。诸生于国民教育,既完全领受,今乃进求较高之教育,实为人生之幸福,盖今日文明世界,非学无以自立也,诸生勉乎哉。"

其三,反对等级,尊重劳动。中华书局教科书的选文中,多方面地向学生灌输尊重劳动的观念,尤其是对下层社会人们劳动的尊重。《新制国文教科书》第十二册的《尊重劳动》课文,借父教子之言,说:"儿随父游工场,见工人衣敝衣,儿轻视之,父曰:'人皆平等,工人虽贫,不可轻视也'。"《新课程标准初中国文读本》第一册中的《人力车夫》一课:"日光淡淡,白云悠悠,风吹薄冰,河水不流。出门去,雇人力车。街上行人,往来很多;车马纷纷,不知干些甚么。人力车上人,个个穿棉衣,个个袖手坐,还觉风吹来,身上冷不过。车夫单衣已破,他却汗珠儿颗颗往下堕。"以畅快明朗的语言,通过坐车人和拉车人之对比,道出了下层劳动人们之艰辛。《新式国文教科书》第二册,在第五课《心力并用》课文中,直截了当地说明对体力劳动的轻视,以及由此而造成的危害,说:"我国旧时,狃于习惯。习于劳心者,几以躬亲力役为可羞,甚至入役僮奴,出乘舆马,凡所动作,罔不需人。此不特违犯人道,抑亦自陷于文弱矣。"

还有,《立志》、《公德》、《进化》、《惜阴》、《勤训》、《俭训》、《喻学》、《友爱》、《自立》、《诚实》、《职业》等,以及提倡阅书读报、多到图书馆、参观博物院等良好行为,诸如此类的课文,在中华书局的教科书里,俯拾即是。这对于求学历程中的少年儿童,远离陋俗的侵害,扩大见闻,形成良好的人文素质,起了重要的作用。

再次,介绍中外名人事迹,传播科学文化知识。翻开中华书局的教科书,一个个中外名人的事迹展现在我们面前,如孙中山、华盛顿、林肯、纳尔逊、福泽谕吉等。通过对这些人物的介绍,可以使学生了解伟人处世为公的品质,从中受到良好人文素质教育。同时,对一些著名的科学家,如爱迪生、达尔文、牛顿、斯蒂芬、詹天佑刻苦钻研、立志于学的故事也多有选材,通过介绍这些科学家的非凡成就,而培育学生热爱科学、追求知识的兴趣。在许多课文里,如《显微镜》、《望远镜》、《汽船之发明》、《汽车之发明》、《飞艇飞机》等,对于发明者的姓名、国籍、简要经过,均做了或多或少的介绍。并在讲述这些科学发明的同时,还从多个方面对学生予以启发。如《新制初等小学国文教科书》第十册第十五课《汽机》一课:

"汽机创自英人瓦特,其最要之具凡三,一曰锅炉,所以蒸汽,一曰汽筒,所以通汽,一曰机轮,而全机动矣。舟车工厂,无不用之,较用人力,其速倍蓰。瓦特幼时,视壶中水沸,壶盖掀动,悟蒸汽具有大力,研究多年,遂创此法,可见人能随处用心,自可悟得至理也。"又如第十一册第一课的《进化》一文:"生今之世,所享福利,远胜古人,然世界进化,未有止境,人人间竭其智力,日求进步,则后人所享福利,必又胜于今人矣。"再如《新编中华高等小学国文教科书》第一册第十七课《进步》:"泰西近百年来,进步甚速,说者谓二十世纪,当更有新发明出见,然反观我国,果足与之颉颃乎?不自奋,何以争存,愿学者之努力也。"榜样的力量是无穷的,中华书局教科书对伟人、科学家和科技发明的选材,向学生灌输科学知识,对于激发他们爱科学、学技术,形成进取创新的精神,有重要的启迪意义。

在历史教科书中,中华书局向学生介绍了进化的历史观,强调:"人类社会活动的发生和演化,是交午错综式的进行而异常复杂的。"历史是社会政治、经济、教育、学术、宗教等诸多因素相互作用的结果,是"记述人类社会的活动,而不记述一二个人个别的活动。在这种记述中,我们不要注重非现代事实的铺排,而要注意那史实从古代演变到现代的经过;换句话说,历史是记述史事的动态,而不是记述史事的静态的"。不仅如此,对于史学的功用问题,也做出了较为客观的结论,认为:"吾人想明瞭现代人类社会活动的状况,以及想由此而受得在社会上活动的途径,都非先明瞭人类各种社会活动的演进的历程不可。但是这种种知识,只能从研究历史中得来。所以只有研究历史,才能明白现在,才能发现活动的途径"。这些,有利于学生形成历史地看问题的观念,有利于形成正确的人生观和世界观。本着"略古而详今"原则,还大大加重近代史的分量,使学生从近代历史发展的事实中,洞晰当时中国所处的地位,"不但为要求我中华民族的自由平等,而须团结一致的起来奋斗;同时为要保持东亚和平,世界和平,也得团结一致的起来奋斗"(《新课程标准适用初中本国史》,第四册)。读史可以知兴替,读史可以使人明智,中华书局各种门类的历史教科书,对于学生综合素质的培育,同样起到了不可忽视的作用。

(三)宣扬爱国主义,激发民族意识,是中华书局教科书的一个重要主题

宣扬爱国主义,激发民族意识,是中华书局教科书的又一个重要主题。1913年印行的"新制中华国文教科书",竭力向学生解释国家、民族、中华民国的形成,以及热爱中华民国的道理。在第五册第三课的《中华》一文里,用简洁的语言,向儿童说明:"中华土广人众,物产丰富,我为中华人,我爱中华国。"第十一册第三十六课是一篇直接名为《爱国》的课文,指出:"人民相聚而成国,国即以其力保护人民,故人民当爱国。所谓爱国之民者,平时则修己力学,惠群济众,振兴实业,力图公举,使社会蒙其休,国家亦隐受其赐,一旦国有战争,则独资助饷,执殳前驱,踊跃赴事,如恐不及也。"由于中国封建社会漫长,何况民国脱胎于清王朝,许多人不清楚专制之朝代与共和国家之区别,中华书局在修身教科书中,向学生阐明:"自古以代名为国名,君主易姓,国名亦因之而易。今则共和告成,五族一家,与前之一姓争夺者有异,遂沿数千年之旧称命名中华。帝国、王国,为君主时代之名称,民主政体,则主体属于民,故曰中华民国。"这样,封建帝制下的"臣民",不同于共和体制下的"国民"。角色变换、国家观念的更新,需要一个重塑的过程。中华书局教科书向学生灌输新型的爱国思想,爱国不再等于"忠君",而是要爱一个"主体属于国民"的共和国。

　　鸦片战争以来,由于西方列强的侵略和清政府的腐败,导致中国割地赔款,丧失主权,民族危机空前严重。因此,介绍近代中国遭受侵略的苦难史,激发学生民族意识,无疑成为教科书反映的一项重要内容。在这方面,中华书局不止一次地表示:"本局处处注重国民教育,于国耻及租借割让地尤为注意。"(《新制中华教科书广告》,《申报》1913 年 8 月 15 日)在第六册第十五课《美禁华工》里,对美、澳等国歧视华人的行径,予以深刻的揭露:"美之铁道农场,其为华工所建筑开辟者何限。徒以国力不竞,我耕人获,利益不平。今澳洲等处,亦禁华工矣。世界茫茫,殆无往非加利福尼亚省也。倘不亟谋自振,华人虽欲自食其力,亦岂可得耶?"使学生懂得并明白,国家强大、有地位,民族才能赢得自尊。《新编高等小学国文教科书》第三册第二十七课的《国势》,对我国所处的险恶形势,做了深刻的分析,说:"吾国近时国势,果何如乎? 非特国外势力,无自扩张,即国内主权,亦时有履霜坚冰之惧。如领事裁判权,行于租界,则法权有损矣。海关税则,订自外人,则税务见侵矣。借款用途,必经稽核,则财政受制矣。路矿两端,类多让与,则实业被夺矣。外此如大沽吴淞,炮台撤毁,商场路线,兵旅驻屯。以及江海有舰队之巡游,使馆启驻兵之先例,又与军事上有联系。吾国之势,未足与列国较衡,此无庸自讳者也。"列举了种种事实,以此使学生明瞭国家所处现状,以激发他们奋起自救之心。新课程标准适用《初中国文读本》第一册《离别》一课,通过作者即将离国求学时的感受,表达了对祖国深深的眷恋之情:"别了,我爱的中国,我全心爱着的中国! 我不忍心离了中国而去,更不忍在这大时代中放弃每个人应做的工作而去,抛弃了许多奋斗的勇士们在后面,他们是正用他们的血建造着新的中国,正在以纯挚的热诚,争斗着。我这样不负责任的离开了中国,我真是一个罪人！然而我终将在这大时代中工作着的，我终将为中国而努力，而呈献了我的身、我的心；我别了中国，为的是求更好的经验，求更好的奋斗的工具。暂别了，暂别了，在各方面争斗着的勇士们，我不久即将以更勇猛的力量加入你们当中了。"阅读这篇充满爱国激情的课文，人们不能不深深地为作者的爱国情操所打动，油然而生为国家学习的志向。《高等小学用新式国文教科书》第六册第二十二课名为《一对孪生兄弟》，采用拟人化的手法，借长江与黄河的对话表达了挽救民族危机的愿望："长江说：'自从外国人到中国以后，他们常常用势力强迫我，要我做他们的奴隶，替他们运输货物。这种耻辱，我真忍受不下。我正眼巴巴望着中国人，有给我雪耻的一天呢！'"不难看出，教科书的编辑者在通过各种体裁的课文，教育学生不忘国耻、振兴中华的殷切之心。

　　需要指出的是，中华书局的教科书因为加强爱国主义教育，对于国耻"详为叙述"，由此还引发了一场与日本的外交风波。众所周知，日本自明治维新以后，走上了发展资本主义的道路，为了实现其称霸世界的目标，日本不断对外扩张，成为侵略我国的主要威胁之一。从19世纪70年代开始，日本制造"台湾事件"，策划发动甲午战争；借瓜分狂潮之机，将福建作为势力范围；参与八国联军侵华战争，强占我国东北地区。尤其是趁第一次世界大战爆发之际，悍然提出灭亡中国的"二十一条"。还借口对德宣战出兵山东，将山东控制在自己的统治之下。但它并不以此为满足，不断地在中国内地制造流血事件，企图挑起更大规模的对华战争。日本咄咄逼人的侵略气势，不能不引起更多中国人的警惕。

　　1916年1月，中华书局出版"新式教科书"。在这套教科书《国文》和《修身》中，有《日本》、《国耻》和《明国耻》等课文。其具体内容如下：

［国民学校用新式国文教科书］

第八册第三课　　日本

　　日本，岛国也。自明治维新以来，国势骤盛。县我琉球，割我台湾，租我旅大，吞并朝鲜，殖民于奉天吉林，扩张航业商务于我国内地。胶州湾，我重要之军港也。昔租于德，日本乘欧战而夺之，旋复向我国强索权利。我国以力弱未可与战，乃隐忍承认之。夫日本以弹丸之国，朝野上下，并力经营，日以我国为的，伺隙而动，盖利我之弱耳。我国之人，苟能自强，则国耻有时而雪，国威有时而张，愿国人毋自馁也。

第八册第十三课　　国耻（一）

吾国对外交涉,清代失败最甚。（中略）日本取琉球,并朝鲜,上国主权,委弃尽矣。

[高等小学校用新式修身教科书]

第六册第十五课　明国耻

（前略）他若最近之中日新约,日本以哀的美敦书迫我承认,尤为可耻之甚者。我国民而尚具天良乎,于此而不用吾耻,复恶乎用吾耻。

从上述所列内容来看,主要反映了两点:（一）从日本发迹到对外扩张,涉及其侵略亚洲和中国、掠夺中国利权的大致过程。（二）编者之用意,在于告诫学生勿忘国耻,奋发图强,以挽回利权。

就实际情形而言,教科书所反映的是客观存在的历史事实,并无夸大其辞。然而,此举却引起日本方面的不满。就在"新式教科书"发行后不久,日本驻福建领事将教科书的上述内容,马上报告其驻华大使,由驻华大使向中国外交部提出交涉,说什么"中华书局印行新式小学校教科书中",有"排日的记载"。还把这些课文抄录备案,不无恫吓地说:"此种煽动对日恶感之教科书,不特有碍邦交,且恐将来国交上发生有害之结果",应设法禁止出售,等等。外交部致函教育部,教育部向中华书局去信查询,得出结论说:"查日使所称小学校教科书,煽动对日恶感等语。虽言之过甚,惟查阅附件所开各节,固为激励国民起见,但措辞稍欠含蓄,未免滋人口实。"希望中华书局在编写时,"措辞能稍微含蓄,亦为修辞上应行注意之处,自宜再加斟酌,俾得益臻妥善"。

中华书局表示了不妥协的态度,谴责日方的无理要求。在答复教育部的信函中,指出:"部章以提倡国民爱国心为主旨,揭示国耻俾资激励,亦提倡之一端。世界各国教育国民,其教科材料,虽不尽同,而宗旨则一。盖此不过为自策自励之计,并非煽动恶感。"日本公使借此大做文章,故意挑起事端,要求禁止教科书的发行,"有损于本局之营业,关系尤小。使全国青年学子,从此遂忘国耻,关系实大"。"本书新式教科书中所叙国耻,皆系事实,并无挑拨各语"（《新式教科书与日本》,《中华教育界》第8卷第1期）。中华书局在教科书问题上,坚持爱国主义教育,与日本挑起的事端据理力争,以无可辩驳的事实,挫败了日本方面的无理指责。因此,也赢得了社会各界的广泛同情和支持,鼓舞了教科书编辑人员的信心,他们一如既往地"将国耻编于教科书,以策励国民"。我们看到,在随后出版的一系列教科书中,中华书局更加注重列强侵略、割地、赔款、不平等条约等内容的介绍,"以期养成中华国民高尚的国民性"。而且,在《中华教育界》上,多次向各地学校的教师发出"征文启事",以讨论爱国教材的问题。他们强调说:"爱国教材之功用,在启发爱国知识并培植爱国习惯与理想;要言之,则为爱国情操之发育。"可以断言,在近代特殊社会环境下,救国必先爱国,爱国必先明国耻。针对日本指责中国教科书"民族思想太浓了",认为是"仇日教育",要求"修改小学教科书"的现象。著名学者、近代教科书编辑专家吴研因指出:"我以为说现在教科书没有民族思想,是盲目的,说现在教科书是'仇日',也是一种诬罔。一个民族有一个民族的独立精神跟光荣历史,我们要独立,我们亦是抵抗侵略,并不想侵略人家,我们只是根据历史事实立言,并非虚构叫嚣,如果世界上的公理还没有完全毁灭的话,谁可说我们不应如此呢。"(吴研因:《清末以来我国小学教科书概观》)从这一层面去理解、体味,中华书局没有单纯地从一己之利出发,而是以国家和民族的利益为重,寓爱国主义思想于所编教科书中,其爱国之情操殷切可见。

　　谁也不会否认,教育对社会发展所具有的重要作用。然而,这种作用的发挥,是通过培养人来实现的。作为教育的最重要的工具,教科书又在其中占有着无可替代的地位。中华书局以出版优良教科书,哺育了一代又一代的青少年儿童,实践着服务民国教育的使命。一方面,灌输国民知识,"举凡政治法律军事爱国爱群平等自由独立等事,俱一一述其概要,务输入参政之知识,养成健全之国民"。另一方面,介绍世界知识,"凡世界有名之事实,著名之胜迹,亦略述其概,以养成学生之世界观念"(《新制国文教科书编辑大意》)。随着社会和时代的变化,教育思潮的演进,中华书局教科书在体例、编纂和内容上不断创新,促进了我国教科书的近代化。

附表　中华书局的教科书概况

教科书名称	初版时间	大致出版概况	编校人	编印原因
中华教科书	1912 年	有初等小学修身、国文、算术、习字帖、习画帖 5 种 40 册,教授书 3 种 24 册;高等小学修身、国文、算术、历史、地理、理科、英文、英文法 8 种 33 册,教授书 6 种 28 册;中学、师范用书 27 种 50 册。	陆费逵、戴克敦、陈寅、沈颐	1911 年秋,武昌起义后,陆费逵预料革命必成功,教科书应有大的改革。约集同志,秘密编辑合乎共和政体的教科书,预作准备。民国建立,风行一时。

教科书名称	初版时间	大致出版概况	编校人	编印原因
新制教科书	1913 年	有初等小学修身、国文、算术 3 种各 12 册，教授书同；高等小学有修身、国文、算术、历史、地理、理科 6 种，各 9 册；商业、农业各 6 册。	陆费逵、戴克敦、沈颐、华鸿年、顾树森、屠元礼、董文、郭成爽、赵秉良、汪楷、史礼绶、欧阳溥存、沈慰宸、丁锡华	1912 年 9 月，教育部公布各级学校修业年限的新学制，初小 4 年，高小 3 年，中学、师范各 4 年，初高小设补习班，均 2 年毕业，师范设预科 1 年。又将春季始业改为秋季始业，一学年分为三学期。这套书就以此学制而编。
新编中华小学教科书	1915 年	初小有修身、国文、算术各 8 册，共 24 册；高小有修身、国文、算术、历史、地理、理科各 6 册，计 36 册。	范源廉、刘传厚、杨喆、沈煦、陆费逵、戴克敦、章嶔、丁锡华、沈颐、顾树森、史受礼、徐增	一是为了照顾某些学校一时难以改变清末学制春季始业的习惯做法；二是 1912 年出版者已不适用于今日。
中华女子教科书	1915 年	国民学校用修身、国文、算术计 24 册；高等小学用修身、国文、算术、家事计 14 册。	李步青、范源廉、顾树森	
新式教科书	1916 年	国民学校用修身、国文、算术 3 种计 24 册；高等小学用修身、国文、算术、历史、地理、理科、农业、商业 8 种 44 册，各册教授法齐备。	范源廉、沈恩孚、沈颐、李步青、吴研衡、陆费逵、戴克敦	除国文、理科外，均为春秋季共用。用浅显文言编写，注重国家主义教育（即爱国主义教育，具体指列强侵略、割地、赔款、不平等条约）。
新教材教科书	1920 年	国民学校用国语读本 1—8 册陆续出版。	王璞、黎锦熙、陆费逵、沈颐、黎均荃、陆衣言、张相、戴克敦、刘传厚	教育部令国民学校国文体教科书分期作废，改用国语体文。并改国民学校为初级小学，修业年限初小 4 年，高小 3 年，是书为适应这种情况而编辑。

教科书名称	初版时间	大致出版概况	编校人	编印原因
新教育教科书	1920年	国民学校初小用者全用语体文编写,有修身、国语课本、国语读本、算术4种32册;高小用者,语文互用,有修身、国文、国语读本、算术、历史、地理、理科、英文8种45册。国语读本有注音字母。	朱文叔、钱梦渭、朱麟、杨达权、胡舜华、戴克谐、陆衣言、编辑所西文部等。中学用者若干种,如国语发音学大意、英文法、万国语音学意等,编者陆衣言、沈彬、戴克谐等	编辑原因同新教材教科书。
新小学初高级教科书、新中学教科书	1923年	全用国语编写,计初级6种48册,高级10种40册。新中学教科书30种56册。	国语读本初级8册、高级4册,由黎锦熙计划,黎锦晖、陆费逵编辑,分撰参订者,有各省学校校长教员,上海国语专修学校教员,中华书局编辑同人共百余人	全国教育会联合会组织的新学制课程标准起草委员会,已拟定中小学各科课程纲要,新小学、新中华教科书即依据纲要编辑。
新中华教科书	1927年	初级小学用有三民主义、国语、算术、常识、社会、自然、工用美术、形象艺术、音乐;高级小学用有三民主义、国语、算术、历史、地理、自然、卫生、园艺、农业、工用艺术、形象艺术、音乐、英语等,陆续出至41种。初高级中学用55种。	黎锦晖、王祖廉、黎明、陆绍昌、朱文叔、郑昶、李直、陈棠、张相、蒋镜芙、杨卿鸿、糜赞治、朱开乾、黄铁厓、顾楠、赵凤、郑炳渭、张德骥、姜丹书、朱稣典、王隐秋、怀桂琛、陆费执、吴稚晖、陈布雷	北伐成功,国民政府建立,国民训练以三民主义为基础,因而编印之。其中,三民主义课本由国民党中宣部审定。这套教科书初以"新国民图书社"名义编印,由文明、中华、启新三家经售。

教科书名称	初版时间	大致出版概况	编校人	编印原因
新课程式标准适用教科书	1933 年	小学 40 种,中学连同教育法在内计 35 种 101 册。		1932 年 11 月,教育部颁布新课程标准,初高中定为普通科,为适应新学制而编著。
新课程标准适用师范学校教科书	1934 年	高中师范用 20 种 33 册,简易师范用 5 种 13 册,乡村师范用 23 种 38 册,简易乡村师范用 6 种 13 册。		
修正课程标准适用小学、初高中教科书	1936 年	连同教学法计初小用 13 种 104 册,高小用 23 种 88 册,初中用 22 种 70 册,高中用 22 种 56 册。		1932 年 10 月,教育部公布小学课程标准后,经全国学校实验,陈述意见。教育部于 1935 年 3 月编列问题,分发各地教育研究会研究,多主张修正。后在约集专家研究的基础上,于 1936 年 7 月颁布《修正小学课程标准》。

第二节　中华与商务的教科书竞争

中华书局以出版适应共和政体的教科书起家,而清末以来在出版业中独占鳌头的商务印书馆,其主要业务也以教科书为绝对比例。因此,中华书局一出世,就是以竞争对手的面貌出现的。总的来说,就近代出版业的出书种类和数量而言,以教科书为主体的教育图书占有相当重要的地位。商务印书馆和中华书局都是综合性的出版机构,但都将教科书视为最重要的出版业务。事实上,商务印书馆的赢利主要是靠教科书。而中华书局走向和立足出版业,也是以教科书为中心。自此,两家出版机构竞相推陈出新,成为民国学校各类教科书的主要供给者。

从某种意义上来说,中华书局的崛起,缘于近代教科书的出版竞争。

自 20 世纪初以来,商务印书馆开创了教科书编撰的新局面,并一直占据着教科书市场的绝对优势。清朝末年,随着新式教育的兴起,编著新式教科书成为时代的迫切需要。在张元济、蔡元培等人的策划和努力下,商务版"最新教科书"问世。这套教科书,以新颖的体例、较为适宜的内容,受到教育界的欢迎。李泽彰曾深有感触地说:"在科举初废时,教科书的编制实为创举,真是极困难的一件事。当时的出版业不避艰难,毅然负此重任,实属难得。其最早编印教科书以备采用者,当推商务印书馆。"(李泽彰:《三十五年来中国之出版业》)。辛亥革命以前,"最新教科书"颇为流行,成为当时教科书编著的典范。自此,商务印书馆将教科书的出版,作为其整体出版业务的最重要的部分。据统计,到 1910 年,商务版教科书达 300 多种,民营出版业中鲜有与之匹敌者。商务印书馆诞生后 15 年,即 1912 年,中华书局异军突起。从其创办历程中可以看出,中华书局与商务印书馆有着这样或那样的联系。就最初的五位创办人来说,有四人曾在商务担任过编辑职务。陆费逵曾任商务编译所编辑、出版部部长和《教育杂志》主编;戴克敦、沈颐曾是商务编辑中的骨干,参与过诸多商务版教科书的编写;沈继方原在商务负责保管合同、书柬、重要契据文件,深受商务总经理夏瑞芳的器重。中华书局步入书业之初,选择了教科书为突破口。显然,没有创新特色是难有立足之地的。中华书局的创业者们抓住民国建立、政体更新的机遇,提出"教科书革命"的口号,强调教科书内容上的变革。于是,适应新形势的"中华教科书"相继出版。与之形成鲜明对比的是,商务印书馆在清末时期所编的教科书未及修订,在与中华书局的竞争中,明显处于劣势,以致所印刷的教科书大半积压,无法出售,损失不可谓不重。

但是,商务印书馆毕竟是拥有雄厚财力和人力资源的出版机构,它不会轻易坐视教科书市场的流失,其应变能力也远非寻常印书业所能相比。1912 年秋,商务印书馆推出"共和国教科书",包括初级和高等小学、中学教科书,以及教员用书多种。这套教科书,以"力图博采世界最新主义,期以养成共和国民之人格"为目的,内容上宣扬民主、自由思想,编写上力求浅显活泼(《共和国新国文编辑大意》)。尽管它有不尽完善的地方,"基本上还是停留在清末的模式上",但"它的不断进步却是明显的"。因此,"商务印书馆的《共和国教科书》出版后,各校纷纷采用,呈大销特销之势。商务印书馆由此在教科书市场上重振雄风,成为与中华书局匹敌的竞争对手"(王建军:《中国近代教科书发展研究》)。

与此同时,中华书局在著名的教育家范源廉入主编辑所后,策划编辑

"新制小学教科书",初等每种 12 册,每学期用 1 册。这套教科书从新教育的需要出发,体现时代特色,受到当时舆论的较高评价。如初等小学《国文》(全 12 册),有人在 1913 年 6 月 26 日的《神州日报》撰文评论说:"教授国文,倍难于他科,苟无良善之课本,殆未贯彻其主义。兹编文字新颖,材料切当,而程度恰与初等相合。前六册多采描写风景,叙述事物之文,于美育之旨颇合。历史地理材料则于后六册,始一一采入,颇能体验儿童心量发达之序,所选教材,亦极扼要"。6 月 27 日的《时事新报》则指出,它具有选字精当、文体皆以应用为主、国民知识完备,以及多采寓言童话、颇合儿童心理等优点。6 月 30 日的《民立报》指出:"编辑初等国文,盖有数难,一选字;二选材;三言文歧异,不易引致于一途;四遣词造句,不易合儿童心理。兹编于此数端,类皆确有心得,故能一一合度,儿童得此,有读书之乐,无艰深之苦。苟修毕全书,儿童自能将其平昔所习,施于应用,而无或不足之弊病。……所最服膺者,则尤在能灌输国民常识,其于历史、地理、理科、实业、政法各种材料,按册采入,殆无不切要简明,洵善本也。"中华书局的"新制教科书",受到许多学校师生的欢迎。"很显然,这是针对商务印书馆于 1912 年秋季新出版的《共和国教科书》所展开的竞争"(王建军:《中国近代教科书发展研究》)。在这场竞争中,两大书局教科书各有所长,各具特点。1913 年 7 月,绍兴教育会审查图书后,对它们做了如下的比较:"七月念七日下午,该会开会审查小学用书,代表到会者十余校。首由会长报告开会宗旨,各校用书出版者虽多,其中以中华、商务为胜,故今就二者加以审查,则修身、国文以中华为较佳,算术、理科以商务为较佳。中华初小修身,图画简明,表示适合,儿童易解,商务画太混杂,多用黑色,非七八岁儿童所能分辨。中华国文配列适宜,图解简明,如刀、尺,商务绘指挥刀、密达尺,不及中华之厨刀、裁尺为宜。又如商务以上字作动字解,不及中华之先授上下字,又以五色等之抽象词为一课;文字皆难记忆,不及中华之以花经叶绿并教。算术则商务所出为佳,中华稍逊。高小修身,中华多引故事,少用训辞,胜于商务。国文中华采用古文及全书之半,商务才四分之一,余皆画贾笔墨,殊失国文之本意,故二者皆中华为佳。理科则商务为胜。史地图画二者仿此。遂经公决高初修身国文以中华为适用,其他各科,本可分别采用,唯商务书一年二册,于教授上滋多不便,现重要科目,既决用中华,不如连带采用以归统一,经多数赞成通过。"从中可以看出,两大书局在编纂教科书方面,的确是费尽心思,占有绝对的市场。

以后,伴随着社会形势的变迁、教育思潮的兴盛,以及不同时期新学制的颁布,中华书局和商务印书馆相继出版各式教科书。如中华版"新式"、"新编"、"新课程标准"、"修正课程标准"教科书等,商务版"实用"、"新法"、"新学制"等教科书。值得指出的是,在推行国语的浪潮激荡下,两家竞相出版国语教科书,门类繁多,争奇斗妍。如中华版"新教材教科书国语读本"(1920 年)、"新教育教科书国语读本"(1920 年)、"新小学教科书国语读本"(1923 年)、"新中华教科书国语读本"(1927 年),以及"新课程标准"和"修正课程标准"国语教科书等;商务版"新体国语教科书"(1919 年)、"新法国语教科书"(1921 年)、"新学制国语教科书"(1923 年)、"新时代国语教科书"(1927 年)、"复兴国语教科书"(1933年)等。这些应运而出的教科书,既是时代发展的需求,又是双方竞争教科书市场的必然结果。

　　商场如战场,中华书局与商务印书馆的教科书出版竞争,对双方而言,可谓费心劳神,花样百出。在竞争手段上,主要表现在廉价竞争、广告竞争、资本竞争、放帐竞争,甚至轶出范围之竞争。两家公开竞销教科书,在报刊杂志上(主要是《申报》和各自拥有的杂志)展开了竞争宣传。今天这家启事,明天那家声明,各自说明本版书的优点,攻击对方的弱点。中华书局以课本分量合于授课时间,内容注重国民教育,尤重于国耻割地赔款,印刷精良,封面耐用等为言,攻击对方不敷课时应用,有所顾忌不言甲午赔款数额(商务当时为中日合股企业,后于 1914 年 1 月 6 日收回日股),底面单页,字形过小。商务印书馆则以售价低廉减轻学生负担,便于普及教育为言,攻击对方分订几册,售价高出三分之一以上,以营利为目的;并谓本馆印厂有印机百数架,工人千五百余,书籍皆自印,对方仅有印机十余架,多外厂代印,何能自诩精良等等。

　　同时,双方还利用各种机会扩大各自的影响,如参加博览会,利用节日、店庆、假期等降价销售教科书。1917 年 5 月 26 页,中华书局以"共和再造周年纪念"为名,总分局举行廉价一个月的售书活动,本版教科书由五折减为三折、其他书五折、外版书六折发售。当国语运动大会在全国召开之际,中华书局发出大量广告,称:"本局现为应全国国语运动大会要求,特将本局出版的国语图书从十五年一月一日起至三十一日止,上海总店全国分局一律五折发售,以资提倡。"中华书局国语图书五折大廉价一个月,包括各种国语教科书、国语丛书、国语小丛书、参考用书等。

　　当然,为了避免恶性竞争,中华书局和商务印书馆就教科书的价格问题,曾多次进行协商,并一度达成协议。甚至为了抵制新兴的世界书局,两家还投资设立国民书局。但总起来说合作乃一时的无奈之举,竞争仍是主题。对此,张元济在 1926 年 6 月 29 日的商务董事会上,为讨论建馆 30 周年纪念事宜,不无抱怨地说:"商务小学教科书原以对折出售,后与中华书局订约,提为七折。近来世界书局起而竞争,其书定价约与商务相同,而以对折以下发售。商务曾设一国民书局,一面维持七折之约,一面可与世界竞争。但此书店设立后仍有种种窒碍,中华亦不能通力合作,致使世界销路日增,各处分馆纷纷告急。总务处遂思借三十年纪念之名加大折扣,中华未予同意,遂决定与之解约,其后可以自由减价。"(张树年主编:《张元济年谱》)

　　民国时期学校教育的发展,造就了教科书的稳定而广阔的需求,理所当然地成为民营出版业竞相角逐的主战场。它们"有的以质的改进,内容充实,印刷精美来争取读者(学校教师与学生们);有的以编著方便,工料减低,回佣优厚来争取顾主(学校职员与各地贩卖同行)"(张静庐:《在出版界二十年》)。商务印书馆和中华书局始终处于该项竞争的最前沿,各自视对方为最强大的对手。与此同时,它们还要应对来自世界书局、大东书局、开明书店等其他出版机构的挑战。据统计,双方"因宣传推广、批发折扣、同行回佣等开支损失巨大,每年减收各在 30 万元以上"。两家出版业的决策人对竞争的激烈性和残酷性均有着较为深刻的体会,因为商品价格问题,是任何一个参与竞争的企业不能回避、也不能不十分重视的问题。商务印书馆和中华书局的教科书之争,围绕着节省成本、降低价格等问题绞尽脑汁,力求取得主动。中华书局刚一步入书业市场,商务印书馆就开始商讨应对策略,对教科书的降价问题多有讨论。1912 年 6 月 3 日,张元济"约印、夏、高、俞志贤诸人到编译所,议定新编教科书廉价发售、照定价永远对折"(《张元济日记》),其中,印、夏、高分别指:印锡章、夏粹芳、高梦旦)。同年 9 月 18 日,郑孝胥"至印书馆,商教科书减价事"。11 月11 日,"夜,赴张菊生之约,商议初高等小学教科书扩充销路事,将以敌中华书局"。11 月 16 日,"至印书馆,菊生、瑞芳复商加赠教科书事,计每年须损十五万"(《郑孝胥日记》第 3 册)。吴铁声在《解放前中华书局琐记》一文中说,当时商务印书馆的倾销办法是:"购教科书一元,加赠书券五角,购杂书一元,加赠书券一元",中华书局也不得不照此办理。商务高梦旦有言,这样下去,不是两败俱伤,而是两败俱亡。中华陆费逵也认为竞争之事,彼此防不胜防,重要的办事之人耗精力于此者实多,书局发生"民六危机",一个重要的缘由是"同业竞争激烈,售价几不敷成本"(陆费逵:《中华书局二十年之回顾》)。

　　但是,尽管如此,两大书局的教科书出版竞争,从整体和主流上来看,对于促进教科书内容的革新、编辑体例的完备,以及民国教育的发展,还是起了不小的积极作用。如果说,时代的发展对教科书提出了新的更高的要求,成为商务、中华推陈出新的内在动力。那么,相互竞争的局面,又是它们不断创新、形成特色的外在驱动力。否则,不要说保住在出版界第一、第二的位置,就连立足其中,维持现状,也都勉为其难。

首先,竞争使两家出版业不断加强教科书编辑人员的力量。

日本出版学家清水英夫指出:"对于出版社来说,人是至关重要的,是命脉。不用说出版社的生产资料——原稿也是人的作业,更须强调指出的是,在完全没有一般企业那种生产设备的出版社里,人就是出版社的机器设备"([日]清水英夫著,沈洵澧、乐惟清译:《现代出版学》)。商务印书馆和中华书局深知教科书编写人员素质的重要性,商务的张元济、高凤谦、庄俞、杜亚泉、吴研因、任鸿隽、顾颉刚、李泽彰、朱经农、蒋维乔等人,均是各种商务教科书的编写者或校订人。中华的陆费逵、戴克敦、沈颐、钱歌川、李登辉、金兆梓、黎锦晖等人,具有编写或审订教科书的丰富经验。"朱文叔的语文,张筱楼的数学,卢文迪的政论文,华汝成的生物学,葛绥成、许仁生的地理测绘,吕伯攸、鲍维湘的儿童文艺读物的编写,沈子丞的绘画,朱谱萱、吴铁声的外语研究……"均为当时的佼佼者(陈伯吹:《我和中华书局》)。有的著名专家,如黎锦熙曾被商务和中华聘为国语教科书的审订人,史学家吕思勉曾先后参加过中华、商务的教科书编写,吴研因则身兼两家,在中华书局编写过《新式国文教科书》,又在商务参与《新学制国语教科书》的编写。同时,两家都曾在报刊上向教育界人士,尤其是中小学教师和学生等,公开征求对于教科书的编辑意见,以作为修订教科书的重要依据。商务版和中华版教科书素负盛名,能够占领民国时期教科书市场的绝对份额,可以说,拥有人才是基础、是关键,是它们在竞争中取得优势的法宝。

其次,竞争使两家出版业十分重视教科书的编撰质量。

众所周知,市场经济下的企业竞争,最根本的在于提高商品的质量,"人有我优"是赢得顾客青睐的前提。对于教科书来说,它不是一般的为人所用的商品,而是面向广大青少年,以供给知识、培养性情、提高素质的精神商品。作为竞争教科书市场的主角,商务印书馆和中华书局对于提高教科书的编撰质量有着明晰的认识。因为广告宣传、价格低廉、服务态度好等等,只是竞争的一种辅助性手段,良好的质量才是确立自身优势的关键。

然而,教科书质量的良好与否,一个重要的标准在于是否应时创新,顺应社会发展潮流。民国时期政治和文化的变迁,各种新式教育理论和思潮的输入,使学制和教育宗旨、课程标准都有所变化。于是,"一套教科书的编辑出版,往往需要二三年或更长的时间才能出齐。其间学制或有变更,课程内容或须增减,内容或须改动,因此原定计划的种数册数,亦须随之增损,或增或减,年有不同"(钱炳寰:《中华书局大事纪要》)。商务印书馆和中华书局各种名目的教科书,就是这种时代变化在教科书问题上的反映,"往往一部还未出齐,又要赶编第二部"(庄俞:《谈谈我馆编辑教科书的变迁》)。

最能反映两家教科书竞争而趋新的,是国语教科书的编撰。1919年,当民国教育部下令国民学校一、二年级采用语体文时,商务印书馆和中华书局闻风而动,在第一时间抢占国语教科书市场。"第一部小学国语教科书竟赶在这个教育部通告之前出版了,就是商务印书馆的国民学校用《新体国语教科书》八册。跟着七月间又出了一种《新法国语教科书》,于第一册前另辑'首册',是照部章'先教注音字母'的"(黎锦熙:《国语运动史纲》)。实际上,在此之前,中华书局就在开始编写教科书时,有意识地由文言文向白话文过渡。曾参与《新式国文教科书》编撰的吴研因回忆说:"《新式国文》正课是用文言编的,力求浅显,句不倒装、字不精减,以使接近白话。附课每册四课,完全是用白话文编的。白话文的附课不是我首创的,沈颐等编的春季始业《新式国文》早就有白话附课了。为什么用白话文附课呢?原来他们鉴于南北双方在提倡用白话文教儿童,为了适应需要,又怕全国不能通行,所以仍以文言为本,附上白话文应景。虽然如此,但是在语文教科书历史上,这也不能不算是可以一提的创举。"(吴研因:《旧中国的小学语文教材》)

作为后起的中华书局,面对老牌劲旅的商务印书馆,充分认识到教科书以质求胜的重要性,因而注重内容和形式的创新,是其一以贯之的原则。对此,编辑所长舒新城说:"中小学教科书之供给,为事实驱策,我们不能不努力进行;但在量上只求各科完备,而在质上则拟力求改进。我们无论何种社会,无论何种政体,有三种人生的基本要素,是国民必不可不具的,也是我国民过去所最缺少的:(一)科学的智识;(二)生产的技能;(三)勤俭的习惯。在各科书中,除按照官厅的规程外,特别注意于此三种基本要素的培养。"(舒新城:《中华书局编辑所》,《图书评论》第1卷第1期)这里,他所指的"事实",一方面是时代发展的要求,另一方面是严峻的教科书出版竞争的形势。中华书局能够在竞争激烈的教科书市场中,争得一些份额,杀出一片新天地来,与他们这种"在质上力求改进"的追求有密切的关系。

第三,竞争使两家出版业保持活力,促进了近代教育的发展。

中华书局的崛起,将竞争机制引入教科书的编辑出版,使商务印书馆几乎独步此项业务的局面有所改观。两家出版业为争得销路,确保在竞争中的优势,在编辑上力求完善,定价上力求低廉,印刷上力求精美。吴研因曾撰文提到,近代教科书编写上的变革之特点有十,即:(一)白话文崛起;(二)儿童文学抬头;(三)教育目的逐渐正确;(四)教材分量逐渐增加;(五)写作渐多艺术兴趣;(六)编制渐趋手脑并用;(七)国语读本从单字起进而为从整段的故事起;(八)国语教材的编排由无组织进而为有组织;(九)插图从单色进而为复色或彩色,数量增加,形式也生动了;(十)课文之外的粗边线、书名、页目等一切足以妨碍儿童视线或有损书的美观东西都逐渐取消了(吴研因:《清末以来我国小学教科书概观》)。他在论证这些特点时,所持论据基本上是商务版和中华版的教科书。应当说,这一系列进步的取得,从某种程度上说,是两家出版业教科书出版竞争的结果。陆费逵指出:"中华一成立,首先发行'中华教科书',我国教科书因有竞争之故,乃大进步。"中华书局"民六危机"之际,商务印书馆就是否买进陷入困境的中华书局而踌躇再三,难下决断。据《张元济年谱》载:1918年2月8日晚,李拔可、高梦旦、鲍咸昌同宴山本条太郎和商务日籍职员小平元、木本毅。山本谓中华书局"不可买","书业归我独占,招忌愈","办事人无外患必骄,骄为最大之病"(张树年主编:《张元济年谱》)。可见,在商务印书馆看来,保留中华书局这个强大的竞争对手,毕竟是一件好事,可以使办事人员感到压力,企业因之增强旺盛的活力。

竞争促使出版业充满活力,竞争使教科书从质量、价格和服务态度上得到改观,最终受益的是广大的中小学生。价廉质优的教科书,是莘莘学子求知的重要源泉,尤其是对穷乡僻壤的农村学生来说,无疑是一个好消息。就当时全国小学采用的教科书实际状况而言,"非商务出版的,即为中华出版的,而后者虽系后起,却是后起之秀"(陈伯吹:《我和中华书局》)。固然,两大出版业竞相推出国语教科书,追求利润的动机占了很大的成分。但它们的竞争,对于国语运动的推动作用实非浅显。1931年,乐炳嗣在《世界杂志增刊十年》上发表了题为《十年来的国语运动》一文,指出:"以国语运动为发财事业的书店方面的努力,其功也不可埋没。中华书局总经理陆费逵当国语运动发生之初,早知国语教育势必实现,所以参加国音推行会,创办国语专修学校,制造国音留声机片,出版大宗国语用书,赶造国语教科书,不遗余力。商务印书馆表面上稍稍落后,而追踪的结果,成绩至少不下于中华。一九二五年世界书局发行国语教科书,意外地卷起了一个推销国语用书底大波澜。当时三个书局互相竞争,只求把国语书销出去,蚀本奉送不算,有时奉送了还要倒贴。结果三家书局因此亏耗百余万元,而促进国语运动底力量,事实上比无论那项国语运动都浩大。"

以中华书局和商务印书馆为代表的民营出版业,重视和关切教科书的编著出版,"总是拿出最强的编写力量,最新的印刷技术来从事教科书事业,使教科书在书业中一直起着领先作用。教科书的发展不仅促进了其他图书的出版,同时也加快了我国教育文化事业的发展"(王余光:《近代我国新式教科书的产生和发展》)。由此,两大书业的教科书出版竞争及意义,值得我们从一个更深的层面上去深思和把握。

第三节　中华书局的工具书

工具书是用以阅读书报的读物,是根据一定的查阅需要,系统汇集有关的知识资料或文献信息,按便于检索的方法编排的图书或文献。由此观之,工具书的范围相当广泛,既有书目、索引、文摘等文献检索类,又有字典、辞典和百科全书等类;既有政书、年鉴、图表等类,又有丛书、总集、汇编、综述等。就功能来说,工具书是人们读书学习和从事学术研究的工具;以内容来看,又是一个国家在一定历史时期内科学文化成就的反映。中华书局成立后,十分重视工具书的编纂,出版了为数甚多的综合性、专业性的工具书。这些不同类型的工具书,对我国文化教育的发展,均产生了较为深远的影响。

在中华书局出版的种类繁多的工具书中,辞书型的《中华大字典》和《辞海》是不能不提到的两部,也是对我国文化教育发展产生重要影响的两部。

一、《中华大字典》

《中华大字典》的编著,与陈寅早期所编字典的草稿有关。陈寅(1882—1925),字协恭,江苏无锡人。中华书局创办人之一,为人诚实勤勉,精于印刷出版。他任职文明书局时,曾有组织人员编辑字典之举。中华书局成立后,这部尚未完成的字典作价二千元入股,实为《中华大字典》之前身。当然,这部大辞书的编成,总经理陆费逵的大力支持、筹划得方也是不可忽视的因素。因为陆费逵的启蒙教育得益于其母亲者甚多,他说:"余母幼时,就学不及三年,学力皆得诸自修;余之儿时,余父常游他方,余弟兄恒受母训。余母不敢自信,稍有疑义,即检查字典及类书,余遂习焉。"他的学识、理论和见闻,主要靠不断自学得来,而在这一过程中,"辄恃字典以阅读书报"。由此可见,字典在学习中的作用,陆费逵体会的尤为深刻。他说:"世界愈文明,字典之需要愈急。学子之求学,成人之治事,皆有一日不可离之势。"(陆费逵:《中华大字典·序》)因此,陆费逵早就立志编著一部字典,以满足人们读书求学的需要。

应当说明的是,无论是陈寅等人编著字典草稿所依据的底本,还是陆费逵自学时常用的字典,主要指的是《康熙字典》。《康熙字典》为康熙年间张玉书、陈廷敬等人在明朝《字汇》《正字通》的基础上编成,收字47035个,另有重复的古文1995个,共49030个,沿用214部编排,分为十二集,每集分上、中、下三卷。它从收字、注音、举例上来说,堪称封建社会时期一部集大成的字书。因而自其问世以来,成为人们阅读古书、查考字义的重要工具。但是,"文字是时代的产物,它的作用在记录事物,替代语言。时代是不断地演进着的,事物和语言是随时代的演进而生变化,文字也就随着事物和语言的变化,一面增加新的,一面废弃不适用的"(徐则敏:《汉字字量问题》,《中华教育界》第24卷第12期)。就是说,随着时代和社会的变迁,语言文字也要不断地演进。曾使无数学人受惠的《康熙字典》,不可避免地显示出与日益发展着的社会不相适应性。具体表现在:"解释欠详确,一也;讹误甚多,二也;世俗通用之语,多未采入,三也;体例不善,不便检查,四也。在当时固为集大成之作,然二百余年,未之修改,宜其不适应矣。"(陆费逵:《中华大字典·序》)还有人详细列举它的弊端,远不止这些,甚至"令阅者无由得其音义者",并断言"非废另纂不可"(谭魂:《书康熙字典后》,《大中华》第1卷第5期)。可见,随着社会的进步和发展,语言的变化,新字、新词的增多,曾是字书"典范"的《康熙字典》,受到了人们的质疑和批评。

有鉴于此,中华书局为适应社会所需,决定在陈寅所辑字典初稿的基础上,组织有关人员完成这部未竟之书。经过一番深思熟虑,陆费逵将修订字典的重任委托于欧阳溥存。欧阳溥存,字仲涛,江西南昌人,与陆费逵交情深厚。他对于传统国学造诣很深,并对字书与教育的关系有着独到的见解,认为"夫治化之隆,肇于教育,学术之通,本乎文字,许君慨当时小学不修,乃撰解字,以理群类,某虽非其人,顾欲自效"(仲涛:《与人求叙中华大字典启》,《大中华》第 2 卷第 2 期)。表示了要效法前人,编写好字典的愿望。

但是,编著《中华大字典》的过程,可谓一波三折。起初,陆费逵等人认为,既有《康熙字典》为蓝本,又有陈寅所编字典的草稿为基础,将此事"视之甚易",预计大约用 6 个月的时间完成,没有充分估计到这项工作的难度。他们"遂售预约,料量印刷"。但当印竣若干页观之,才感到"颇不称意"。这时,欧阳溥存因患病回江西,字典编辑部也随之迁往南昌,重新对其修订润色。约二年后,字典完稿。陆费逵和时任编辑长的范源廉,从中抽出数卷阅读,发现"仍多可商之处,于是又加修订,盖至时五易其稿"。中华书局决定将字典付印,使之尽早流行于世。但是,在实际排版过程中,也遇到前所未有的困难。首先是所需铅字数量的问题,因为当时我国通用的铅字,总计"不足七千"。中华书局拥有的字数虽然较多,"亦不过万余而已",而这部"字典所用之字,凡四万余"。只好临时雕刻,投资颇巨,费时也多。其次是校对的工作量之艰巨,超乎常人之想像。因为一本大部头的字书,"校对二十余次,尚不能必其无误",而中华书局向来抱有对读者负责的精神,不会轻易将粗糙之品供之于世。就这样,"此书凡亘六年,与其事者至三四十人"(陆费逵:《中华大字典·序》)。

到 1915 年,《中华大字典》出版。16 开精装四册,其缩印本也同时发行。这项堪称艰巨之业的出版工程,凝聚着陆费逵、欧阳溥存、范源廉、戴克敦等中华同人的心血,"全书达三千余面,四百余万字,彩色插图三千余幅,所收单字四万八千余条"(钱炳寰:《中华书局大事纪要》)。编辑印刷之费,达四、五万元,这对刚刚步入书业的中华书局来说,的确是一笔不小的投资。从中反映了中华书局为发展文字教育事业,而不畏其艰、迎难而上的精神。

《中华大字典》是民国建立后的第一部重要辞书,在收字的数量上远远超过了《康熙字典》,并纠正其错误 4000 余处。更为重要的是,它在许多方面具有创新性,特点鲜明:

其一,编排体例较为合理,充分注意到字的本义、延伸义、假借义,以及古今义的不同。"每字诸义,分条列证,不相混函,每义只证一条,间有未晰,兼及笺疏。或别引加按,然惟以证明本义为止。其一义有异说宜两存者,亦立立箸之"。这种一义一例,一义一项,分条解释的排列方式,使人阅之一目了然,极为便利。对于那些"形体虽同,而音义并异者,另为一字,复列其次。其义同音异者,止列一字,兼存诸音"。同时,对于书中所引用的例句,分别注明篇目、书名,以方便读者查考原文。

　　其二,收字范围相当广泛,堪称古今兼备。对一部好的字典来说,收字量多,不仅古人用的字要有,更要对当时流行之字进行搜罗。《中华大字典》"古今字义,搜罗详尽,近世法律、政治、经济、实业、理科、哲学、宗教、外国地名、日韩新字,无不收入。原于泰西者,并附英文"("广告",《中华妇女界》第2卷第1期)。这种收字的广泛性,还表现在对于下层民众用语的关注。此前所出版的字书,大多数只考虑到知识阶级,仅为文人学士查阅考证之用。而对于知识层次低下者,如广大的中小学校的学生,以及一般的普通民众,则要充分考虑到"所用之字典,则字数宜较少,义解宜较显,音证宜较简,方适于用"(熊希龄:《中华大字典·序四》)。《中华大字典》充分考虑到一般人的知识水平,本着"备事物之遗亡,求知识之增广"的原则,"合旧有者、新增者、输入者,下至俗字,亦匪所不括,俾稗贩之夫,亦得按部数画,向书而求"(林纾:《中华大字典·序二》)。这部字典出版后,深受普通民众的喜爱,概因于此。

　　其三,注音较为全面。《中华大字典》以宋代司马温的《集韵》《切韵》为主要依据,《集韵》上面没有的,则参考《广韵》等其他字书进行对照,由此改变了旧有的字书、韵书"分途异撰"之弊端。"今叙合诸文,本从形体,更用韵府百六十部目,题识各字之下,藉以通其沟径,利彼学人。其字为韵府所未列者,依所音字补,所音字又为府韵所无,或有切无音者,以叠韵收"。

　　其四,对专用名词的处理,也体现了中华书局同人的独具匠心。随着朝代的兴替和社会的发展,一些地区的名称、管辖范围,也总是处在变动不定中。如遇外国地名,则采用上更要慎重。《中华大字典》"凡古今中外之地名,悉详沿革,标明今地,依字采辑。其不可考者,则详所出何书。山川之名,亦仿乎此"(《中华大字典·凡例》)。表现了字典编撰者力求便利读者,以及求实求真的态度。

　　可以相信,《中华大字典》的创新性特点,以及处处从读者的利益来考虑,为应用提供方便,因而受到时人的称誉,被赞为"现在唯一之字书"。以致出版后,"一再重印,至今仍为收字最多的汉语字典"(吴铁声:《解放前中华书局琐记》)。在此基础上,以后出缩印本(精装及线装本两种),还有《中华中字典》的出版,又撷其精华,增收新字,由姚汉章等人另编《实用大字典》。

二、《辞海》

百尺竿头,更进一步。《中华大字典》的问世,受到教育界的好评。中华书局受到鼓舞,由此拉开了编辑出版大型工具书的序幕。1936 年《辞海》的出版,更反映了中华同人献身我国辞书事业的精神。

如上所述,1915 年秋,中华书局推出《中华大字典》。为之付出不少心血的徐元诰,及时提出应在此基础上"续编大辞典"。这个建议,得到编辑所长范源廉的赞同,陆费逵也大为支持。在他们看来,作为读书识字的重要工具,辞书给广大学者提供了便利。"然现代学艺之进展,人事之迁移,新陈代谢,瞬息万变;因之语言之孳乳递演,亦绝尘而驰,一日千里。苟非推陈出新,顺时以应,则辞书之用有时而穷"(《辞海编辑大纲》)。他们当即做出决定,"准备编一本以字带词,普通语词和百科条目兼而有之的大型综合性词典,当时便讨论体例,进行选词"(钱子惠:《〈辞海〉编纂的前前后后》)。此后,中华书局为编写这部收词更多、体例更加完备的字书,开始了大量的准备工作,并"定名曰《辞海》",取百川归海之意。这说明,《辞海》一开始以普通辞书定位,确立广收博取的原则。"在供给一种人人必备之工具。故所选之辞类,以能应人人之需要为主"。在组织编写的过程中,《辞海》的编辑体例不断得到修订,并逐步得到完善,最终确立的收录范围是,"旧籍中恒见之辞类;历史上重要之名物制度;流行较广之新辞;行文时习用之成语典故;社会上农工商各业之重要用语;行文时常用之古今地名;最重要之名人名著;科学文艺上习见习用之术语"(《辞海编辑大纲》)。

但是,编撰规模浩大的《辞海》,决非三载五年之功。具体实施起来,所遇到的困难实是界外人士难以体味的。期间,中华书局遭遇"民六危机",资金周转不继,几至关门倒闭。加之编辑所长范源廉出任教育部长,而主持《辞海》编纂的徐元诰随政局的变化,几进几出,屡任公职。陆费逵在《辞海编印缘起》中,客观地道出了编写过程中遇到的五项困难。正是因为克服了这些困难,才使得《辞海》具备了与其他辞书不同的特色。诚如舒新城所说的,"文中所述五项困难,均属事实,亦即本书之特点"。

具体地说来,《辞海》的特点表现在:一是选辞严格。中华书局对于搜集的新、旧辞,在取舍上颇费思量。关于旧辞,哪些属于被淘汰的,哪些属于尚在应用的,非一时所能明断。至于新辞,"不但搜集困难,而且舶来名辞,译音、译意重复冲突,决定取舍亦甚困难"。往往是有的"已选之辞,不数月而改删,已定之稿,不一年而屡易。总计撰成之稿,凡三十万余条,并修改重复计之,殆不下五十万条,今仅留十万条有奇,殆无异于披沙拣金矣"。由此可见,中华书局选择词条之严格,经过了深思熟虑,非轻率应付、急功近利者所能做到。二是解释慎重、客观。中华书局对于每一条辞目,都认真对待,"往往翻检群书至数十种",力争得出一个较为客观的解释。至于那些虽属同一辞目,"而兼含新旧各科之意义者",则责任到人,各编辑分头撰写,再"合数人之稿归纳为一,或综合解释,或分项标明,去其重复,合其异说,始获定稿焉"。就这样,《辞海》内各条目的解释,经过一番爬梳整理、比较综合的功夫,力争给读者一个较为满意、详确的答案。如"世界"一条,过去仅有"宇宙之说",而没涉及到"现在之真实世界"。中华书局认为不妥,于是加以增进。三是引注篇名,这是《辞海》的一个最为突出的特点。一般说来,过去的类书、字书,仅注明书名而不注篇名,有的竟然按索而查无可考者。有鉴于此,中华书局为免此弊,不嫌繁琐,对《辞海》的条目,"凡引用之古书,仍复查对原书,加注篇名"。这项工作,大大增加了中华书局的劳动强度。但是,正因为这样做,使得《辞海》"不致沿前人之讹,且可使学者检阅原书;我国字书、类书相沿之积弊,或可从此稍减矣"。四是使用新式标点。我国大多数古籍,按例不加标点。这样,有的语句,因难以明断而歧义横生,争论不休。中华书局在编撰《辞海》时,行文中决定应用新式标点,编辑同人之间相互讨论,多方比较,才得以最终确定。"至于人地名、书名之加线,不惟费力,且占篇幅不少,盖全书所用之书名线多至二十万左右,人地名线则为数更多也"(陆费逵:《辞海编印缘起》)。五是校印精审。《辞海》收的字、词数量多,为空前所未有。全书总词条数约 10 万以上,总字数约计 800 万,再加之标点,更难以胜数。中华书局对出版业务一丝不苟,"对工作高度负责,对一字一词以及定义、引证,连标点符号等决不轻易放过。所以所有条目必附夹原书,便于核对。往往二百字左右的条稿而义项较多的则附夹原书达十多种,必一一核实而后安"(邹梦麟:《心潮逐浪忆年华》)。"此书每人每日不过校七八面,印刷所须校五次,编辑所须校十次;名词术语尚有夹用他国文字者,校对更须专家"。此外,所需汉字铜模另外制作达"八千余个,共计已有一万六千个,尚嫌不足;其僻字、新字仍须临时雕刻。此种字体,平时不习见,但丝毫不能讹误"。

中华书局为编辑出版《辞海》,所费的资金和调用的人力,亦是前所未有。只主编一职,就有徐元诰、舒新城、张相、沈颐等人先后担任,参与编写人员凡百余人。但中华书局在编写过程中,不断探索,积累经验,力争使《辞海》的编纂纳入科学化、合理化的轨道。如按词目的性质分类包干，即根据某一个编辑的专长来分配各专业的稿子。这种分类包干的做法，大大提高了工作效率。就条目的种类来说，大致分为语言、文字、政治、经济、文学、历史、生物、数学、物理、化学、卫生、体育、医学、图书、地名、人名、地理、美术、佛学、哲学、工农业、军事、电信、交通、考古、音乐、地质等若干门。有的学科，如音乐、生物等条目，则由辞典部以外的编辑人员修订或审阅。也有极少数的条目，送请局外特约的专家审阅，如语文方面就有100多条目，由黎锦熙审阅定稿的。在成稿前的四年间，辞典部主任沈颐统筹兼顾，调集编辑，使这项工作忙而有序，进展顺利。

著名学者郑振铎说："任何辞书，特别是大型辞书，在编纂的时候不进行资料建设是难以想象的。"（郑振铎：《字典资料工作的反思》）如上所述，中华书局对新、旧辞的搜集广泛而严格。更为重要的是，还十分看重过去被认为难登大雅之堂的、被文人学士视为粗野俚语的俗词、俗语。为此，辞典部的编辑花费大量时间，去阅读宋、元、明、清以来的小说、笔记、评话和戏曲之类的作品，如《大宋宣和遗事》、《水浒》、《红楼梦》《儿女英雄传》、《西厢记》、《元曲选》等，做成为数众多的资料卡片。又安排专人负责从各种报刊、杂志、图书上搜集新词语及外来词语。《辞海》在资料搜集方面，确是尽其所能及的。曾经亲历其境的金寒英，描述当时的情景，说："回忆我那十年之内无日不沉浸在书海之中，每天左手执书，右手握管，甚至寝于斯，食于斯，我那壮年时代的大部分精力，就消耗于此。"（金寒英：《〈辞海〉创刊的经过》）

还应指出的是，对于"一·二八事变"、"上海事变"、"塘沽协定"等，属于当时较为敏感的问题。曾任主编的舒新城坚持收录，他在日记中回忆说："我国积弱，不能与强邻抗衡，彼诬我者我不与辨，已属屈辱，而彼加于我之事实亦默不提，未免不近人情。《辞海》出版今日，应是今日的东西，绝不能单提往事而不及今日之事，尤不有不提今日人人伤心之事。如恐外交上有问题，则以政府公布之事实为准绳，不加臆测之辞可也。故我主张将此类词目如实叙述录之。再将日本近出词典检阅，既有上海事件之辞目，且叙述甚详，颠倒是非之处尤多。我以立场不同，绝不能将日诬我之词一一抄入，替政府增罪名，替强邻造反证。但中华民国国民之观点万不可移动。"（钱炳寰：《中华书局大事纪要》）这种尊重历史，实事求是的治学精神，值得后人钦佩。

《辞海》历经20年，于1936年和1937年分上、下册出版，如此艰巨的文化出版工程，在近现代民营出版业中实属难得。它一出版，就受到文化知识界的赞誉。许多著名学者为之题词,唐文治称之为"烛墨海以智灯,纳新旧于一冶;征引详博,抉择精严,可谓集辞书之大成,示学子以津梁"。邵裴子则评价说:"其所收新旧辞均以应用为主,勿滥勿漏,足为普通辞书之准绳。且引书悉著篇名,打破自来援据含混之病,尤便于学者。观其样张所载,辞目既富,而注释则采事博、征文富、说明详。一脔之肉,已可知味。且收释单字甚备,实以辞典而兼字典。学人行箧,携此已足。吾国已有之辞书,固不独以此书为晚出,且亦此为兼美矣。"黎锦熙则从语言学专业的角度,在《序言》中指出:"整理国故,吸收新知,最系统的工作,就在编一部大类书;正名辨物,赏奇析疑,最具体化的工作,就在编一部大辞典。""没有一种博大精深具有系统的研究调查工作来做编纂辞典的准备,无论什么辞典,都是不能担负'正名辨物'和'赏奇析疑'这两种重大的任务的,而尤其是'赏奇'。"对于"赏奇析疑",《辞海》"总算能担负起一部分的任务了";而对于"正名辨物"的工作,"总算有相当的贡献了"。

　　《辞海》问世以来,无数学子深受其益,对于传播科学文化知识起了重要的作用。著名作家谢冰莹有言:"五六十年来,我从工具书中获益最大的是《辞海》。这位老师,无所不知,而且随你如何麻烦他,从不生气,因此成了我的最佳伴侣。"人民领袖毛泽东很重视从工具书中获取知识,《辞海》是他使用最多的工具书之一。1957年,他深情地说:"《辞海》我从二十年前使用到现在。在陕北打仗的时候也带着,后来在延川敌情紧急的情况下,不得不丢下埋藏起来,后来就找不到了。"(龚育之等:《毛泽东的读书生活》)曹道衡曾亲切地回忆说:"到我年龄稍大,懂得自己去阅一些书籍时,遇到疑难问题,总不免去查工具书。这时我渐渐地感觉到中华书局出版的《辞海》比当时一些同类的工具书为优越。因为它比较详备而且对辞语、典故的解释都注明出处,对读者有很大的帮助。"直到解放以后,《辞海》仍然成为许多读书人的案头必备书。1999年,新《辞海》在旧版《辞海》的基础上得以修订印行。新《辞海》配图16000幅,1980万字,图文并茂。对此,有学者感叹"一代一代的辞海人献了青春献终身,一批一批的专家前赴后继,终于为12亿中国人奉上了这部煌煌大典"(至诚:《百年辞海》)。念及于此,,我们不能不对中华人编撰《辞海》的那份执着的信念,那种不畏艰难的精神,以及为我国辞书事业的前驱先路之功,充满着深深的敬意。

三、中华书局工具书出版概观

中华书局历来重视工具书的编撰,除著名的《中华大字典》和《辞海》而外,还出版了一大批其他专业性或综合性的工具书。教育类的有:《新式学生字典》(吴研衡,1917 年)、《中华教育辞典》(余家菊,1928 年)等。外语类的有:《韦氏英文大字典》(1916 年)、《新式英华双解词典》(张谔、沈彬,1918 年)、《(袖珍新式)英华学生字典》(沈彬,1919 年)、《新式德华辞典》(马君武,1920 年)、《英华正音字典》(陆费执,1921 年)、《实用英汉汉英词典》(李儒勉,1929 年)等。理科类的有:《新式理化辞典》(王烈,1920 年)、《博物辞典》(王烈,1921 年)、《数学辞典》(倪德基,1925 年)。其他类型的,还有符定一编写的《联绵字典》、葛绥成编写的《最新中外地名辞典》等。

随着国语运动的兴起和高涨,中华书局将编辑有关国语、国音的辞书,作为一项重点工程,出版的这方面字典、辞典约计 10 多种之多。主要有黎锦熙的《国语新字典》和《注音小辞林》、孙樾的《注音国语字典》、陆衣言的《国音小字典》、《国语学生字典》等。与其他国语图书一样,它们有力地推动了国语运动的深入开展。

中华书局的《中华百科辞典》,为我国辞书出版史上的久负盛名之作。《中华百科辞典》由舒新城主编,1930 年 2 月出版。期间历尽艰辛,用时 10 年。它"以最经济之方法,将青年及一般社会应具之知识,分门别类,用浅显文言为客观之说明。具通用名词万余条,一以中等学校之各种科目为标准,一以一般社会所需要之基本知识为根据,而尤注意于教科书或专业训练中所不易见之常识事项,以冀其对于在校者之修学、服务者之治事均有相当助益"(舒新城主编:《中华百科辞典·凡例》)。全书约百万言,"收百科方面 35 个学科的名词术语达 12,000 条,续编增订 2,000 余条,学科增至 43 个"(钱子惠:《〈辞海〉编纂的前前后后》)。凡关于政治、社会、教育、经济、文学、艺术、数学、哲学、理化博物等科学术语,以及社会流行名词极尽搜集之能事,涵盖的内容广泛、解释全面。附录有中国历史纪元表、世界大事年表等 15 种,普通名词和西方人名的中西名词对照表 2 种。各门类均请各科的有关专家,分别撰写,"其不属于学校科目与专门业务范围以内者,则从历年所阅关于各方面中西报纸杂志中搜集其最流行之名词,依其性质,参考各种书籍分别选辑"。就整部辞书的结构而言,虽然科目繁多,但分门别类,排列有序,阅之并无杂乱之感。同

时,各科分量的多少,依社会的需要而定,由此也可看出时人对各科知识需求的程度。(见下表)

《中华百科辞典》各科分量比例表

科　目	子　目	以条目计（百分比）	以内容计（百分比）
社会科学	历史、地理、政治、社会学、社会主义、社会问题、财政、法律、科学通论、经济、论理学等。	34.00	37.00
自然科学	物理、化学、植物、动物、矿物学、生物学、心理学、天文算学等。	26.00	24.00
文艺	文学、语言、音乐、绘画、雕刻、建筑等。	18.00	18.00
数学	算术、代数、几何、三角、数学通论等。	8.50	7.50
应用科学	工业、商业、医学、图书馆学、军事、农业、家事、统计学、卫生等。	7.00	7.00
哲学	哲学、宗教、伦理、美学等	6.50	6.50

《中华百科辞典》分科编辑,侧重实用,各科自成系统的特点,便于读者按照需要及兴趣分门阅览。可以说,它虽为辞典之形式,实具百科之性质,承担着辞典而外的常识教科书之功能。它的排列方式,"以笔画为纲,部首为目,藉醒眉目;并于篇首排列检字表,以便检查"。对于"所有外国名词之音译,采用标准汉译中外人名地名表之音标。其有已流行之名词,而译音与音标异者,则另条标明即某条,其主文仍列于校正之音之下;藉以逐渐统一译音"(舒新城:《中华百科辞典·凡例》)。

我国的地名辞典,直到20世纪30年代,尚无专书。这就使研究地理者,难以有合适的参考资料。1933年,中华书局出版丁督盦编著的《中外地名辞典》。此书广征博引,根据中西各国的地理志,参考地图;兼及志乘、游记,搜集中外图籍数十种。内有中西地名8000余条,共50余万字。其特点有八:(1)关于中外地名,上自国名、都会,下至商埠、城镇,以及名山、大川、矿区、铁路,无不收录。(2)为了研究现今地名,凡涉及历史上之古国名、古郡县名,一概不录,以免混淆。(3)外国地名,译音至为纷杂,本书以习惯之译音为标准,并附列英文原名,可供参照。(4)书后附有中英文对照表,一览无余,读英文书者,也可借资研究。(5)中国地名,民国以来,道县等区,颇多增设。外国地名,欧战以后,变迁也较大。该书资新趋新,内容丰富。(6)各条虽以新地名为准则,其旧时之沿革,也作出说明,使读者易了解。(7)中外地名,非常复杂,有些异地同名、或同名异地者,也一一标出,条分缕析,非常清楚。(8)检查各字,均以中文笔画为次序;篇末中英文检字表,以英文字母为次序,翻阅极为便利。由此可见,该书为当时研究地理最为详尽的辞书,受到政治家、教育家、实业家、旅行家等各界人士的欢迎,至 1933 年即印达 5 版。

1937 年,中华书局出版的《经济学辞典》也是一部煌煌巨典。该辞典由著名经济学家、国立暨南大学工商管理系主任周宪文主编,汇集经济学专业领域内的诸多专家,如千家驹、王渔邨、武育干、徐钧溪、钱亦石、孙怀仁等,分条撰述。经过三年时间的编辑,一年多的排校,收集词目 6000 余条,总计 200 余万言。各条的字数,视词义之繁简及其重要程度而定,大体对于与经济学上固有之名词,说明较详;对于与经济有关之名词,说明较略。其范围包括经济科学所涉及之领域,分为经济、财政、货币、金融、工业、农业、商业、交通、社会政策等部门;与经济科学有密切关系之政治学、法律学、社会学、及哲学等各科通行之名词,亦择要收入,而尤着重中国固有之经济名词。在编写方面,用浅显之文言,作简明之叙述,每条之词义显然者,则先定义而后说明。如遇词义分歧者,则亦本客观之态度,作公正之介绍。可以说,这是中华书局奉献于世的"经济学界之空前巨著"。

此外,金兆梓所著《实用国文修辞学》,1932 年由中华书局出版。本书内容分为题目、材料、谋篇、裁章、炼句、遣词、藻饰等七章,其先后的顺序,是按照作文时构思的程序排列。所论修辞之法,不以铺张措词抒藻之修辞格,惟以切实讲述实际上整理言辞之具体方法为主。所论修辞之原理,别有其一贯之说法,大体根据人类之心理,具体地说明如何可使所作的文章,能令读者用极小的注意力,而得到极深刻的印象。换言之,是一部测验方法的修辞学。就修辞学来说,堪称我国第一部系统的修辞学专著,在修辞学研究上具有开创性。作者融合中西语言的修辞知识,阐明我国固有的修辞学原理。时人评介说:"一言以蔽之:我认为此书对于青年,总是有益无害。凡是主中毕业的学生,应该都能看得懂它。万一有人看不懂它,我希望不要责备金先生的头脑冬烘,而当自愧他的国文程度尚不配进大学"(英士:《图书评论》第 1 卷第 2 期)。

众所周知,辞书向来不易编著,凡材料之收集、甄别、剪裁、考证,事体大而繁。而一辞一句之不慎,将贻误读书人。但辞书的功用,与社会进步与文化发展的密切关系,又不能不引起重视。蔡元培曾经指出:"一社会学术之消长,观其各种辞典之有无、多寡而知之。各国专门学术,无不各有其辞典,或繁或简,不一而足。盖当学术发展之期,专门学术之名词与术语,孳乳浸多,学者不胜其记忆,势不得不有资于检阅之书;既得检阅之书,则得以所节之心力与时间,增进其研究,而学术益以进步;学术益进步,而前此所检阅者,又病其简浅而不适于用,则检阅之书,又不得不改编。互为因果,流转不已,此学术进步之社会,所以有种种专门之辞典也。"(蔡元培:《〈植物学大辞典〉序》)这里,他把辞书的种类和多少,视为衡量一个社会学术进步的重要尺度。的确,知识是人类文明和智慧的结晶,知识就是力量,作为各种知识汇总聚合的工具书,在传播文化、交流思想和促进学术发展中,显然起着十分重要的作用。正因为此,编纂出版工具书、尤其是涵盖各科知识的综合性的工具书,于搜集资料、设计体例、解释字词等环节上,非编撰一般书籍所能同日而语。作为一家民营出版业,中华书局不畏其难,不惧其艰,从事多种门类工具书的编辑出版,服务学界,有裨教育,对近代文化的发展,均产生了积极的影响。

四、中华与商务的工具书竞争

"工欲善其事,必先利其器"。工具书作为人们获取知识、解决疑难问题的利器,历来为出版企业所看重。民国时期的书业市场,与欧美国家相比,显得还不是那么成熟,"欧美的一般图书,印数都以万计,多的可以到几十万以上,中国除教科书和通用的工具书以外,一般都只有几千,销数差的只有几百"(章锡琛:《漫谈商务印书馆》)。面对这样的图书市场,对民营出版业来说,工具书是除教科书之外的另一大利源所在,这就不可避免地成为它们竞相角逐的另一主战场。

中华书局和商务印书馆竞出图书刊物,都将工具书的编印作为重要的出版业务。两家出版业在竞争求胜的精神激励下,不断推出适应时代、便利学者的各种工具书。商务版和中华版工具书,在奠定我国工具书编撰的基本体例和写作规范上,做出了主要的贡献。直到今天,对我国辞书事业的进步和发展,都产生着相当程度的影响。

新式字典的编撰是从商务印书馆开始的。1912年,商务印书馆出版《新字典》,这是"《康熙字典》问世250年后最早的、第一本革命字典"。与旧有字书相比,这部新字典多有创新性,受到读者的欢迎,以至"利市三倍"(汪家熔:《近代出版三巨头:选题想得早还要做得好》),为商务带来了可观的经济效益。自此,商务决策者瞄准这一较为看好的市场,将出版辞书作为书业经营的又一亮点,相继推出《辞源》、《学生字典》、《国音字典》、《平民字典》、《现代汉英词典》等一批综合性和专业性的工具书。

中华书局创立后,亦将工具书出版作为开拓业务的重要领域。1915年的《中华大字典》,是步商务印书馆《新字典》之后的又一部创新性的字书。与《新字典》相比,《中华大字典》于收集字数方面,注意突出了"大"的特色。需要指出的是,虽然从时间上来说是后出,往往由此被人视为仿效之举,"但从内容上讲,不是模仿而是竞争。竞争与仿效的差别在于前者是'争胜',后者是'争利';虽然商业争胜的目的也是为利。中华与商务之间是争胜。争胜就能给读者带来好处,从而再获得自己的经济利益"(汪家熔:《〈辞源〉〈辞海〉的开创性》)。可以断言,《中华大字典》决非一味的模仿之作,而有着别具一格的特色。不仅在当时被誉为"唯一之字书",而且至今"仍为收字最多的汉语字典"。此后,中华书局陆续推出《辞海》、《中华百科辞典》、《新式学生字典》、《中华万字字典》、《新国语学生字典》、《标准国音字典》、《中华汉英大词典》等。

值得注意的是,1949 年以前,由中国学者编写的汉英词典,据统计仅有 7 种,包括商务印书馆的《现代汉英词典》(王学哲编、王云武校订,1946 年出版)和中华书局的《中华汉英大词典》(陆费执、严独鹤主编,王金吾等九人参编,1936 年出版)。前者篇幅不算太大,但较为方便实用。后者"全书收汉字约五千,每字之旁用注音符号及罗马字注音。每字之下罗列普通词类及专门名词——天文、地理、动、植、矿、生理、声、光、电、化、数、医、农、工、商、军、政、法、哲学、教育等——少则数条,多则百余条。凡通用成语,各科名词均应有尽有。每条之下均注明词性,便于运用,篇首附有索引检查,尤为便利"(《中华汉英大词典广告》,《中华教育界》第 18卷第 5 期)。

商务版和中华版工具书,占有当时该项市场的相当份额,应当说是它们相互竞争、不断创新的结果。两家出版业的工具书,就数量上讲不分上下,就质量而言各有千秋。固然,大多数中华版辞书在商务版辞书之后问世,但由于在体例和内容上的创新性特点,也深受广大读者的喜爱,在相互的竞争中并非完全处于下风。如中华版《辞海》,就是步商务版《辞源》之后,因竞争而推陈出新的典范之作。

1915 年,商务印书馆出版《辞源》。这部高质量的辞书,前后参与编写的近 50 余人,搜集查考资料达 10 多万卷,历时 8 年,用资 13 万元。内容涵盖古今中外的自然、社会、历史、地理、技术、人物等,"为我国现代第一部较大规模的综合性辞典"。在释义上,《辞源》以词带字,大量吸收近代以来人类文明发展的成果,趋向科学化和切合生活,反映时代变革的特征。并"结合书证,重在溯源",注意词语的发展和演变(詹德优:《中文工具书导论》)。

《辞源》推向市场后获得了成功,引起了中华书局的密切关注。于是产生了编撰《辞海》,以实现竞争工具书市场的初衷。对此,金寒英在《〈辞海〉创刊的经过》一文中说:"商务紧接着《新字典》之后,又出版了《辞源》。这部辞书,恰恰适合了那时文化自学者的需要。当时全国风行,销路之广与获利之厚,为其它同类书所不及。不过任何产品的来源,多瞒不过内行人的眼睛。中华总经理陆费逵(伯鸿)、编辑所长范源廉(静生)、大字典主编徐元诰(鹤仙)等,都是老于此道的人。他们一看《辞源》的体制,就知道其中的原料,一大部分脱胎自《新字典》。于是如法炮制,要在本局《中华大字典》的基础上,另编一种大辞书,定名为《辞海》。"但是,商务版《辞源》,从选材、内容到编排上,许多方面具有创新性,并先行一步而占据着销售市场。对中华书局来说,"已有商务的《辞源》在前,《辞海》如果没有一些优点,那是不容易吸引读者的"。因此,中华书局的决策者,在确定编写《辞海》时,不仅需要很大的勇气,而且面临着如何超越《辞源》的问题。

明知山有虎,偏向虎山行。中华书局深知工具书是重要的出版领域,也是国家文化建设必不可少的组成部分。同时,为巩固自身在近代书业的强者地位,编辑出版《辞海》也是势在必行。

与《辞源》相比,从出版时间上看,《辞海》晚出 21 年,但也因此增加了许多随时代变化而产生的新语新词。从性质上讲,两书都是综合性的百科词典,但《辞海》绝非模仿《辞源》的重复之作,而是具有自身特色的创新之作。早在《辞海》出版不久,就有学者评述说:"在初见广告宣传说,我还是抱着将信将疑的态度,后来从图书馆里翻阅到几番以后,才觉得这一部书的确不错,够得上新旧兼赅、雅俗共赏八个字。在现时所有各字典辞书中,可说是后来居上了。"关于它的好处,有"很多很多","而最可称许的,我亦以为尤其是不没来源一点,因为现行一般类书往往不记引用出处……现在《辞海》居然不惮烦琐,一一标明来源,这不是最可称许的么?""所以总结一句话,这部书是值得郑重推荐给读者的"(查夫:《〈辞海〉评介》,《图书展望》第二卷第五期,1937 年 3 月)。人们总是将《辞源》和《辞海》放在一起进行比较,《辞源》"开创了我国现代词典时期",而《辞海》"后出转精,无论在体例、条目的收例、释义等方面都取得了新的成就","是我国又一部开创性现代词典"(李开:《现代词典学教程》)。
(见下表)

《辞源》与《辞海》不同特点举要

比较项目	辞　源	辞　海
编写的侧重点	追本求其"源",尽可能查清每个词最早使用的年代。	百川归于"海",对于不同的原书原文,以后出的为准。
引用书籍	注明所引用的书名。	不仅注明所引用的书名,还注明篇名、作者,古典戏曲、小说则注明折数、回数。
使用标点符号	用句读断句。	采用新式标点符号,无论注文引文,概加确定之句读。
文学辞条范围	对民间流传的俗词、俚语基本上没有涉及。	广泛搜集民间流传的小说、戏曲中的俗词、俗语和称谓等。
解释方法	以词为释义对象,以词带字。	每一词条之下,先做解释,后列引证,丰富了词语的内容,体例较为一致。

　　中华版《辞海》和商务版《辞源》,均为我国辞书史上占有重要地位的词典,它们"完成了现代辞书的体例和做法"。不否认《辞海》在编辑上对《辞源》的借鉴,但更多的是创新,并"纠正了《辞源》的一些缺点、错误,内容和体例,都比较好"(刘叶秋:《中国字典史略》)。具体地说来,《辞海》"一方面继承中国古代辞书的优良传统,另方面又吸收了国外辞书编纂的先进经验","所收的词条学科性、知识性都较广泛,是一部具有较高成就的百科辞典"(林玉山:《中国辞书编纂的历史分期、概况和特点》)。正因为如此,后出的《辞海》问世后,"为读者所欢迎",前后印行多种不同的版本,"各种版本行销在 100 万部之上"。1947 年 3 月,"又有缩印合订本(分道林纸和次道林纸两种)的出版,解放后,还继续重印"(吴铁声:《解放前中华书局琐记》)。直到 1957 年 9 月,毛泽东主席还深有感触地说:"到现在我还只能用老的《辞海》、《辞源》,没有新的辞典。"(钱子惠:《〈辞海〉编纂的前前后后》)借鉴而不模仿,竞争而求创新,《辞海》与《辞源》的成功,实为两大出版业竞争求胜之作。

第四章　中华书局与中西文化的继承和传播

　　鸦片战争以降,伴随着资本主义列强的入侵,西学东渐不可避免。由此,中西文化在一种更加广阔、更加复杂的背景下展开了剧烈冲突。在这过程中,出于救亡图存的需要,中国社会各阶层对两种文化表现了不同的态度和评判,构成了多元文化观念。作为一家有影响的民营出版业,中华书局参与近代文化的冲突和融合,以其特有的方式——出版物,显示了在文化创造中的作用。

　　中华书局对传统文化的态度及对西方文化的认识,表明其"融和国粹欧化"的文化观,在一定程度上影响着它的出版理念。同时,沐浴着五四后波澜壮阔的文化思潮洗礼,中华书局出版了大量的中西学著作,积极实践着播撒西学、传承文明的文化自觉。

第一节　中华书局的中西文化观

　　中国近代文化的焦点,实质上就是如何对待中西文化关系的问题,而一定的文化是一定社会的政治和经济在观念形态上的反映。与民国同时诞生的中华书局,与民国时期政治、经济的变迁结下了不解之缘。因此,无论是它对西学的认识,还是对传统文化的评判,与当时的社会环境有着密切的关系。

一、中华书局对传统文化之态度

　　民国建立,帝制革除,一系列体现资产阶级原则和利益的法令颁布,在政治上确立了共和民主制度。经济上也充分认识到"实业为民国将来生存命运",必须切实加以经营,表示"已成者当竭力保存,未成者宜先事筹划"(《南京临时政府公报》第 8 号)。"吾国今日救贫,即所以救亡,工商实业,采保护政策,即所以救贫"(刘揆一:《工商政策》)。由此,民营资本企业的发展,似乎进入了一个"黄金时代"。

然而,洪宪帝制的闹剧,北洋军阀的混战,蒋介石的独裁,民主与专制的政治较量一天也没有停止过。农村破产、经济凋敝的现实,始终困扰着多灾多难的中国。同时,第一次世界大战的爆发,所谓文明世界各国的相互厮杀,在很大程度上引起了人们对东西方文化孰优孰劣问题的重新思考,等等。这一切使得自步入近代以来,延续已久的中西文化争论的问题再起波澜。不过,人们的视线已不再是停留在器物、制度之论,而是从一个更深的思想层次来探究文化与政治现代化的关系,最终发出"伦理的觉悟,为吾人最后觉悟之最后觉悟"的呐喊(陈独秀:《吾人最后之觉悟》)。因此,是否维护民主共和,反对尊孔复古,直接影响到人们对传统文化的审视。

中华书局对传统文化有着很深的民族情感,它较早就亮出了"提倡国粹,以启发国民之爱国心"的旗帜(陈寅:《中华书局一年之回顾》),表明了它要担负起传承文明,弘扬国学的愿望。因此,从1914年印行《史记》、《汉书》、《老子》、《列子》、《古文辞类纂》等古书精华开始,中华书局始终将传统文献典籍的出版作为保存传统文化的重要使命。《四部备要》、《古今图书集成》等一批经典名著,集中体现了对传统国学的文化自觉(参见本章第三节)。

但是,对传统文化的重视和推崇,并不能说明中华书局思想意识的倒退和保守。事实上,对于企图利用儒家伦理来达到个人政治目的的专制统治者,中华书局表现了鲜明的立场。一方面,尽量采取不合作或回避的态度;另一方面,通过在社会上拥有广泛读者的刊物,对传统文化主体的儒学进行了剖析,与新文化运动相呼应。

中华书局伴随着民国而诞生,拥护共和民主,反对复辟帝制,是其一以贯之的原则。1914年3月,商务印书馆代表蒋维乔来中华书局,就编写教科书之事进行协商。陆费逵对他说:"闻及教育部有不正式通知,令各书局将教科书改易加入颂扬总统(指袁世凯)语。中华、商务两家应协商抵拒办法,拟各派人入京与商[部]磋商,其条件可遵者遵,不可遵者勿遵,二家一致进行。"(蒋维乔:《退庵日记》,张树年主编:《张元济年谱》)可见,中华书局对于不符合共和自由精神的行为,采取不合作的方针。袁世凯倒行逆施,大搞帝制活动,定1916年为洪宪元年。中华书局在社会上颇具影响的《大中华》等杂志,没有像某些刊物那样屈服于专制淫威,将民国纪年改行洪宪纪年,而是只表"某月某日"出版,以此来表示对专制统治者的抗议。

　　《大中华》是中华书局初期所办综合性杂志,陆费逵指出了《大中华》的目的有三:"一曰养成国民世界知识;二是增进国民人格;三是研究事理真相以为朝野上下之南针。欲达第一项目的,故多论述各国大势,绍介最新之学说;欲达第二项目的,故多叙述个人修养之方法及关于道德之学说;欲达第三项目的,故多研究国家政策与社会事业之方针,不拘乎成见,不限于一家之言,一以研究为宗,即有抵触冲突之言论亦并存之。"并且,鉴于梁启超的学术文章在人们心目中的深远影响,早年就深受益于其所办的《时务报》,称:"我国中上流人稍有常识,固先生之功居多;而青年学子作应用文字,其得力于先生尤重。"因此,他聘请梁启超担任《大中华》的主任撰述,并签约三年。而这时期梁启超的思想倾向共和,反对帝制,《大中华》也就成为反对尊孔复古逆流,反对复辟帝制的著名理论阵地。

　　袁世凯集团在建立专制独裁统治的过程中,将辛亥革命以来的思想解放潮流视为洪水猛兽,力尽破坏之能事,胡说:"纲常沦丧,人欲横流,几成土匪禽兽之国"(《政府公报》1914 年 9 月 16 日)。1912 年袁世凯下令尊崇伦常,要"全国人民恪守礼法"。1913 年到 1915 年,袁政府公开违背民国宗旨,多次通令全国学校恢复尊孔读经活动。期间,袁氏还亲率文武百官到孔庙祭孔,又下令恢复前清的祭天制度,亲自到天坛祭天。于是,全国各地掀起了一股尊孔复古的逆流。随后,各种名目的尊孔组织,如孔教会、孔道会、孔社、宗圣会、尊崇孔道会、尊孔文社、经学会、读经会等纷纷成立。这些组织与袁世凯政府一唱一和,攻击民主共和,鼓吹尊孔教、复礼仪,为逆流的兴起推波助澜。应当指出的是,袁氏集团的行为,其出发点不在于"保存国粹",而是在动听的言辞掩盖下,企图重新拾起在人们心目中发生动摇了的旧伦理纲常。他们的尊孔复古,与历代专制统治者的企图如出一辙,是在利用这些旧道德观念来为专制政治服务。由此,在思想文化领域内引起了一阵混乱。

　　但是,以陈独秀、李大钊、胡适、鲁迅、钱玄同、刘半农等人为代表的知识分子,针对尊孔复古的思潮,奋起还击,吹响了新文化运动的号角。他们公开指出:"如今要巩固共和,非先将国民脑子里所有反对共和的旧思想,一一洗刷干净不可。""因为民主共和的国家组织社会制度化理观念,和君主制的国家组织社会制度伦理观念全然相反。一是重在平等精神,一个是重在尊卑阶级,万万不可调和的。若是要一面要行共和政治,一面又要保存君主时代的旧思想,那是万万不成。"一句话,"若一方面既然承认共和国体,一方面又要保存孔教,理论上实在是不可能,事实上实在是做不到"(陈独秀:《旧思想与国体问题》)。毫无疑问,在他们看来,儒家思想中所倡导的纲常伦理,与自由、平等、独立等民主观念格格不入。他们批判的炮火,集中在封建伦理核心的"三纲"制度,认为"三纲之义,乃起于礼别尊卑,始于夫妇,终于君臣,共贯同条,不可偏废者也"。"尊卑贵贱之所由分,即三纲之说所由起也。此等别尊卑贵贱之阶级制度,乃宗法社会封建社会所固然"(陈独秀:《宪法与孔教》)。"三纲之根本义,阶级制度是也。所谓名教,所谓礼教,皆以拥护此别尊卑贵贱制度也"(陈独秀:《吾人最后之觉悟》)。他们一语道破了袁氏集团操纵尊孔复古、崇尚孔教之实质,断言:"孔教与帝制,有不可离散之因缘"(陈独秀:《驳康有为致总统总理书》)。"孔教与共和乃绝对两不相容之物,存其一必废其一"。"主张尊孔,势必立君;主张立君,势必复辟"(陈独秀:《复辟与尊孔》)。所以,立孔子为偶像,不过是历代帝王行专制统治的护身符而已。反对尊孔读经,谴责圣贤礼教,表现了新文化派的鲜明态度。

　　1915 年 1 月,《大中华》刊载蓝公武的文章,名为《辟近日复古之谬》。他首先对于政府倡导于上、社会应之于下的复古尊孔之现象表现了强烈不满,指出忠孝节义等伦理观念并非中国所独有,泰西各国封建时代也提倡,日本明治维新以前也效仿。然而,现今世界诸强没有再提出要弘扬这些传统的仁义道德,根本原因在于时代不同,国家制度变迁,道德文化也应随之变革。他从五个方面分析了复古潮流与时代发展的背道而驰:"古之所谓礼教与近世国家之有机组织不相容也;与近世之经济组织不相容也;与近世之法治制度不相容也;与近世之教育制度不相容也;与今世之人格观念不相容也。"该文从民国政体、经济、法律的现实出发,说明现时的中国与晚清及其以前的各朝代不同,既然已步入近代化国家体制的行列,再来提倡封建社会所行之不衰的旧礼教,无疑会造成更大的思想混乱。"所谓忠孝节义者,无一不与近世国家之文化相背反,设中国自安于固陋之习,不欲进于近世国家之文化则已,苟尚不甘长处于危亡之境地,而欲力图其文化之发展,则凡足以为今日进步之阻者,不可不廓清而更新之"。"尧舜禹汤文武周公孔子之道,亦仅属于过去之文化,而非今日所可奉以为教化之法则"。在这里,他从文化发展的视角谴责了复兴儒家旧礼教的诸种弊端。最后,针对倡导者们散布以旧礼教来挽救所谓风纪败坏、世道人心的论调,文章申明:"改革之道者不在复古,而在革新,不在礼教,而在科学,不欲张孔孟之言行为表率,而欲奉世界之伟人为导师。……国人当谋所以革新国运,发展文化之道,幸勿背道而驰以自速其亡焉。"

　　作为主任撰述人,梁启超在《大中华》上连续发表了数篇畅快明朗的文章,对于孔教和如何对待孔子之学说阐述了自己的观点。其中,在第 1

卷第 2 期上发表《孔子教义实际裨益于今日国民者何在欲昌明之其道何由》一文，指出将孔教定为国教实为荒谬之论，认为此举不但会徒劳无功，而且沸沸扬扬的孔教团体俨然使中国成了"孔子市"，有害于民族发展和社会进步。他断言："此种尊孔之法，无益而有害也。""吾以为诚欲昌明孔子教旨，其第一义当忠实于孔子，直绎其言无所加减，万不可横己见杂他说以乱其真，然后择其言之切实而适于今世之用者，理其系统而发挥光大之，斯则吾侪诵法孔子之天职焉矣。"对于那些利用复古尊孔之术以图实现个人政治目的之阴谋家来说，此论犹如一记当头棒喝。显然，他认为，就民国所处的时代而言，最根本的因素在于世界潮流不可抗拒，"凡一切复古顽迷之思想，根本上不容存在于今日，强欲逆流而溯，决无成绩，徒种恶因"（梁启超：《五年来之教训》，《大中华》第 2 卷第 10 期）。梁启超是近代中国言论界之"骄子"，其思想的"善变"已为尽人所知。但他对民主制度的追求之心未曾稍减，对民初的尊孔与帝制之关系，进行的分析是理性的、耐人寻味的。对于当时社会上以孔教为国教的叫嚣，《大中华》第 2 卷第 10 期发表灌萧的《论中国今日不宜以孔学为国教》的文章，指出："今若以孔教为国教，则自孔氏一家言外，无论何种学派，皆当视为异端，而在法律所屏黜之列。微独于信教自由通例为极端之令伶驰，而吾国古有之文明历二千余年，而幸获已存者，自此遂荡寒烟冷灰，岂惟其书不复传，即语其名而亦无人能知之者矣。"此外，《大中华》连续刊登撰述人之一吴贯因的《家族制度论》，指出革除家族意识，树立民主思想的重要性。从多个方面深入分析了家族制度的危害，认为："中国现在之家族制度，非改弦更张之，则举国之人，其精神材力，将为其销耗以尽，更安能有所贡献于国家？而以今日竞尚军国民主义时代，独欲以宗法主义立国，其国未有不亡者。"将家族制度的改良，提高到一个相当高度来认识。

　　《大中华》拥护共和、反对帝制的鲜明立场，还突出地表现在刊载梁启超所撰《异哉所谓国体问题者》①。这篇文章洋洋万言，在社会各阶层、各派政治力量间引起了强烈震动，成为护国运动兴起的舆论先导。袁氏集团及筹安会中人对梁启超的这篇檄文恨之如骨，"见之大忿，竞著论驳之"。还企图收买吴贯因"为文以驳梁任公者"，但是遭到吴的拒绝，表明了他不为帝制当吹鼓手的态度（《从军日记·吴贯因来稿》，《大中华》第

---

①梁启超：《异哉所谓国体问题者》，《大中华》第 1 卷第 8 期，1915。此文还发表于北京英文《京报》中文版。参见《中国近代史》（第四版），第 438 页。北京：中华书局，1999。

2 卷第 10 期)。1916 年初,中华书局编辑欧阳仲涛在《过去一年之感想》的文章中,对于袁世凯借口所谓的"民意",玩弄政治阴谋的行径予以痛斥,认为"各省之将吏绅商,劝进之书,拥戴之电,灿然布列。于是大总统就职之誓言,以民意取消之,中华民国以民意改造之,有反对者以民意晓谕之,有疑问劝告者以民意答示之。民意之价值,顾何如乎?"真心实意地代表民意,从人民的意愿出发,是一个民主国家理所遵循的原则。殊不知,依据袁氏集团的标准,"夫民意之一言,爰及今日,已不容更有研究批评之余地"。袁氏之"民意"不过如此!撕掉美丽漂亮的外衣,言语动听、装模作样的袁世凯之真面目,其尊孔尚古的实质,暴露于天下人的面前。

为圆皇帝之梦,袁世凯打着整顿世俗风尚的旗号,对抗辛亥革命以来的思想潮流,"动辄谓自由平等之邪说,深中人心,将率天下而入禽兽,申令文告,反复诵言坐论偶语,群焉集矢,一若但能廓清此毒,则治俗即可立致清明"(张栗原:《教育与文化》,《中华教育界》第 25 卷第 2 期)。这种文化氛围,不仅会使人们重新笼罩于旧伦理、旧道德的迷雾里,而且不利于学术自由、思想自由的提倡,使中国文化难以走向创新发展的道路。《大中华》所登载的抨击尊孔复古、帝制复辟之论,"海内人士读之,多骇汗谯诃"(梁启超:《复古评议》,《大中华》第 1 卷第 7 期)。可见,人们的这些言论,在民初思想界引起了不小的反响。

固然,《大中华》所表述的文化观念,不能说一定就是中华书局所认同的。但它秉承"不拘乎成见,不限于一家之言,一以研究为宗,即有抵触冲突之言论亦并存之"(陆费逵:《〈大中华〉宣言书》)。这体现了中华书局的办刊之原则,与新文化运动崇尚"思想自由"、"兼容并包主义"的基本精神是一致的。

自清末以来,随着科举制的动摇、新学堂的建立和留学运动的深入,孔孟之道的固有地位受到很大的冲击。"自国家变法以来,校士皆以策论考试,所最重者外洋之法,凡能外国语言文字者,即命为学堂教习,束脩极厚,故当时人士俱舍孔孟之学而学西人之学,以求速效。间有讲求孔孟之道,谨守弗失,不肯效俗趋时者,竟呼之为'顽固党',非但屏逐之,而且禁锢之"(刘大鹏:《退想斋日记》)。因此,人们对学校读经问题提出批评,指出此做法的不切实际。有人借日人之口说,小学读经的弊病:"至经籍繁多,必不可令儿童背诵,以伤脑力;惟宜列为专门之学,以待学人之研究。若以列于普通教育,亦未见成童以下之学者真能治此也。"但是,政治和社会的变迁,读经与非读经的争论,不时存在于小学教育上。直到 20 世纪 30 年代,蒋介石集团出于加强一党专政的考虑,以修养道德为名,重弹圣贤古训的老调。紧接着,又一轮读经复古的浪潮盛行起来,社会上出现了倡导小学用书和教学要用文言文、反对语体文,以及初中要读完《孟子》等,这些呼声兴风作浪,甚嚣尘上。作为教科书的出版大户,中华书局自然不甘沉默,在其主办的《大中华》《中华教育界》上刊登了诸多有分量的文章予以驳斥,指出:"读经与尊孔,各别为一问题,非尊孔而必读经,而不读经即非尊孔也。""我们以为初中确可选读孟子的精华,但决不可从头至尾毕读,孟子上有许多理论,固可供青年修养之用,但也有许多已不合时代潮流,读了反足以腐脑而或好为大言不愿劳力。以文章论,孟子之文固很流畅,足以增进青年读作能力,但也有许多简短琐屑无甚结构,且不重要的章节,要是不加选择而必读,那也徒费工夫,大背经济原则。当小学读文言文时代,除教科书外,无他物可供儿童阅读,及改读语体文,儿童读物即如雨后春笋,一年间出版至三四千种销行至数千万册,此可见文言难习语体易学之一斑。从前青年作文言信,必翻尺牍,现在做语体文信,则要说什么便写什么。"这里,不但阐明了对待孟子学说应具有的分析态度,而且以出版书籍发行量的事实,论证了语体文取代文言文是时代发展、社会需要的结果。

为了有力地回击复古论调者,《中华教育界》的编辑特意专载了地质学家丁文江的《我国的科学研究事业》一文,以地质科学进化知识、历史考古学的新发现为依据,从一个崭新而独特的视角,批驳了复古思潮的不识时务。这篇文章认为:"许多守旧的人,还相信上古有'黄金时代',所以主张维持旧礼教、读经、复古,中央研究院近几年来,在河南安阳县发掘商朝时代的旧都与古墓,得到许多材料,使我们了解这时候人的生活状况,他们迷信的奇异残酷,生活的简单幼稚,很可能帮助我们打破'黄金时代'的观念。譬如一个皇帝死了,殉葬的车马器皿不算外,还要砍几百人头,埋在四面,宫室大都是板筑,因为砖瓦还没有发明,皇帝的祭祠、田猎、战争,一切都听命于卜卦,把龟板上控一个窟窿,用火烧他,然后再看上面的裂痕,来断定所卜的吉凶,如果主张复古的人是对的,复古应复到甚么程度,我们又如何能够生活。"丁文江是"科玄论战"中科学派的领军人物,在思想文化界有较大的影响。在新一轮复古空气弥漫之际,《中华教育界》及时地选载他的文章,并不是没有考虑的。

中华书局的编辑周宪文,则从经济学的角度,驳斥以西方"物质文明破产"为由,而要求读经复古、走回头路的言论。他在《新中华》上撰文,认为:"只要轿马敌不过火车,手纺车抵不过纺织机,万里长城挡不住飞机大炮,熟背经书止不住敌国侵略",因此,那种昧于世界发展趋势,"以农立国",反对工业化,"竟说什么物质文明已到了末路",实乃迂腐之见。他大声呼吁:"青年们!养成奋斗进取的精神,铲除无为复古的风尚,向工业'迎头赶上去',把中国'从根救起来'!"(周宪文:《中国经济的两条战线——工业化或农业化》)

"文化是一种社会现象,是社会的文化,它必然要受社会制约,并适应于社会。文化的变化,归根到底是随社会的变化而变化的。"(龚书铎:《中国近代文化探索》)这表明,人们的文化活动,总是不能脱离所处的社会环境,中西交汇、新旧冲突、文化比较等,是"五四"前后人们对中西文化取舍的前提。中华书局提出"融和国粹欧化"的宗旨,并没有具体地指出其心目中的"国粹"是什么,但至少不是像某些派别那样,打着弘扬"国粹"旗号的复古主义者,更不是为帝制幽灵的复现而叫嚷的读经书、尊孔孟之类。本着这个原则,中华书局"精印古书,广译西书",希望通过出版活动,使"中国文化亦得蒸蒸日上"。中华书局没有去发思古之幽情,但也没有对传统文化持排斥态度。它出版大量的国学古籍是为了社会需要,振作民族精神,在这个基础上创造近代文化。当然,不能由此而推论中华书局总是理性地、科学地对待传统文化,但它站在维护共和民主的立场上来评判传统文化的核心——纲常伦理,可以说是它对传统文化态度的一大特色。这一特色,也自始至终贯穿于其出版理念中。

二、中华书局对西方文化之认识

以出版国学书籍、承继传统文明为己任的中华书局,并没有因此而漠视西学新说的传播。事实上,编译西学著作,介绍世界知识,一直是它奉行不变的方针。中华书局自成立之始,除在出版的教科书中传播世界政治、经济、人物、科学、思想等内容外,还把握时代脉搏,适应社会需要,相继推出"新文化丛书"、"少年中国学会丛书"、"教育丛书"、"社会科学丛书"、"战时丛书"等,涉及到西方自然科学与人文社会科学知识。作为民营出版业的重镇之一,中华书局实践着"兼采欧化,以灌输国民之世界知识"的出版理想(陈寅:《中华书局一年之回顾》)。它的这种出版理念的形成,与其对西方近代文化的认识,可以说有着密不可分的关系。

面对西方文化潮水般的涌入,涉足意识形态领域的出版家,不能不做出自己的评判。陆费逵是一位好学不倦、易于接受新知的人,通过读书阅报等途径,对西学有了一定程度的认识。从他所写的诸多畅快简洁的文字中,能处处感受到西方文化对他的滋润,也处处感受到卢梭、黑格尔、亚里士多德、穆勒·约翰、叔本华、尼采等众多西方先哲对其思想的影响。因此,学习西方文明国家,欢迎西方文化的输入,是陆费逵所极力倡导的。通过认真的比较,他感慨地说:"世界文化最高之国,无过于英、法、德、美、奥。而东方新兴之国,厥惟日本,且为我国变法所取则。"近代以降,我国已非昔日闭关时代可比,处于开放变局的时代,应当放眼世界,向具有先进文化的国家看齐,这是先进之士的共识。陆费逵认为只有如此,"方能与同时立国于世上者竞,如人进一丈,已进一尺,必不能保其固有之位置。况人皆进步,而己独濡滞,且有退步耶!"(陆费逵:《论各国教科书制度》)

日本自明治维新以来,走上了发展资本主义的道路,并步入世界强国之列。东邻变法图强的成功,成为我国有识之士呼吁变法、改革内政的重要参照系。但一个不可忽视的问题是,这种状况也影响了人们对其他各国的研究和认识。对此,陆费逵批评说:"所谓外国,皆指日本,一若外国仅一日本,日本即各外国。又若日本有者,各国皆有之,日本无者,各国皆无之。于是不究利害,不考国情,事事规仿日本。"固然,这种说法带有个人情绪和一偏概全之嫌,但也多多少少反映了当时的社会现实。他恳切地告诫说:"夫日制善者吾采之可也,其不善者,吾可求欧美之善者而采之,方能取法乎上,不落人后也。"(陆费逵:《〈世界各国教育状况〉序》)

作为一家大民营出版机构的领头人,陆费逵能够认识和提出学习外国的一些独特的看法,对中华书局确立传播西学知识的营业方针有重要的作用。在《大中华》杂志创刊宣言书中,陆费逵明白无误地表明重在养成国民的"世界智识","多论述各国大势,绍介最新之学术"。把了解世界大势、掌握最新学说看成是国民素质的必备知识。五四运动爆发,他抑制不住内心的喜悦,说:"吾国青年及一班国民均能知世界大势,不复如前之视世界之事如隔岸观火。"(陆费逵:《学界风潮感言》)同时,陆费逵还认识到,作为基础理论的数学是研究其他学科的必备知识之一,甚至影响到人们世界观的形成。从数学与思想的关系,他阐释道:"我们要研究哲学、科学……等,均非研究数学不可,欧洲各国的文学、哲学家,没有一个未曾研究过数学的。"(陆费逵:《书业商之修养》)反观我国,长期以来以科举为中心的传统教育,不甚重视自然科学和数理知识训练,以致"我国人的最大缺点在于缺乏算学头脑。一切事业上、国际上的吃亏,这缺点实在是一个大原因"。算学成绩上不去,表明新教育是失败的,与旧教育相比较,不但没有什么区别,甚至还不如旧教育(陆费逵:《中小学算学教学之一个试验》)。

文化的重要性还表现在塑造国民性上。国民性是指一个国家民族的总体性格,它是一国文化对其国民长期熏陶的集中体现。善于思考、目光敏锐的陆费逵,从各国制造物的不同揭示出各自国民性的不同。1927年,通过比较各国制造的摩托车,他得出结论:"美国制造的,轻巧而华丽;德国制造的,朴实而坚固;英国制造的,宏大而稳重;法国制造的,轻快而伶俐。这不是各表现他们的国民性吗?"还有,各国的商业团体处理事务上的表现,美国人"敏捷适意",德国人"坚强耐劳",英国人"阴鸷沉着",较之上述三国,我国国民"不免常现出惰性和不秩序性"(陆费逵:《诚乎中而现乎外》)。的确,任何文化都是民族的文化,具有民族性。从某种意义上来说,民族问题基本上就是文化问题,或者怎样利用文化振兴民族的问题。

但是,文化又具有时代性,任何文化都需要创新才会有生命力,而创新离不开吸收和融合。面对内忧外患的民族危机,企图通过复兴孔孟之道脱离危难,无疑是一种迂腐之论。

关于如何对待中西文化的关系,这是近代国人长期以来致力探索和论争的一个问题。晚清以来,随着西学的传播和深入,西方文化的先进性基本上为人们所认同。但第一次世界大战的爆发,一些人开始顿悟到,发达的西方文明面临着破产,于是"西方工业,东方道德"一度成为中西文化比较的流行话语。围绕着是"西化"还是"国粹"、"科学"还是"玄学"的问题,在文化界引起了激烈论争。

1919年,陆费逵在《教育主义》一文中,较为全面地表述了中西文化各有优劣、重在调和的观点。他认为,我国固有之优点,"在重心性而轻物质";固有之劣点,"在无研究辨别,而任谬说之流传,陋俗之披靡"。而"他人之优点,政治、经济、教育、实业,胥末也;国富、兵强、器利,尤末也;其所优者,厥为科学及社会。科学的研究,社会的德性,吾人固望尘莫及,而科学、社会之精神,吾人更未梦见也"。因此,应当"以东方伦理的精神,立身治家,而祛陋俗,辟谬说;以西方科学的精神,治学问事业,而除偏见,减物欲;更进而立社会之基础"。

同年,陆费逵利用视察分局的机会,在天津会晤学术界的名人严范孙先生,对于新旧文化之争,二人交换了看法。尤其是严范孙所提出的"以为新旧宜各图进行,无论主张如何,学说如何,均不妨听其自然。盖既成一说,既树一帜,其中必含有若干至理,经社会舆论及个人良心审判之后,必能存其合理者,而汰其不合理者。彼时当有一自然折衷办法,以成一新文明"。客观地来看,这种调和中西、折衷新旧的文化观念,在理论上存在着一定的局限性。但作为一家民营出版企业的决策人物,陆费逵对此深表赞同，并强调"吾人营出版业者，尤当三复其言"（陆费逵：《宁鲁燕晋之一瞥》）。从实践上观之，由此而转化为中华书局的重要出版理念，确立出书办刊，要兼顾中西、新旧，利于社会需要和学术研究，不能不说是一个明智的选择。

关于如何学习西方和日本等发达国家的长处，陆费逵明确反对盲目照搬，提出要适合国情的见解。他深有体会地说："近十年来，大家觉着从前模仿日本教育成效不良，于是采用美国的制度。殊不知美国与我国相较，无论财力相悬太远，人民的程度也不知相差多少。他现在制度是适应他们现在的情形，哪是我们东施效颦学得来的？"到头来，"学日本不成，尚不失刻鹄类鹜，学美国不成，却要成为画虎似狗了"。这里，虽然是谈的教育制度上学习外国的问题，但从中不难发现，他所概括的以我为主、反对全盘西化、从实际国情出发的观点，即使在今天看来，也不无可取之处。不但对待西学如此，就是对待传统文化也应采取这样的做法。对此，他不止一次地强调，要认真地加以比较、考查，"孰为优点，孰为劣点，孰当保存，孰当增进，孰当改良，孰当祛除，须详察国情，慎重定之，切不可稍存偏见"（陆费逵：《〈中国教育建设方针〉序》）。

陆费逵的文化观，以及由此而形成的出版理念，成为中华书局营业的重要指针，它所编译出版的书籍涉及到欧美许多国家，甚至一些弱小落后的国家，就反映了这种出版理念。《新中华》的编辑多次强调办刊原则："无论哪一派的作家赐稿均所欢迎，希望大家不要看见上面登了一篇稍新的东西，就以为它是左倾，或登了一篇稍旧的东西就以为它是右倾了"。调和中西、兼容并包、崇尚学术自由，是中华书局所遵循的以出版参与近代文化的思路。

宣扬并致力于西方文化的引进和介绍，并不等于对它无原则地全盘吸收。同时，对西方一些人散布的"文明决定种族优劣"、"遗传定命"论等，中华书局没有等闲视之，在《新中华》杂志上及时刊登吴湘渔的《种族与种族的偏见》一文，对这种论调予以辩驳。文章指出："白种人这样自视为优秀种族，而视其他种族为低劣民族原因，自然由于他们现代的特殊的文明。他们认为白种的文明既能较高于他族，那末，造成文明的自然倾向，白种也必较高于他族，又因造成文明的自然倾向，是要依赖人的身心的健全，而其推论的结果，就必须认为白人文化的优异乃其种族优越其他种族的原故。"随后，作者通过人类学的理论、考古发现的事实，论证了"把文明的创造，完全归纳于种族的优异决不是一种正确的解说"。"我们不反对生物学上遗传的重要。然而像那些优生学者的'遗传定命'论，却是我们所反对的"。可以说,该文从事实出发,将文化的优劣混同于种族优劣的论调一一批驳。最后,文章得出结论说:"帝国主义强调种族优越,是对外压迫的鬼把戏,强调优生,乃是对内压迫的鬼把戏。将来的世界政治,只有被压迫者与压迫者的争斗,并无种族与种族的争斗。明乎此,则当此世界大战行将爆发的时候,帝国主义者的高唱种族争斗,不过是移转人民的视线的一种手段罢了。"同时,他们强调,要用经济的眼光去看待政治和文化的问题,认为"即使不说经济是一切政治、文化的唯一基础,但总不能否认经济是一切政治、文化的较大原素;我们要真正了解现代一切政治、文化的症结所在,自非彻底明了其经济的背景不可"(《新中华的过去与今后》,《新中华》第2卷第1期)。为此,《新中华》在介绍西方文化的同时,也十分注重对经济问题的探讨。

对五四以来各种流派的中西文化观,左舜生曾加以评述说:"我觉得他们对于外来的教育制度,思想和方法,只是忙于接受而缺乏批评,过重形式而内容贫乏,尤其对中国所固有的教育制度,思想和方法,也太少融会。我的脑子里并没有张之洞以来的所谓'中学为体,西学为用',也没有陈立夫们所提倡的所谓'中国本位文化',但五四以后陈独秀等所主张的赛先生和德先生,即'科学与民主'这一趋向,我却至今还是承认不错,同时我也决然反对把中国的历史和文化一笔勾销"(左舜生:《"五四"以来的中国出版界和教育界》)。此语,堪称对中华书局中西文化观的总结。作为民营大书局,兼顾国粹与欧化,提倡科学与民主,出版古籍和西学译著,发表各种派别和不同观点的学术文章,中华书局的近代文化意义就在于此。

但是,诚如出版理论家查尔斯·鲍恩德所说的那样:"即便是最出色的出版业者,他的性格也兼有双重性,即既有抱负着崇高理想的艺术家的一面,又有着尽想着赚钱的商业买卖人的另一面。"(转引自[日]清水英夫:《现代出版学》)中华书局毕竟是一家股份制民营资本企业,追求利润、立足赚钱是它孜孜以求的目标,也是它紧随时代与社会发展潮流的内在动力。如此,它才能够大量出版中西文化名著,拥有众多的读者,并能在竞争剧烈的书业市场赢得一席之地。看到这一点,并没有低估中华书局利润之外的文化理想,以及在近代文化出版业中的重要地位。

第二节　中华书局与近代西学传播

"一个民族可以通过接受其他民族的某些文化来增加自己的文化遗产","在不同类型的文化接触过程中,特定群体的文化可以通过借用而成长。地理上的孤立构成文化传播的障碍,而民族的互相交流则促进了文化的传播,两种不同的文化在一个群体内接触可能会产生全新的形式"(〔美〕威廉·费尔丁·奥格本著,王晓毅译:《社会变迁——关于文化和先天的本质》)。国门洞开以后的近代中国,"睁眼看世界"的人们觉察到"半部《论语》治天下"的时代一去不复返了。因此,学西方、谋富强,汲取外来先进文化的某些养分,以实现中国文化的吐故纳新,成为民族自救与社会发展的必要手段。中华书局自创立以来,将编译西书、传播西学作为重要的出版业务。民国时期如火如荼的文化运动之开展,离开了以中华书局为代表的民营出版业的努力是不可想象的。

一、中华书局与少年中国学会

中华书局对近代西学著作的编译出版,与五四时期著名的社团——少年中国学会有着密切的关系。

少年中国学会发起于1918年6月30日,于1919年7月1日在北京成立,当时主要是由一些不满社会现状、接受西学影响、试图通过学理的研究,而"欲集合全国青年,为中国创造新生命,为东亚辟一新纪元"的知识分子发起的(王光祈:《本会发起之旨趣及其经过情形》)。主要有李大钊、王光祈、曾琦、周无、陈淯、张尚龄、雷宝菁等人,该学会的宗旨为"本科学的精神,为社会的活动,以创造'少年中国'";确立"奋斗、实践、坚忍、俭朴"为学会的信条(《少年中国学会规约》)。少年中国学会设总会于北京,并在南京、成都、巴黎设有分会,先后加入该会的有120多人,在国内许多省、市,以及国外的法、德、英、美、日、南洋等地都有会员。这是五四时期会员最多、分布最广的一个社团。为了实现改造社会的理想,他们发行《少年中国》(后由中华书局发行)和《少年世界》月刊,前者注重"文化运动、阐发学理、纯粹科学";后者注重"实际调查、叙述事实、应用科学",成为五四时期影响很大的刊物之一。

少年中国学会的会员重视实践,身体力行,通过著书立说,编译西书,参与社会教育等手段,以创造"少年中国"。他们大都是以天下为己任的热血青年,追求言行一致,以虚伪、敷衍、放纵、标榜等恶习为戒。聚会时每有辩论,无不面红耳赤,据理力争,事后则握手言欢,不存芥蒂。少年中国学会一直活动到1925年底,终因社员的分化而停止。作为五四时期存在最久的一个团体,少年中国学会在促进近代文化发展中起了积极的作用。曾为会员的著名地质学家杨钟键评述说:"少年中国学会不管以后如何销声匿迹,但在五四时所起的政治上、文化上的作用十分重大是无可否认的。它是一个全国性团体,网罗了当时一些具有代表性的青年,他们都憧憬着一个新时代,他们的思想表现在言论上、刊物上,反映了当时青年思想的主要方面。所出的刊物《少年中国》和《少年世界》,是五四时代的主要刊物,在当时影响也很大。"会员东方美在晚年也回忆说,少中会员"共有一百有八人,皆个性独特,而思想自由,情感富赡,平居生活抑又律己甚严。盱衡时艰,触发问题,发为文章,先后发行《少年中国》及《少年世界》两种杂志,风声所播,全国掀动"。近代政治界、文化界、教育界的许多风云人物,如李大钊、毛泽东、王光祈、杨贤江、张闻天、恽代英、田汉、周太玄、周佛海、刘仁静、陈启天、左舜生、余家菊、舒新城等人,都曾加入少年中国学会,也由此扩大了它在思想文化界的影响。

五四新文化运动的浪潮激荡着全国,也激荡着近代出版界。这时,刚刚从"民六危机"进入复苏阶段的中华书局,面对眼花缭乱的新思想、新理论,充分认识到要紧跟时代潮流,必须延聘具有新思想的人才担任局内编辑。1919年初,"欲乘风气之先,整顿书局内部"的陆费逵,对人才引进问题上,"就商于南洋商业专门学校校长郭虞裳。郭当告以'少年中国学会'中人才济济,如左某即为可用之才。陆从其言,展转得识左"。这里的"左"指的是左舜生。左舜生在少年中国学会创立时被推为评议部评议员,后历任评议部主任,在很长一段时间里,他成为少年中国学会的实际主持人。1920年,左舜生进入中华书局编辑所,担负起刚刚设立的新书部的工作。更为重要的是,左舜生把少年中国学会的许多会员招致中华书局,如陈启天、余家菊、田汉、张闻天、李璜、曹刍、金海观等人。他们既是编辑,又是译者、作者,在中华书局的刊物上发表文章,阐述观点,传播新思潮。正是由于这层关系,少年中国学会同仁的书籍、译稿,大都交由中华书局出版。中华书局步入鼎盛时期,推进近代学术研究,也与此有关。

中华书局与少年中国学会发生联系,注入了新鲜血液,大大增强了编辑部的新生力量。他们认为,"若要现在的中国人能有应用各种主义的能力,必先使中国人的思想习惯非彻底地改革一番不可,非经过一番预备的工夫不可。少年中国学会的目的,就是努力从事这种预备的工夫"。与此同时,他们已充分地认识到,改造社会的主要武器是靠翻译出版图书,指出印刷所是"宣传文化的利器",强调"我们今后的事业,就是出版事业",大力主张"多译书籍,介绍欧化,以革新一般人的思想"。并提出,各国若有新书出版,我们立刻就将其翻译出来。也就是说,要把世界最新学说介绍进来,当"中国文化交通上的'火车头'"。当然,他们也有得天独厚的条件。由于少年中国学会中的大多数会员散居国外,对世界消息比较灵通;也有不少人服务于国内各地的教育、文化等部门。五四时期社会和文化的剧烈变迁,很大程度上促进了社会群体互动的加速。而社会群体的这种相互渗透,即各种人际互动形式构成了整个社会结构的基本材料。"社会——不管其形式如何——是什么呢? 是人们交互活动的产物"(马克思:《致帕·瓦·安年科夫》)。左舜生、张闻天等少年中国学会会员加入中华书局,可以借助于这个具有社会影响的出版重镇作为平台,来阐明自己的思想主张,为其实现"宣传文化"的宏愿提供了保障。可以说,他们的文化主张与中华书局的文化观念不谋而合。中华书局则通过他们的加盟,藉以出版业的身份活跃在近代文化舞台上,这里,商业性与文化性达到了结合,二者相得益彰。

二、"新文化丛书"与"少年中国学会丛书"

从 1920 年开始,中华书局陆续推出"新文化丛书"和"少年中国学会丛书",成为在思想文化界发生很大影响的两种丛书。

(一)"新文化丛书"

五四新文化运动随着世界和国内局势的变化,引起了中国思想界更大的躁动。人们有意识地将目光投向更加广阔的外部世界,对外来的新理论、新学说、新主义发生了浓厚的兴趣,几乎到了什么都想看,什么都想读,什么都好奇的地步,对"所谓新知识,都如饥似渴地阅读"。大家普遍关心"社会问题、国家问题、世界问题、男女问题以及个人对于国家的理想问题"(舒新城:《回忆恽代英同志》)。与此俱来的是,各种西方学说如潮水般地涌入,简直令人目不暇接,一切都是那么地新奇而突然。文学大师巴金回忆当时的情景:"在五四运动后,我开始接受新思想的时候,面对着一个崭新的世界,我有点张皇失措,但是我也敞开胸膛尽量吸收,只要是伸手抓得到的新的东西,我都一下子吞进肚里","我的脑筋并不太复杂,我又缺乏判断力。以前读的书不是四书五经,就是古今中外的小说"。他承认说:"我当时思想的浅薄与混乱不问可知"(《〈巴金选集〉(上下卷)后记》)。由此可见,五四以后社会的求新求知时尚,给身临其境的出版业提供了大有作为的舞台。

为适应新文化运动的需求,1919 年,中华书局做出一个重大决策,决定成立"新思潮社"(即后来的新书部),准备有系统、有计划地翻译出版外国书籍。此举在社会上引起了很大的关注,张闻天在《时事新报·学灯》"青年俱乐部"栏中,发表题为《对于中华书局"新思潮社"管见》的短评,不但称"这是何等可喜的事情",而且积极建议要"有系统的翻译欧美丛书","有系统的整理近代有价值的文字"。他认为要彻底了解和真心提倡新思潮,必须"多请真真有学问的人去分部的整理和编辑"。对于"材料的选择,要十分严格","最好由书局敦请真实有学问的学者,组织评论会。各种稿子必要评论会通过,认为真有出版的价值"。最后,他信心百倍地说:"吾对于中华书局抱有无限希望,所以略说如上,吾并且希望别的书局,也一样的做去。"

实际上,中华书局在得到少年中国学会会员的加盟后,已具备了传播西学新说的条件。于是,他们着手筹划翻译出版西书著作的事宜。新书部主任左舜生首先向学术界名流发出征稿信,请他们将最新译作交由中华书局编辑出版。他描述当时拉稿的情形说:"我还是发出了三四十封征求稿件的专缄,并请他们介绍宜于从事这类工作的其他朋友。大致不出两个月吧,我便从国内外收到了不少的回信,约定的稿件已有十几种之多,于是我便大吹大擂在上海各报发出了一个所谓新书的出版预告!这个广告激动了一位多年从事译著的老将马君武先生,他很高兴的把他两部早已译好的稿子寄了来,其一为《达尔文物种原始》,其一为《赫克尔一元哲学》,声明愿意参加在我们这一套新书里面出版,并给我们提供了许多宝贵的意见,这实在鼓起了我不少的勇气。"(左舜生:《"五四"以后的中国出版界和教育界》)

在新书部编辑、学术教育界文化名流的相互配合下,从 1920 年开始,中华书局"新文化丛书"陆续出版(见下表)。这套丛书,通过"介绍世界最新的哲学、政治、经济、社会等学说",目的在于"以开社会风气"(钱炳寰:《中华书局大事纪要》)。

"新文化丛书"书目举要

书　名	原著者	译　者	出版时间	备　注
《人生之意义与价值》	[德]倭铿	余家菊	1920 年	1933 年 11 版,分上、中、下 3 篇。
《达尔文物种原始》	[英]达尔文	马君武	1920 年	1932 年 10 版,书后附译名表。
《社会问题概观》	[日]本间久雄	周佛海	1920 年	1930 年 10 版。
《政治理想》	[英]罗素	刘衡如、吴蔚人	1920 年	1927 年 7 版。
《赫克尔一元哲学》	[德]赫克尔	马君武	1920 年	1929 年 8 版,又名《世界疑迷》。
《欧洲政治思想小史》		高一涵编	1920 年	1940 年 14 版,自古希腊到近代。
《女性论》		冯飞 编	1920 年	1932 年 12 版
《农业政策》	[奥]菲里波维	马君武	1921 年	1936 年 10 版,有关农业生产的组织、政策等。
《社会问题总览》	[日]高岛素之	李达	1921 年	1926 年 5 版。
《思维术》	[美]杜威	刘伯明	1921 年	1935 年 14 版,全书共 3 篇。
《唯物史观解说》	[荷]郭泰	李达	1921 年	1925 年 5 版。
《遗产之废除》	[美]黎特	潘公展	1921 年	1928 年 4 版。
《人的生活》	[日]武者小路实笃	毛咏棠、李宗武	1922 年	1932 年 10 版,卷首有周作人的序及作者序。
《工业政策》	[奥]菲里波维	马君武	1922 年	1931 年 8 版,卷首题名:《国民生计政策第二书》。
《西洋古代中世哲学史大纲》	刘伯明 演讲	缪凤林笔记	1922 年	1925 年 5 版。
《近代西洋哲学史大纲》	刘伯明 演讲	缪凤林译述	1922 年	1923 年 4 版,"凡例"附参考书目。
《社会主义初步》	[英]刻尔卡普	孙百刚	1923 年	1926 年 3 版。
《商业政策》	[奥]菲里波维	马君武	1923 年	1927 年 4 版。

书　名	原著者	译　者	出版时间	备　注
《交通政策》	［奥］菲里波维	马君武	1924 年	1931 年 7 版,卷首书名题:《国民生计政策第五书》。
《现代世界经济大势》	［俄］库里塞尔	耿济之	1924 年	1932 年 6 版,原名为《战前战后世界经济大要和一九二三年初的情形》
《收入及恤贫政策》	［奥］菲里波维	马君武	1925 年	1927 年 3 版,卷首书名题:《国民生计政策第六书》。
《现代心理学之趋势》	［美］莫尔	舒新城	1925 年	1929 年 4 版,分心理学的派别、范围、臆说 3 编。
《遗传学》	［英］瓦特逊	佘小宋	1926 年	1930 年再版,译文为文言体。
《苏俄的妇女》	［美］斯密司	蔡咏棠、董绍明	1930 年	介绍十月革命后的苏联妇女情况。
《欧洲文化变迁小史》		杭苏 编	1930 年	
《国际小史》		洪盛	1931 年	
《经营经济学》	［日］增地庸治郎	潘念之	1931 年	
《法兰西大革命史》		常乃惪	1931 年	
《北欧神话》	［日］中岛孤岛述	汪馥泉	1932 年	本书据日译本《希腊神话及北欧神话》一书选译。
《诗底原理》	［日］荻原朔太郎	孙良工	1933 年	
《苏俄妇女与儿童》	［德］哈姆森	袁文彬	1934 年	

　　五四新文化运动,造成西方各种社会思潮的强力扩散,造成中国知识界的学术自由,兼容并包,学派林立,异彩纷呈。杜威的实验主义、罗素的新实在论、倭铿的改良主义、尼采的超意志论、达尔文的进化论,以及日本学者对社会问题的剖析等理论学说,如万花筒般地开放于中国。从"新文化丛书"所列书目中,我们非常明显地感受到这种扑面而来的文化气息。本现代思潮之精神,谋社会之改造的时代趋向,"新文化丛书"所涵盖的

西学,从自然科学到社会科学,从古代哲学到现代哲学,从政治到经济,从工业到农业,从文学、心理学到历史学,以及妇女的社会地位和解放问题等,门类相当广泛。许多译作被一版再版,甚至超过10版以上,尽可能地满足人们求多求新的愿望。其中,《达尔文物种原始》和《唯物史观解说》均属反响较大的译著,对于人们形成严谨的科学观和社会发展观产生了积极作用。

1859年,英国生物学家达尔文《物种起源》一书的出版,标志着科学进化论的诞生。恩格斯对此给予很高的评价,称这是19世纪自然科学的三大发现之一,认为"查理·达尔文发现了我们星球上有机界的发展规律,马克思则发现了决定人类历史运动和发展的基本规律"(恩格斯:《马克思墓前悼词草稿》)。达尔文以自然界动植物生息繁衍的事实证明,生物界普遍存在着变异和遗传现象;"人工选择"和"自然选择"是进化的基础;"物竞天择,适者生存"是生物进化的基本规律。这些令人耳目一新的观点,向上帝创造万物的传统旧观念提出了挑战。因此,《物种起源》出版后,很快就风靡全世界,被译成多种文字。到达尔文去世的1882年,仅仅在英国就售出24000多册,世界上所有的主要语言几乎都有了它的译本([美]罗伯特·唐斯著,缨军编译:《影响世界历史的16本书》)。

从19世纪70年代开始,达尔文进化论就断断续续地被介绍到中国。但反响最大的莫过于严复译著《天演论》,自该书出版后,"不上几年,便风行到全国,竟做了中学生的读物了。……几年之中,这种思想象野火春风一样,延烧着许多少年人的心和血。'天演'、'淘汰'、'选择'等术语都渐渐成了报纸文章的熟语,渐渐成了一班爱国志士的口头禅"(胡适:《四十自述》)。周建人在《达尔文主义》一文中,曾形象地比喻进化论,"放出烈日一般的强光,照着思想界,登时改变了颜色,许多颜色,都换了样式了"(《新青年》第8卷第5号)。无庸置疑,进化论成为晚清以来影响近代中国人思想的最大理论学说之一。

但是,由于近代民族危机的空前严重,救亡图存的迫切需求,这种特殊的社会环境,使得由严复译著《天演论》传播的进化论,所产生的政治意义远远超过它的科学价值,以致"自从严复氏将赫胥黎的《进化论与伦理学》介绍到中国来以后,关于进化论的普通知识,以及'自然淘汰'、'生存竞争'等等的名词……虽在二十多年前,已喧腾于众口,然而进化论本身的根本意义,却不甚为学者们注意"(严既登语,转引自卢继传:《进化论的过去与现在》)。据此,有的学者指出:"政治热情压倒了科学精神,变革和救亡主题的凸出,使进化论的科学价值反而模糊了"(邹振环:《影响中国近代社会的一百种译作》）。

作为"新文化丛书"中的一部译作,中华书局出版马君武的译著《达尔文物种原始》,这是进化论学说的第一个完整的中译本。它的出版,引起了中国学术界和文化思想界的极大重视。毛泽东在回忆自己年轻时代"给他以深刻印象的西方著作时,提到一本自然科学书,就是达尔文的《物种原始》"①。人们开始从理性的、科学的意义上去理解进化论的价值,"生物学演化论的出世,击破了万物神造的臆说,给予主观解说的态度一大打击"（夏康农:《生物学的因果关系》,《〈达尔文物种原始〉序》）。以进化论为代表的西方科学观的输入,为时人分析问题、认识问题和解决问题,提供了一个新的思路和方法,对于人们形成科学的认识法则、科学的思想,以及科学的精神,均产生了重要的影响。当时,中国文化界、教育界等都举行了隆重的集会,祝贺达尔文的这部完整的译著问世。1926年,长虹在《走到出版界》一书中,将该译作的出版与爱因斯坦的相对论的传入,一起评价为当时翻译界"最大的成绩"。因此,我们有理由相信,"如果说催奋马君武续译成《物种起源》的是五四新文化运动的科学旗帜,那么,《达尔文物种原始》1920年9月由上海中华书局编入'新文化丛书'初版,也就大大推进了五四时期达尔文进化论的广泛传播"。同时,"也成了中国学术界的一件大事"（邹振环:《影响中国近代社会的一百种译作》）。

革命导师马克思曾高度评价科学在社会发展进程中的功用,指出科学是历史发展的有力杠杆,是最高意义上的革命力量。五四时期以进化论为代表的西方科学的输入,对于人们冲破传统旧观念的束缚,形成科学的世界观和历史观,其作用不可低估。

早在20世纪初年,马克思主义作为一种社会思潮,已开始零零星星地被介绍到中国。但是,它作为一种新兴理论学说,而引起中国人的广泛注意,还是在俄国十月革命成功以后。五四新文化运动时期,伴随着人们

---

①龚育之:《毛泽东与自然科学》,龚育之等:《毛泽东的读书生活》（增订版）,第81页。北京:三联书店,1997。本书83页提到:"《物种原始》的第一个完全的中译本,马君武的译本,是一九二〇年才出版的。一九二〇年十月毛泽东起草文化书社第一次营业报告,记载了临时营业一个多月销售出去的书刊清单,其中有《达尔文物种原始》,计售出十份。这个时期毛泽东读到《物种原始》的全译本,是可能的,在这之前不可能读到。"说明是书刚刚出版就拥有较多的读者,不久就多次再版也说明了这一点。

对马克思学说更多了解的迫切需要,有关此类著作的翻译出版逐步增多。当时,从事马克思著作的翻译最为得力者是李达、陈望道、李汉俊等人,其中,李达在这方面的成绩较为突出。1985 年,著名史学家侯外庐在所著《韧的追求》一书中曾指出,抗战爆发以前,在北平研究和宣传马克思主义的学者,党内和党外的都有,大家都很冒风险的。但是,"就达到的水平和系统性而言,无一人出李达之右"。李达先后翻译了《唯物史观解说》《社会问题总览》《马克思经济学说》等有关著作,比较系统地介绍了马克思主义的三个组成部分。

李达翻译的《唯物史观解说》一书,列入中华书局"新文化丛书"中出版。原著为荷兰人郭泰所撰,着重宣传了唯物史观的基本原理,指出:"物质的生活资料之生产方法,可以决定社会的,政治的,及精神的,一切生活过程。不是人的意识,决定人的生活,倒是人的社会生活,决定人的意识。"该书曾由日本学者堺利彦从德文本中译出,但日译本里"缺字的地方太多,还有柯祖基的序文和艺术一章,结论一章,未曾译出"。李达在李汉俊的帮助下,将德文本和日文本两书加以对照,缺的地方予以补充完善,"这部书可算是完全译本"。译者在附言中表白了自己翻译这部书的动机和对它的评价,说:"这部书是荷兰人郭泰为荷兰的劳动者作的,解释唯物史观的要旨,说明社会主义必然发生的根源,词义浅显,解释周到;我想凡是要研究,批评,反对社会主义的人,至少非把这书读两遍不可。""若是读者读完了这书,必要垂询译书人的见解,我也不能另说别的赞美的话,除了一个'好'字。"([荷]郭泰著,李达译:《唯物史观解说·附录》)

五四以来,作为一种西方社会思潮,马克思社会主义学说的传播,已渐成社会时尚。近代中国人探索真理的历程表明,总以为共和、民权等学说,可以强中国,可以救中国,"但是行不通,理想总是不能实现。多次奋斗,包括辛亥革命那样全国规模的运动,都失败了。国家的情况一天一天坏,环境迫使人们活不下去。怀疑产生了,增长了,发展了"。正是在这种思想状态下,人们的视角开始转向新的理论,新的主义。1922 年,少年中国学会所列的研究马克思社会主义的书目中,将唯物史观、阶级斗争、剩余价值、无产阶级专政四大内容作为基本条目。但是,总的来说,大家对社会主义还缺乏一个明晰的概念,对马克思社会主义与各种无政府主义、工团主义、基尔特社会主义、社会民主党等的关系还不十分清楚,甚至混为一谈。1920 年,去苏俄前的瞿秋白曾写说:"社会主义的讨论,常常引起我们无限的兴味。然而究竟如俄国 19 世纪 40 年代的青年思想似的,模糊影响,隔着纱窗看晓雾,社会主义流派,社会主义意义都是纷乱,不十分清晰的。正如久壅的水闸,一旦开放,旁流杂出,虽是喷沫鸣溅,究不曾自定出流的方向。其时一般的社会思想大半如此。"(瞿秋白:《俄乡纪程》,《瞿秋白文集》文学篇)刘少奇在谈到五四运动的情况时认为:"在起初各派社会主义的思想中,无政府主义是占着优势的。"(《感想与回忆》,《中国青年》第1卷第2期,1939年5月)邓颖超回忆当时人们对社会主义问题急于了解的情景,深有感触地说:"五四运动是思想解放运动。一解放,就像大水奔流。那时的思想,受到长期禁锢,像小脚妇女把脚裹住;放开以后,不知怎么走路,有倒的,有歪的,也有跌跤的。那时是百家争鸣,各种思潮都有。""我们受十月革命的影响,当时也只听说苏联是没有阶级、没有人剥削人的社会。我们很向往这种光明的社会,同情广大劳苦大众,厌恶中国社会的黑暗。我们平常交谈的范围很广,无政府主义、基尔特社会主义都接触到了,但对这些我们都没有明确的认识,也不了解什么是马克思主义。所以,在当时我们还不能称为'共产主义知识分子',只能说从那时起我们这些人,要求继续学习,吸取新知识。"这一时期,是主义、学说纷呈,思想、观念浮动的时期。人们"谈论着社会主义——马克思、无政府主义、基尔特社会主义等等","大家还没有一定的信仰,也不懂得共产主义,只听说最理想的社会是'各尽所能,各取所需';只知道有列宁,苏联十月革命成功了;只知道他们的革命是把多数被压迫者解放了,要实现一个没有阶级的社会,引起了我们的同情和对十月革命的憧憬"(邓颖超:《五四运动的回忆》)。因此,她为得不到有关这方面的读物,表示了极大的遗憾。无独有偶,冰冰在《中国青年》上撰文,也道出了同样的感受:"有许多青年问我,研究马克思学说,在中国出版界中要看些什么书?这是一个很难回答的问题,因为要在中国现在的出版物中去研究马克思学说,差不多是不可能的。"(冰冰:《一个马克思学说的书目》,《中国青年》1924年第24期)直到1923年,侯外庐感叹地说:"马恩的原著,即使是英译本,我也连一本也都不曾见过。那个阶段的阅读,终究由于书读的太杂而又无人具体的指点,弊端甚大,竟至于连共产主义和无政府主义也混同一视,还以为无政府主义是一种彻底的解放。"(侯外庐:《韧的追求》)

　　有理由相信,当时社会中探求真理的人们,对马克思和社会主义的学说,有着十分迫切了解的需要,但有关这方面的翻译书籍尚不多见。可见,列为中华书局"新文化丛书"出版的《唯物史观解说》,无疑成为当时人们了解和学习马克思学说的及时雨式的译著之一。何况,"唯物史观是马克思学说的精髓",对于初学者来说存在着很大的难度。因此,冰冰将这部译作,与刘宜之著的《唯物史观浅释》列为当时重要的必读书,向读者建议说,《唯物史观解说》是"荷兰人郭泰为荷兰的劳动者作的,内分十四章,前有德国考茨基底序文;末附《马克思唯物史观要旨》一篇,可与《唯物史观浅释》第五章参看。本书把唯物史观的真理说的又简单又明了"(冰冰:《一个马克思学说的书目》)。许多读者看了此书后,内心受到很大的震动。有人指出:"一部重大著作,译成中文介绍到中国来,不是思想界上一件小事。郭泰的《唯物史观解说》现在经李达君转译成我国底文字了,我知道二十世纪的中国读者中除我以外,一定还有许多人感谢李君为他们做完了这件工作。"通过这本译著,他们了解了马克思,了解了马克思的唯物史观,至少将它作为一种可信服的理论对待。在研究社会状况时,"一方面,我相信唯物史观至少可以贡献一种方法。或者更有人根本怀疑物质左右精神的主张,对于唯物史观是先抱着观望的态度,因而对于根据唯物史观的马克司主义根本的不信任;但是我总以为唯物史观虽不免'硬性'一点,而大部分的真理是一定有的"。"我们并不想用宗教的精神来崇奉马克司做教主,但是产生了世界劳动运动的哲学,迸出了赤俄共产党的革命之花,把潮流卷入素不相干的中国,这样一种人底的这样一种学说,我是认定有几许研究法底价值的。……对于物质方面的中国社会问题,是至少含有几分真理,而且至少能供献几许解决方法的"(泽民:《看了郭泰底〈唯物史观解说〉以后》)。不难发现,马克思的唯物史观,强调经济基础,强调经济利益,给当时困惑而迷茫的人们,提供了重要的研究社会问题的方法。恽代英认定:"在这样不合理想的环境中,想在一局部做成什么理想事业,是绝对不可能的。要改造须全部改造。须将眼前不良的经济制度,从根本上加一种有效力的攻击。不然,总是没有益处。""我们应研究唯物史观的道理,唤起被经济生活压迫得最利害的群众,并唤起最能对他们表同情的人,使他们联合起来,向掠夺阶级战斗。""群众的联合以反抗掠夺阶级,其实是经济进化中必然发现的事,本用不着我们煽动,亦非任何人所能遏止。"(恽代英:《为少年中国学会同人进一解》)作为一家民营出版机构,中华书局适应社会潮流,与接受新思想的知识界人士通力合作,翻译西方名家著作,不限于一国,不限于一派。唯物史观、社会主义等书籍的出版,为人们了解各种社会思潮,辨别各种不同的派别,寻求适合国情的理论,的确是意义非凡的。

此外,1921年8月进入中华书局的张闻天,担任"新文化丛书"的编辑。期间,他翻译的《西洋史大纲》手稿,成为一份"珍贵的文化遗产"。该书原名《人类的故事》(*The Story of Mankind*)，为美国著名通俗历史学家房龙(张闻天译作范龙)早年最具影响的著作。该书"从人类的最初一直讲到现在"，很像英国人威尔斯的《历史大纲》(*The Outline Willem Van Loon*)。关于译此书的原因，张闻天认为，关于西洋历史的著作，国人自著的较少，简直是不可得，"就是从外国文译过来的几部中间，也很少有合意的"。他非常谦虚地说："至于我自己对于西洋历史并无多大研究，要自己编一部合于自己的标准的书，现在无此能力。但是我觉得，如其我编出来的书不能胜过人家编的，那末还是把人家编得好的书翻译过去岂不较为有益？所以这一次我选译了这一部书。"更为重要的是，在"译序"中，张闻天阐明了新颖的历史学观。他指出，研究历史是为了"了解现在，建设未来"。"反过来说，只有能分明地指出与我们现在未来的生活有关系的历史才是活的历史，值得我们去研究。只是记载些某年某月某日某地方发生某事，或是罗列帝王的年谱，王公大臣的身世的历史是死的历史，这种历史不但不能使我们发生一点兴趣，而且就是发生了兴趣也是无用的。"同时，他也批评了原著作者"所说的人类差不多完全以白种人为中心，对于有数千年文化史的中国与印度只在原书第四十二章内略略说了一点，敷衍了事。不幸就是这一点也已经犯了许多错误！"因此，张闻天删去这一章。鉴于"他说的既以欧美人为中心，倒不如把原书的书名，改为《西洋史大纲》较为近于实际。这就是这部书不称《人类的故事》而称今名的由来"(张闻天：《〈西洋史大纲〉译序》)。对于这时期张闻天的史学观，有学者指出："与当时中国先进知识分子所传播的马克思唯物史是一致的。张闻天此时虽未入党，但其思想上已完全接受了这一理论，在译序中他鼓励人们以此作为未来的方向，充满信心地去实践'未来的希望'。这希望无疑是指社会主义。"作为传播新思潮的著作，张闻天此书以青少年为对象，他在忠实于原著的基础上，对内容或史实上有不妥的地方，即大胆地删改，"甚至不惜加上自己的思想"。可以说，此书反映了张闻天科学的学术研究态度。"郁达夫说房龙是以文学家的手法讲述科学；研读张闻天的译稿，我感到，张闻天是在用思想家的眼光、文学家的手法、翻译家的技巧来讲述房龙的科学故事。"(王有朋：《一份珍贵的文化遗产——张闻天手稿〈西洋史大纲〉初探》，《文汇报》2000 年 9 月 30 日)固然，这是一部没有出版的手稿，只是利泽今人的文化遗产。但是，可以想见，这时的中华书局既是传播新思潮的阵地，又是汇集名家学者，进行学术研究的机构。

（二）"少年中国学会丛书"

1922 年 5 月，中华书局开始出版"少年中国学会丛书"，主要是介绍英、德、法等国各种科学、哲学、文学方面的重要著作。这是中华书局在五四时期推出的、与"新文化丛书"齐名的又一大型传播西学的丛书。

实际上，早在1920年，随着少年中国学会的加盟，中华书局就做出以该团体会员为主体，策划出版一套丛书。如前所述，他们大多留学海外各国，以翻译西学著作见长。当时，作为少年中国学会中的一员，1920年4月22日，恽代英在致学会同人的信中，对于"少年中国学会丛书"的编辑方针，明确表述了自己的看法。在分析了编译时应注意和避免的数点意见后，恽代英指出，丛书的编辑方针应当是："一、发表研究心得，以引起一般的注意及学者的讨论；二、介绍正确的科学知识，为智识界供给需要的材料；三、介绍正确的世界知识，以养成一般人正确的人生观及社会观；四、指导研究方法，参考材料，以引起一般人更进步的好学心（应采用 Bibliography 法）；五、文字浅显通俗，力避专门名辞；六、材料觅集要力求完备，而综括叙述出来，这样比直接译专著好；七、编辑要有系统，使人易看懂。"基于此种考虑，他将丛书分为专门研究的、通俗科学的和世界知识的三大类。他认为，编译这套丛书可分为四个步骤，一是由会员各将他所盼望的书审慎的拟出，再经大家讨论，拟为书目表公布，以备会员愿编丛书的选择；二是会员就他自信愿担任且能担任的，从书目中选定一种或二三种题目，担任编辑，或自定题目亦可；三是选定后，应以所选定的题目为研究的中心，至少为一年以上的学习，搜集各项有关的材料；四是应自觉对于所选决的题目，有明确系统的见解，然后下笔。"果然能够这样，同志因此有个系统的研究，将来出书亦于社会有些实益"。在信末，他提出了一些"盼望看见的书"的题目，并"盼望大家在这些题目之中，或在这些题目之外，摘定自己愿担任的一部分"。从他所列参考题目中，有"马克司及其学说"、"克鲁泡特金及其学说"、"罗素及其学说"、"杜威及其学说"、"达尔文及其学说"、"唯物史观"、"蒲鲁东及其学说"等等。

经过一段时间的酝酿和准备，中华书局陆续出版"少年中国学会丛书"，前后达30余种。（见下表）

"少年中国学会丛书"书目举要

书　　名	作　　者	译　　者	出版时间	备　　注
《法兰西学术史略》（第一集）	［法］柏尔格森	李璜	1921 年	
《人心》	［法］莫泊桑	李劼人	1922 年	附短篇小说《洋脂球》。

书　名	作　者	译　者	出版时间	备　注
《小物件》	[法]都德	李劼人	1922 年	至 1936 年 8 版。
《哈姆雷特》	[英]莎士比亚	田汉	1922 年	五幕剧本,后附《莎翁剧诗目录》。
《法国文学史》	幼椿、李璜 编		1922 年	自 18 世纪到 19 世纪 20 年代。
《罗密欧与朱丽叶》	[英]莎士比亚	田汉	1923 年	五幕剧本,至 1937 年 6 版。
《莎乐美》	[英]王尔德	田汉	1923 年	独幕悲剧。
《国家主义的教育》	余家菊、李璜		1923 年	1925 年 2 版,分 7 篇。
《妇人书简》	[法]卜勒浮斯特	李劼人	1924 年	书信体长篇小说。
《琪珴康陶》	[意]唐努道	张闻天	1924 年	四幕剧本,据英译本转译。
《盲音乐家》	[苏]科路伦科	张闻天	1924 年	长篇小说,据英译本转译。
《达哈士孔的狒狒》	[法]都德	李劼人	1924 年	至 1936 年 4 版。
《人的研究》	[法]佛利野德	周太玄	1924 年	
《日本现代剧选》	[日]菊池宽	田汉	1924 年	1930 年 5 版,又名《菊池宽剧选》。
《德国人之婚姻问题》	王光祈		1924 年	1933 年 4 版。
《马丹波娃利》	[法]弗洛贝尔	李劼人	1925 年	作者名通译福楼拜。
《应用教育社会学》	[美]斯密司	陈启天	1925 年	1931 年 5 版,译自《教育社会学导论》一书的后半部。
《英国教育要览》	余家菊		1925 年	1933 年 2 版,介绍英国的教育行政与学校教育。
《吴伟士心理学》	[美]吴伟士	谢循初	上册 1925 年、下册 1928 年	上册 1931 年 7 版、下册 1931 年 4 版。

书 名	作 者	译 者	出版时间	备 注
《国家主义论文集》	少年中国学会编		1925 年	内收论文 17 篇,作者有曾琦、陈启天等人。
《古生物学通论》	[德]李希霍芬	杨钟键	1926 年	1936 年 3 版,附地史时代略表、植物类及地质分布表、动物类及地质分布表。
《正义进化与奋斗》	邰爽秋		1926 年	分 2 篇,阐述作者的政治思想及在中国的应用。
《国家主义论文集》(第二集)	少年中国学会编		1926 年	内收论文 17 篇,作者余家菊、李璜等人。
《生物学纲要》	[德]葛尔曼	周太玄	1926 年	1936 年 5 版。
《经济学要旨》	[法]查理季特	李璜		1930 年 7 版。

　　就上表所列"少年中国学会丛书"主要目录来看,基本上体现了恽代英所提出来的编辑方针和原则。它所涵盖的西学内容,既有自然科学知识,又有世界文学名著;大到国家民族,小到个人婚姻等问题。这些新的外来思想和学说,对西方社会发展起过或多或少的作用,又从一个侧面反映了五四时期中国人对外来知识的兼收并蓄。

　　少年中国学会是这时期的一个重要团体,其会员本身的思想就分化明显,反映在译作方面,也呈现多元化的特征。"少年中国学会丛书"的各种译著多次再版,在当时知识分子中颇具影响,有的甚至掀起一阵新的文化思潮。我们看到,列为"少年中国学会丛书"的《莎乐美》剧本,1930年 3 月五版,1939 年重印第七版。该剧被时人评述为"是表现为华美于恐怖之中的,沙乐美是一个狂热的梦,表现当一个卑鄙不足为恶,肉欲不足为羞的时代中一种反叛性的堕落。我们在这中间所见一种无限制的热情的共鸣,一种暗昧的、半神圣的情绪的响应。他是描写灵与肉的冲突的,而结果是肉的悲惨的命运。描写人物的逼真是这篇剧本的一个特色"(沈泽民:《王尔德评传》,《小说月报》第十二卷第五期)。众多的学者为剧中人物所吸引,"一个人读过了《沙乐美》,决定是免不了发生兴趣的"。"这出剧本是一件完美的艺术品,奇特的艺术品。任是从布景方面讲来,或是从结构方面讲来,或是从内容方面讲来,或是从词藻方面讲来,它都无疑的是一件艺术品。"(朱湘:《中书集》)他们纷纷发表自己的观感,畅谈自己的认识,由此造成了一种"莎乐美文化"。"这种文化虽与二三十年代致力于揭露政治腐败和人民苦难的现实主义艺术的主流不相吻合,但其也是独辟蹊径,在一种感伤和唯美的情调中探索这个苦难时代的深奥问题"(邹振环:《影响中国近代社会的一百种译作》)。它受到当时许多不满现实、热心改造社会的青年们广泛喜爱。

法国文学在世界文学史占有重要地位,法国近代文学思潮,与现代世界文学有密切的关系。李璜等编著的《法国文学史》,自18世纪的福楼拜、卢梭,到20世纪的法郎士、罗曼·罗兰,以人物为经,以时代及文学上各种主义为纬,详述各作家的生平、性格、作品,以及在当时与后世的影响。"读此一书,不仅对法国文学可得一系统之概观,对世界各国文学,亦可略明其趋势"(《中华教育界》第12卷第8期)。

李劼人所译的《小物件》,曾被有的读者视为"青年时代最爱读的书"。一位名为赵景深的读者,曾饱含深情地回忆说:"我青年时代最爱读的一本书是李劼人所译的都德的长篇小说《小物件》。……那时我只有二十一岁,却在长沙岳云中学旧制三年级第一次当先生,教国文。学生的年纪有比我大的,情形很像《小物件》中所说。《小物件》许是都德的自传。他写《小物件》怎样开始他的文学工作,到处投稿碰壁,并且不曾结婚,这种种的情形,好像是说的我自己。因此我就起了共鸣,自比为'小物件'。'小物件'有一个很好的哥哥,因此我就把徐调孚比作我的哥哥。我曾经读《小物件》至少两遍,至今我还记得此书情节的大概。"(《读书通讯》第124期,1937年1月)

莎士比亚的名著《哈姆雷特》,被翻译介绍到中国来并非易事。因为既存在着古、今英文的不同,又存在着文法的难度,还要了解原著者所处的时代背景。在当时,有两种译本颇为流行,一是由邵挺译、名为《天仇记》的,商务印书馆出版,收入王云五主编的"万有文库"第一集。另一部就是田汉译、收入"少年中国学会丛书"的这部《哈姆雷特》。1932年10月,梁实秋在《图书评论》第1卷第2期上,以《莎翁名著〈哈姆雷特〉的两种译本》为题加以评述,对邵译本表示了较大的不满,认为"这译本前无序文,后无跋语,译者所根据的是何版本,凡例如何,均无从查考。译文是十足的古文,译者于古文一道,大约是颇有根底。古文白话,倒没有关系,我所不满者是邵君对于莎士比亚的原文十二分的不能了解,所以译文竟是疵谬百出,不胜列举。原文艰晦处固每译必错,即文法简单的地方也往往弄出意想不到的错误。这译本整个的要不得!"他指出:"王云伍先生是博学之士,竟把这样的译本编在'万有文库',任其流传,这不能不说是失察。"同时,对商务印书馆出如此低劣的译本提出批评,说:"今以邵挺先生所译而论,商务印书馆的编辑部竟能接受,一再的印行;不能不说是太无人了。所以我不愿指陈邵君的译文如何疵谬,只怪商务印书馆的当局人太不负责!"当然,他接下来评述说田译本,认为"亦有可议之处","我觉得田君对原剧的大意和精神大概都能体会,但对于'莎士比亚'的英文怕是外行。有些错误固是由于疏忽,或是由于大胆,若肯多翻字典,多参考注释,自然可以相当的进步。"但尽管如此,与邵译本相比,他认为"可不能同年而语了"。"田译的好处人人可以看得出。我以上批评的几点或者无伤大雅"。"田汉先生是当代很有才气的作家,对于戏剧富有研究,所以他译的《哈姆雷特》,大致上是很可读的"。虽然不能说中华书局出版的译作都是精品,但至少可以说明,它在选择译本之时是有考虑的,对读者是负责任的。

五四新文化运动是一场追求民主的、爱国的思想解放运动,孙中山曾这样评价说:"此种新文化运动,在我国今日,诚思想界空前之大变动。推其原始,不过由于出版界之一二觉悟者从事提倡,遂至舆论放大异彩,学潮弥漫全国,人皆激发天良,誓死为爱国之运动。"(孙中山:《致海外国民党函》)与少年中国学会结盟的中华书局,虽然不能断定是其中的"一二觉悟者",但至少在民营出版业中也算是"放大异彩"者。中华书局以编译出版的多元性学术文化著作——"新文化丛书"和"少年中国学会丛书",适应社会发展趋向,构成了新文化运动的重要一环。

三、中华书局西学传播概观

中华书局与民国时期文化思想的发展同步,大力编译出版西学名著及丛书,以供给人们更多的精神食粮,将五彩缤纷的世界文明呈现在人们面前,实践着输入"欧美文化"的重要使命。

五四运动前,中华书局关于西学书籍的出版,就数量而言不是很多,且大多以外国文学著作为主,而外国小说在其中又占了相当的分量。这时期较为著名的西学译作有:马君武译《心狱》(即《复活》,1914年)、朱世溱译《克利米战血录》(1914年)、陈家麟等译《阿娜小史》(即《安娜卡列尼娜》)和《惊婚记》(1914年)、周瘦鹃等译《福尔摩斯侦探案全集》(1914年)、陶履恭等编译《中外地理大全》(1916年)、穆湘玥译《学理管理法》(1916年)、周瘦鹃译《欧美名家短篇小说丛刊》三卷(1917年)、马君武译《足本卢骚民约论》(1918年),等等。

但是,就选材的质量而言,中华书局的这些翻译著作不但弥补了过去某些译本的不足,而且适应了当时的社会需求。《民约论》、《学理管理法》、《福尔摩斯侦探案全集》等著作,均被邹振环列为"影响中国近代社会"的一百种译作之内。

《民约论》又译《社会契约论》,作者卢梭(J. J. Rousseau,1712—1778)是18世纪启蒙运动最卓越的代表人物之一,是法国大革命的思想先驱者。他的这部巨著,宣扬主权在民,为近代民主思潮和民主运动提供了重要的理论基础,成为影响世界进程的重要著作。20世纪初年,卢梭的《民约论》开始传入中国,其宣扬的"天赋人权"思想,成为晚清以来影响最大的外来学说之一。梁启超高度评价《民约论》的启蒙作用,指出:"自此说一行,欧洲学界,如旱地起一霹雳,如暗界放一光明,风驰云卷,仅十余年,遂有法国大革命之事。"(梁启超:《论学术势力之左右世界》)同时,对民主革命思潮的勃兴,亦曾起过不可忽视的作用。邹容在《革命军》中盛赞这一理论,"为起死回生之灵药,返魄还魂之宝方,金丹换骨,刀圭奏效,法、美文明之胚胎,皆基于是"。翻阅《革命军》的内容,有卢梭学说的明显烙印。柳亚子曾赋诗《放歌》:"卢梭第一人,铜像巍天阊。《民约》创鸿著,大义君民昌。胚胎革命军,一扫秕与糠。百年来欧陆,幸福日恢张。"五四时期,陈独秀在《青年杂志》第1卷第1号上发表《法兰西人与近世文明》,文章赞美了法国的人权理论,称颂卢梭的贡献,指出这个理论乃是"最足以变古之道而使人心社会划然一新",推动社会文明进程的一件大事。

然而,时至民国年间,影响巨大的《民约论》的译本主要有二种,一是上海同文书局于1898年从日本学者中江笃介的《民约译解》第一卷中转译而来,题名《民约通义》;二是上海文明书局于1902年出版留日学生杨廷栋的译作,题名《路索民约论》。但是,"日译已多有错误,杨译更讹谬不能读。……《民约论》之书名出现于中国十余年,其真书竟今不可得见"(马君武:《〈民约论〉译序》)。鉴于此,"右手弹丸在《民约》,聆君撞起自由钟"的马君武,奋笔疾书,夜以继日,终于把这部巨著译介到国人面前。中华书局于1918年以《(足本)卢骚民约论》为名出版,可谓内容完整而全面的《民约论》。其中,第一书的内容有导言、第一书之旨趣、最初社会、最强者之权利、奴隶、最初协约之必要、民约、主权体、人治之世、财产九章;第二书的内容有主权不可放弃、主权不可分析、公意之错误、主权之界限、生死权、法律、立法者、人民立法系、法律之分类等十二章;第三书的内容有政府通论、各种政体建设之原理、政府之分类、民主政体、贵族政体、君主政体、混和政体、论每一政体非与每一国相宜、良政府之标识、政府之妄为及衰亡之倾向、政群之解散、主权维持之法、人民代表、论政府之制度非契约、政府之制度、预防政府暴篡之法等十八章;第四书的内容有论公意不可破坏、表决、选举、罗马公民大会、保民官职、独裁制、监查制、宗教、结论等九章。在序言中,马君武写道:"主权在民之原理,推阐尽致者惟卢骚。"这部《民约论》,即使与解放后出版的《民约论》译本相比较,从内容的全面性来讲,的确名符其"足本"之实。它问世以来,深受广大读者的欢迎,到1936年时,就已印行至8版之多。

　　1916年11月,中华书局出版穆藕初(初名湘玥)的《学理管理法》一书,译自美国"科学管理之父"泰罗的《科学管理原理》(*The Principles of Scientific Management*)。该书提出的科学管理理论,标志着管理学理论的革命,推动了传统管理向科学管理的转变。因此,不数年的时间,这部书就被10多个国家翻译成本国文字。这部书原本分引言、科学管理的基本原理与科学管理的原则两章,中译本改译为五章五十七节。译者穆藕初为近代著名企业家,留学美国期间,他对那里的企业管理方法赞叹不已:"深佩彼邦人士,于管理上种种方法,推究入微,凡有所利,无不力图;凡有所病,无不力除。予在数年研究期中,更得载乐尔先生新著之《学理管理法》一卷,一再披览,于以恍焉悟美国实业界管理方法之精进,实此辈先觉左右指导之功居多。"在谈到该书翻译的初衷时,他说道:"此书所载事实,虽借钢铁业发端,用其道以施之各业,无不推行尽利。虽然,此学理管理法,岂第适用于改进凡百实业而已,诚得一般有志改进家,熟按此书所载方法,引申触类变通化裁而妙用之,无论个人与家庭,社会与国家,种种事业,参用此项新管理法,无不立收奇效。"此书在中国的较早出版,很大程度上促进了科学管理法在中国的传播。近代"状元资本家"张謇在所作"叙"中指出:"予营工厂二十年矣,指臂之助,职在有司,而间亦研极其理,乃有时知其弊之所至与所生,而处处穷于法,则于科学固未之学焉耳。"他期待中国的管理者,"能手此一编"。《学理管理法》在中国出版后,销路大增,到1934年已达7版之多。不少的企业部门,如纺织、邮电、海关、铁路、航运等都先后采用过"泰罗制",于经营中获得了巨大成功。

　　如果说,上述两书的译介于中国,适用于当时的政治和经济,那么,中华书局编译出版的《欧美名家短篇小说丛刊》三卷和《福尔摩斯侦探案全集》,则在我国近代翻译文学史上,更是久负盛名,历久弥新。

《欧美名家短篇小说丛刊》(再版时改名为《欧美名家短篇小说丛刻》)是一部有关欧美国家的短篇小说汇集,由时任中华书局编辑的周瘦鹃翻译而成。谈到这部译作集的来历,周瘦鹃曾说:"二十岁时,中华书局编辑部的英文组聘我去专做翻译工作,除译了几种长短篇的《福尔摩斯侦探案》外,还译些杂文和短篇小说,供给该局月刊《中华小说界》、《中华妇女界》等刊用。二十二岁时,为了筹措一笔结婚的费用,就把这些年来译成的西方各国名家短篇小说汇集拢起来,又补充了好多篇。"这样,这部"丛刊"共计14个国家的50篇作品,译文有文言文、有语体文,文笔优美。值得注意的是,即使是文言文,也绝无生僻的字词和艰涩的句子。卷首有天笑生、天虚我生、钝根的序文。这50篇作品,分别是"英国十八篇,法国十篇,美国七篇,俄国四篇,德国二篇,意大利、匈牙利、西班牙、瑞士、丹麦、瑞典、荷兰、芬兰、塞尔维亚等国各一篇,并于每一篇之前,附以作者的小影和小传"。中华书局对这套小说丛刊的出版相当重视,先出平装本三册,又出精装本一册。后来,不但连续再版,而且还专门送到教育部申请审定登记,这对年轻的编译者来说,"是很有鼓励作用的"。从清末以来,有识之士觉察到小说的社会功用,即致力于翻译西方小说以唤醒民众。但较为注重英、法、美、俄等国的小说之译介,对于其他国家的则鲜有光顾。周瘦鹃因为精通英文,也以翻译英美名家的作品见长。其实,他非常崇拜法、俄等国的作家及作品,如左拉、巴尔扎克、巴比斯、莫泊桑、托尔斯泰、高尔基、安特列夫、契诃夫、普希金、屠格涅夫、罗曼诺夫等人。但是,他也没有忽视"欧陆弱小民族作家的作品",而是"经常在各种英文杂志中尽力搜罗,因为他们国家常在帝国主义者压迫之下,作家们发为心声,每多抑塞不平之气,而文章的别有风格,犹其余事"(郑逸梅:《书报话旧》)。众所周知,小说是反映社会现实的一面镜子,伟大的时代诞生伟大的作家,伟大的作家写出伟大的作品。对于弱小而受压迫国家的作家来说,他们所体验的是异族之欺凌,他们所希求的是本民族之解放。因此,这些作品被译介到亦属弱国之列的中国,对于激发民族斗志是有进步意义的。当时,在教育部供职的鲁迅称赞这部译作"用心颇为恳挚,不仅志在娱悦俗人之耳目,足为近来译事之光"。又说:"然当此淫佚文字冲塞坊肆时,得此一书,俾读者知所谓哀情惨情之外,尚有更纯洁之作,则固亦昏夜之微光,鸡群之鸣鹤矣。"王钝根在序文中,不但称颂译者艰苦笃学之情形,而且说"渠于欧美著名小说,无所不读。且能闭目背诵诸小说家之行述,历历如数家珍。寝馈既久,选择萃精,盖非率尔操觚者所能梦见也"。中华书局出版这套小说丛刊,就国别和选材上来说,无疑是开创了一个先例,"其中意、西、瑞典、荷兰、塞尔维亚,在中国皆属创见,所选亦多佳作"(鲁迅、周作人:《〈欧美名家短篇小说丛刊〉评语》,《教育公报》第4卷第15期)。直到今天,它仍被学术界誉为"近代收外国短篇小说数量最多、国别最广、名家名著最多的一部小说专集"。

1916年5月,中华书局出版了由周瘦鹃、刘半农、程小青、天虚我生、陈霆锐等人译成的《福尔摩斯侦探案全集》。这部英国著名作家柯南·道尔的侦探小说集,"一时风行,各国迻译迨遍,吾国也一译再译,价值之高,可无赘述"。该译作共计12册、44篇,具体地说来,其特点是:"结构最佳者,首推《罪薮一案》;情节最奇者首推《獒祟》一案;思想最高者,首推《红发会》、《佣书受给》、《蓝宝石》、《剖腹藏珠案》四案;其余《血书》、《翡翠冠》、《希腊舌人》、《海军秘约》、《壁上奇书》、《情天决死》、《窃图案》诸案,亦不失为侦探小说中之杰作。唯《怪新郎》一案,似属太嫌牵强,以比较言之,不得不视为诸案中之下乘。而《丐者许彭》一案,虽属游戏笔墨,不近情理,实有无限牢骚蓄乎其中。"这部译作使用的语言,以浅近的文言为主,虽然它的语言风格不尽一致,但大体比较通畅,亦较忠实于原著,堪称五四前福尔摩斯侦探翻译的集大成之书。固然,这是一部文学作品,但就其所传播的西学知识而言,简直可以算作一本百科全书。刘半农在跋文中称其"虽非正式的教科书,实隐隐有教科书的编法"。在他的评论中,天下各种学问,多有一定系统性,虽然"学理高深至于极顶,亦唯一部详尽的教科书足以了之。独至侦探事业,则其定也,如山岳之不移;其变也,如风云之莫测;其大也,足比四宇之辽阔;其细也,足穿秋毫而过。夫以如是不可捉摸之奇怪事业,而欲强编之为教科书,曰侦探之定义如何,侦探之法则如何,其势必有所不能。势有不能,而此种书籍,又为社会与世界之所必需,决不可以'不能'二字子之,则唯有改变其法,化死为活,以至精微至玄妙之学理,托诸小说家言,俾心有所得,即笔而出之。于是乎美具难并,启发民智之宏愿乃得大伸。此是柯南道尔最初宗旨之所在,不得不首先提出,以为读者告也"。因此,就其内容而言,除涵盖政治、文学、哲学、天文学、音乐、武术、民俗而外,"言其于植物学则精于辨别各种毒性之植物,于地质学则精于辨别各种泥土之颜色,于化学则精邃,于解剖学则缜密,于记载罪恶之学则博赅,于本国法律则纯熟。即言凡此种种知识,无一非为侦探者所可或缺也"。使读者"恍然于侦探之事业,乃集合种种科学而成之一种混合科学,决非贩夫走卒,市井流氓,所得妄假其名义,以为啖饭之地者也"。同时,小说通过塑造主人公福尔摩斯不图虚名、不贪钱财的道德品性,向人们展示了"不具此种人格,万事均不能为也"的人生告诫。否则,"如其无道德,则培克街必为挟嫌诬陷之罪薮;如其爱名钱,则争功利之念,时时回旋于方寸之中,尚何暇抒其脑筋以为社会尽力,又何能受社会之信任?"所以,"以福尔摩斯之人格,使为侦探,名探也;使为吏,良吏也;使为士,端士也"。"其提倡道德与人格之功,自不可没。吾人读是书者,见福尔摩斯四字,无不立起景仰之心"。从文学的角度来说,"此书亦不失为二十世纪记事文中唯一之杰构"。在全书的四十四案中,"撰述时期,前后亘二十年,而书中重要人物之言语态度,前后如出一辙,绝无丝毫牵强,绝无丝毫混杂"(刘半农:《福尔摩斯侦探案全集·跋》)。此书出版后,深受广大读者的喜爱,三个月后就再版,到1936年就已印至20版。

1918年,中华书局又出版了法国作家玛丽·瑟勒勃朗撰写、由周瘦鹃翻译的另一部侦探小说——《亚森罗蘋奇案》。该书为短篇侦探小说集,收入《十二锦幕》、《七心牌》、《继父逆谋》、《胠箧党》、《三图画》、《秘密隧道》、《崇垣镜影》等七篇。小说属一部反侦探小说,塑造了一个巨盗的行为。对此,译者周瘦鹃说:"英伦海峡一衣带水间,有二大小说家崛起于时,各出其酣畅淋漓之笔,发为诡奇恣肆之文。一造大侦探福尔摩斯,一造剧盗亚森罗蘋。一生于英,一生于法。在英为柯南·道尔,在法为马利勒勃朗。勒勃朗者,真奇人也。所为小说多种,半言巨盗亚森罗蘋事。其风行于欧洲也,与《福尔摩斯》同,而文字思想,亦正与柯南道尔工力悉敌。法人尝自夸,谓不让英吉利以福尔摩斯骄人也。予居恒颇好勒氏书,其描写剧盗之行径,真有出神入化之妙,笔飞墨舞,令人神往。"(《怀兰室杂俎》,转引自蒋瑞藻:《小说考证》下册)此书出版后,颇有销路,人们争相一睹为快,引起一个不大不小的亚森罗蘋热。不难发现,由于我国封建社会漫长,官本位意识在人们的思想观念中根深蒂固,一贯缺乏法律精神和诉讼体制,总是把建立社会良性规范秩序的愿望寄托在所谓的清官廉吏身上。因此,以《福尔摩斯侦探案全集》和《亚森罗蘋奇案》为代表的一批侦探小说的译介,一方面,增长了人们的智慧、观察力和社会经验;另一方面,"某种程度上我们还可以说,侦探小说也带来了西方社会的一些法制观念和人权思想,这对于习惯读《施公案》、《彭公案》、《龙图公案》的中国读者来说,所具有的积极意义远比人们估计的要高"(邹振环:《影响中国近代社会的一百种译作》)。

五四运动后,在中西文化大汇聚的广阔背景下,西学传播掀起新的浪潮。这时期的中华书局,自觉融入到社会改造的文化运动中,以出版丛书为重点,内含大量颇具影响的西学名著。"常识丛书"(1924年开始出版),包括《进化论浅说》、《现代五大强国》、《殖民政策》、《南洋》、《人口问题》、《地震浅说》、《摩托车与道路》、《欧洲近代文学思潮》等,共计 50 种左右。"音乐丛刊"(1924 年开始出版),陆续有《欧洲音乐进化论》、《西洋音乐与诗歌》、《西洋音乐与戏剧》、《东西乐制之研究》、《各国国歌评述》、《德国国民学校与唱歌》等,二三年间先后出有 10 余种,均由王光祈编著。"国民外交小丛书"(1928 年开始出版),有《外国在华之经济侵略》、《中国交通与外国侵略》、《中英关系史略》、《法国殖民地》等,总计 8 种。1929 年出版的丛书有,"现代戏剧选刊"《武者小路实笃戏曲集》、《孤独之魂》、《圣女的反面》等;语体"学生文学丛书"《天方夜谭》、《依里亚德》、《奥特赛》等;"英文文学丛书"《莎士比亚剧本事》、《二城故事》、《天方夜谭》等陆续出版,共 14 种。"国防丛书"(1933 年开始出版),大多由旅居德国的王光祈选译,包括《经济战争与战争经济》、《德英法战时税收》、《空防要览》等,有 10 余种。同年出版的"国际丛书",有《世界殖民地独立运动》、《现代外交与国际关系》、《国际裁军问题》等,共 26 种。"世界童话丛书",选译自欧亚各国童话集,陆续出有 14 种。影响较大的"中华百科丛书"于 1934 年开始出版,全套丛书分 10 大类,计 100 种。分总类、哲理科学、教育科学、社会科学、自然科学、应用科学、艺术、语文学、文学、史地等十类。每类有书 8 至 24 册成一小单元,可以分购。每书约 5 万字,书末附有名词索引及重要参考书目,便于读者深造。至 1939 年出齐。包括刘天予的《社会学纲要》、周宪文的《社会问题与社会政治》、刘炳黎的《社会主义史纲》、左舜生的《辛亥革命史》、杨钟健的《气象学纲要》、瞿菊农的《现代哲学思潮纲要》、蒋维乔的《中国哲学史纲要》、向达的《中西交通史》、梁实秋的《文艺批评论》、黄鹤年的《动物学纲要》、王光祈的《中国音乐史》、丰子恺的《近代艺术纲要》,以及《进化论初步》、《世界弱小民族问题》、《天文学纲要》、《近代科学发明概观》等西学著作。它面向中等学生,将日常习见现象作学理的说明,以能启发思想,引起研究之兴趣。如列为该"丛书"之一的钱亦石所著《现代教育原理》,全书分绪论、教育的本质与目的、教育原理的生物学基础、社会学基础和哲学基础、政治教育、生产教育、文化教育、教育与人类前途等九章。当时,《中学生》月刊编辑傅彬然评论说:"本书并不是一册体制谨严的学术专书,只能算是一种通俗读物,也许为学院派的先生们所不屑的。可是,在这短短的篇幅里,作者把教育的真实性质,运用科学——自然科学和社会科学——的解剖力,分析得清清楚楚了。在临了,正确地估计了教育的效能之后,作者认为教育战线必须和世界整个基本运动战线统一起来。他的

最后赠言是'教育界孤军奋战是没有出路的!'"(《上海文化》第 2 期,
1946 年 2 月)

　　同年,中华书局开始陆续编译出版"世界文学全集",共计 40 余种,
包括《台丝姑娘》、《真妮姑娘》、《资产者》、《战争与和平》、《查拉杜斯屈
拉如是说》、《村教士》、《高龙芭》、《弟子》、《游荡者的生活》、《被开垦的
荒地》、《薄命的戴丽莎》、《野性的呼唤》等名著。其中,马尔扎克的《村教
士》,反映了作者之风格、精神。"本书印行在出版困难之抗战期内,尤足
珍贵"(《图书月刊》第 1 卷第 2 期)。《查拉杜斯屈拉如是说》一书,原著
为德国尼采,雷白韦译,为哲理性叙事散文诗,共分四部,书名下题有"人
人可读无人可读之书"。尼采为德国著名的哲学家,其哲学思想在民国年
间颇具影响。该书堪称他的成名作,在其自传《瞧! 这个人》中,尼采宣
称是书为"我给予我的同类人一种为他们所获得的最大赠与。这本书不
但是世界上最傲慢的书,是真正属于高山空气的书——一切现象、人类都
是躺在它足下的一个难以估计的遥远的地方——而且也是最深刻的书,
是从真理的最深处诞生出来的;像一个取之不尽的源泉,任何盛器放下去
无不满载而归"(尼采:《瞧! 这个人》,刘崎译)。民国年间,此书产生了
较为深远的影响。虽然中华书局出版本书在时间上算不得较早,但仍属
适用当时社会之需的名著。

　　与此同时,中华书局推出"英汉对照文学丛书"、"英文文学丛书"、
"大学用书"、"现代文学丛刊"、"世界文学丛刊"、"大众文化丛书"、"青
年丛书"、"妇女丛书"、"欧游丛刊"、"世界童话丛书"、"新文艺丛书"、
"新中华丛书"、"社会科学丛书"、"英文学生丛书"、"中华文库"、"初中
学生文库"、"小朋友文库",等等,门类众多,不一而足。

　　值得称道的是,上述所列丛书由于面向的读者不同,中华书局在编译
上费尽心机,力求适应。如"中华百科丛书",内容"自政治、经济、史地、
文艺,以迄恋爱问题,性的知识,无不包罗;意在使全国青年学子能以自修
功夫,得到修身治学的百般知识"。所以,在文字上"极浅显,务期青年人
人能读"。又如"英汉对照文学丛书",分为初、高两级,初级以世界名著、
少年读物为主;高级以现代英美作家之杰作为主。"原文全用英文,在翻
译之外,又加注释。文字由浅入深,编制前后联贯,青年得此,可以无师自
通;除充英文读物外,又可为研究文学之捷径,学习翻译之良师"。再如
"世界文学全集",则"把十九世纪以降的各国文学的杰作,请国内第一流
的文人细心翻译出来;工作极为繁难,但影响至大;因小说、戏剧、诗歌是
各方面的人都爱读的,要提高一般国民的嗜好与趣味,非有高尚的文学作

品给他们阅读不可。日本和美国都先后经过了一个翻译的时代,才有今日的创作时代产生。我国出版界对于世界文学,虽有若干零碎的翻译,但无系统的介绍;本丛书想弥此缺憾"。还有"国防丛书","以介绍关于国防的常识及方法为原则,力避肤浮的空论,取材以科学及历史为根据,介绍东西各国成法成例,而引申以及于我国"。"国际丛书","以供国人研究国际问题而作从事建设事业之参考为目的;内容注重国际重要问题之分析,与各国优良制度之介绍"(舒新城:《中华书局的八种丛书》,《图书评论》第 1 卷第 2 期)。其他的丛书,在选材、翻译、编排等方面也独具匠心,力求适合人们求知的心理。诸如此类的丛书,是中华书局向世人打开的了解世界的一扇扇窗口,"使中国知识界得以在这文化大变动的时期接触到西方多元性、复杂性的文化意识形态。这种多元取向带来了多元的座标和参照系,使中国人有可能寻找到一种自我认识与自我意识,在这兼容、丰厚的思想摄取中,中国文化才有可能不落入特定思想的固有框架之中,而获得真正的创造性转机"(邹振环:《五四时期的学术著作翻译出版概观》)。中华书局传播近代西学的文化价值和意义,理应从这个层面上去理解、体味。

编译出版大量的译著和丛书而外,中华书局发行的杂志期刊,在介绍世界知识、输入学理新说等方面,也做出了积极的努力。

《大中华》在其存在的二年时间里,为实现"养成国民世界知识"之宗旨,"故多论述各国大势,绍介最新之学术"。此时,第一次世界大战如火如荼,日本加紧逼迫中国承认"二十一条",因而《大中华》对国际形势、日本与中国的关系等,进行了大量的介绍。在第 1 期所刊载的 16 篇正文中,就有 10 篇是翻译文章。其中,报道欧洲大战的就有《欧洲大战开幕记》、《欧洲战争中之新事物》、《报馆之战地通讯员》、《中国国债票与欧洲战争》等。

战争总是新式武器运用的试验场,而新式武器又是衡量一个国家科技含金量和综合国力的重要尺度。中华书局在介绍世界大战时,出于激发国人奋发自救的愿望,十分注意并强调发展科技、增强国力的重要性。中华书局编辑欧阳仲涛写成《国人之一念》一文,感慨大战中飞机、巨炮、潜艇的威力,以及"交通邮递之改良,制造原料之代用,经济财务之新组织法,因战争中迫不得已而获之新发明"。念及"百年来世界历史刷新,其原动力实在汽船、铁道、电信器三大发明。盖物质科学之利用,人类遂以战胜自然界而夺天工"。由此,他得出结论说:"能利用物质科学至于何种程度,即为其民族盛衰之差等一大原因。"但是,科学的发达与否,根本上在于政治是否改良。"科学不兴,国际地位之危迫,此皆由于政治之不良。政治之不良,故无以兴教育,无以策外交。然则吾人今日根本救治之不二法门,亦仍惟有求诸政治而已耳"。"吾国于此,即令急起穷追,为长脚之进步,能逮几何? 而况乎是否有此急起穷追之预备,乃至是否有此急起穷追之志意,均不敢知一也"(《大中华》第 2 卷第 3 期)。谢扶维在《中华教育界》第 8 卷第 2 期上发表文章,总结了世界战争的七大教训。他特别指出:"此次大战,亦可谓智慧竞争。以战术言,则空中、地中、水上、水中,秘法机力,百出其端;其他产业上,交通上、运输上,无不以最新之科学决胜负焉。"大声呼吁:"吾愿邦人加意于职业之选择,学问之倾心,助长发见发明之能力,养成创造的才能,务使根柢上真学问与实生活接近连络,合为一致,此皆陶冶科学的精神之道也。"马君武在《世界大发明家罗伯儿传》(即诺贝尔)的文章中,介绍了他一生的发明,以及遗产每年的利息,设立的物理、化学、医学或生理学、文学、和平奖金的情况。不久,他又撰成《世界大发明家卑司麦享利传》,介绍了英国的这位速制钢发明者。他深有感触地指出:"世界自有文化以来,既历千数百年,而大发明之事业,乃历历可数。……若中国之儒生,空言正心修身治国平天下,自为一阶级,与农工商相隔绝,世界新发明之自然科学,及实工艺,茫然不知为何物者,更无论矣。"自从卑司麦制钢法发明后,钢铁工业及一切与之有关系的工业,"实开一新纪元,英国及英国民族,每以英国有卑司麦为光荣,一人之事业,实足以增全国民之名誉,若卑司麦是也"(《大中华》第 2 卷第 8 期)。顾绍衣通过写作《无线电话最近之进步》一文,也深有体会地说:"居今之世,环观世界各国,物质文明,进步至速,按之科学发明应用之历史,种种事物发展之状况,殆无有更盛于今之时期者,独我中华民国,呱呱堕地时,即带有遗传性之精神衰弱症。实科之学,不知研究,发明之绩,不闻于世,良可慨也。溯无线电信之发明于意大利之马哥尼者,至今才十有九年耳,更以来未足,方将为环绕地周之企图。进步之速,奚啻一日千里耶?"(《大中华》第 1 卷第 8 期)曹慕管在《建设大学论》的文章中,总结道:"军械何由而精良,技术何由而新巧,则科学之发达,有以致之也。今之欧战,有识者莫不名之曰学战,以于知学术之于战争,有绝大之关系焉,非虚语也。"反观中国,几无一完善之大学,"致使国粹日即湮窒,欧化格格不入,人才不出,百废不举,教育不得独立,方针不得确定,乃今日最可虑可惧之事也。"因此,"将欲陶铸人才,奖励学术,输入欧化,发展文明,图教育之独立",是谋求民族自立的根本所在(《大中华》第 2 卷第 7 期)。1915 年 10 月,《大中华》选译美国的《纽约新闻》、《纽约时报》、《乌铁加观测报》、《柏罗克林鹰报》等数家报纸的文章,这些报纸通过对中日交涉问题的述评,披露了日本"二十一条"独占中国的阴谋,以及危害到英美的利益。不但映射出美英与日本之间在华问题上的复杂矛盾,而且对于所以造成此种现状的缘由作了一些分析。同时,对中国人的态度也做了客观的评判,虽然中国贫弱至极,政府无能,但中国拥有四万万聪慧之人民,在不久的将来,"长眠大醒,而立志欲成强国,以求自治者"。《大中华》刊载大量的海外来稿,披露国际动态,以激发人们的奋起救国之心。如发表王景贤的来稿,提及美国前总统罗斯福,曾在巴拿马发表演说,提倡大增军备的主张,并以中国无军备受侮而引以为戒。最后,作者指出:"夫美利坚合众国海陆军之大扩张计划,固已耸动一世之耳目。而吾侪内顾宗国,独若熟视无睹,抑又何也?谓国步方艰,财政奇绌,故有所待耶?未暇及此耶?则今日国中人士所大声疾呼,发为政论者,不在讨论军实,而在研究国体,不可谓非奇事也。吾述此,吾有余悲吾有余惧矣,顾我国民,如之何勿思?"可以说,通过域外人士的亲身感受,介绍世界大势,以及与中国的关系,针对性较强。

自第一次世界大战到第二次世界大战,自"二十一条"到全面抗日战争爆发,自"巴黎和会"到美英势力的渗透,中华书局的期刊杂志,在传播西方文化、介绍世界局势之际,打上了深深的民族自救的烙印。《大中华》对于世界大战和中日外交动向作为重点篇目,及时向人们提供新消息。诸如战争起因、双方军备实力、外交活动、战况进展和日本向中国提出"二十一条"等交涉情况。与战争有关的世界最新科技成就,如长途电话、无线电通信、各种新式武器、潜水艇,新发明之放大器、镭的性能、原子分裂、生物变种等,也进行了大量的、及时的介绍。中华书局无论是选载外国之译文,还是刊登国人自撰之篇章,总不忘与现实的民族问题作对比,借以激发人们的爱国之心。《大中华》发表英国卜兰特氏题为《中国之将来》文章的译文,该文在论述了列强对华政策和中国内政外交之情形后,鼓吹把中国"置诸国混合统治之下"。由此,该刊借译者之口大声疾呼"诚不知届时是何景象,痛乎悲哉,其殆埃及第二乎?""希望吾邦人诸友,观察世界之舆论,去其我是人非之见而剂之于平耳"。

第一次世界大战期间,各国勾心斗角,矛盾错综复杂,今日德奥同盟,明日俄日条约。但重要的是,透过这些外交关系而充分认识到对于我国的影响,使国人明晓世界之事并非于己无涉。中华书局注重刊载这方面的文章,促使人们洞察世界,反省自身。鉴于"国人同室之斗,无暇驰观域外,故欧战之声震天地,而此邦若罔闻也"。《大中华》发表文章指出:"乃者日俄新协约又见告矣,瞻彼东陲,行且离遇,吾为此惧,乃发愤而述是篇。抑欧洲诸国所以不克出全力以宰割此土者,亦巴尔干之争,切己尤甚耳。今其争且解矣,他日欧战既终,以日俄新协约之故,而促成日俄英法之大同盟,二藩一去,均势一破,则瓜分之祸,其将实现。于此之时。国人虽戮力同心以图之,或犹惧其未必救也。而国中贤豪,方且暗斗不已,若惟恐瓜分之不自我者……斯可为椎心泣血者矣。"(潘力山:《日俄新协约与中国之关系》)"若吾中国其危险之程度什百倍于他邦,而国防之设备,则万无一有,此即今日全国一致,上下一心,昼夜兼行,为救亡之措施,已汲汲顾影,虞其不及,而国内现象不特不知警惕,且转利用此极会以自制造丧乱崩颓之因。呜呼! 国之将亡,固非一二事所能构成,亦非一部分人所能独责。悠悠苍天,曷其有极,时事至此,夫复何言? 邦人君子倘有逆念未来必至之祸患而惧然兴起者乎?"(欧阳存孝:《欧战与中国》)他们表达了对列强瓜分中国之忧虑,军阀混战之愤慨。同时,它不但介绍发达国家为我国学习之对象,而且还通过介绍向来不为人重视的一些弱小国家不甘落后、致力富强的事实,来谴责国内混战所造成的民族衰弱和国家不振。《大中华》载文大声呼吁:"拥四万万里地而苦贫,有四百兆民而患不强,屈辱于小国,不齿于列邦,谁实为之而至于斯? 生于其国而不足引咎者非人也,大地之上,蕞尔小国,后进新邦,靡不骏发龟兔以图自存,峥嵘露角以求日进,不见乎巴尔干诸邦乎? 更不见南美之诸共和国乎?""吾自来美,见他国之飞黄腾达,蒸蒸日上,益觉己国才焉不终日可危。"今不图强,则无以自存,英、德、法、美等国暂且不论,就国人所不注意的南美诸国而论,"要知跻臻富强,要在自为,取侮召辱,亦在自为,乘机待时更在自为。……吾之草此论,欲吾民见必能自助而后人助之,亦以见他国处境不如吾国且能自强,吾乃醋梦依然,竞私利,务私争,上饵下谄,置国不顾,岂不痛哉!"(张宏祥:《南美诸国之现状》)

　　《新中华》半月刊,揭起"灌输时代知识,发扬民族精神"的旗帜,"集合海内外之关心国事者,共谋介绍时代知识于大众之前",这是中华书局20世纪30年代创办的、具有很大影响的综合性杂志。它刊载国际时事、经济状况、各种学说等文章,还多次刊出涉及国内外的政治、经济、文学、科学等专号。《新中华》深受广大读者的喜爱,不数年间,"行销在三万份以上"。中华书局的编辑认识到,中国在国际舞台上占有重要的地位,"国际舞台上的一切变动,都要影响到中国,影响到我们本身"("编辑室谈话",《新中华》第3卷第1期)。所以,《新中华》在介绍世界知识和国际问题等方面,总是不遗余力,竭尽所能。以第2卷第13期为例,就有

《世界经济危机与第二次大战》、《第二次世界大战的两大火药库》、《第一次世界大战与第二次世界大战》、《军缩会议的死亡》、《太平洋战争与英日关系》、《中欧问题的历史观》、《资本主义各国的反苏联阵线》、《第二次世界大战与中国》、《第二次世界大战与国家总动员计划》、《第二次世界大战的前途》、《帝国主义国家主义军备竞争的现势》、《独裁者的恐怖生活》、《军扩的消息与和平的故事》、《各国彩票谈》、《战争与革命》、《战时财政问题之研究》、《伦敦海军初步谈判》、《日本荷印会商》等等。同时，《新中华》坚持"选译外国著作中富有价值的文章，随时登载"的原则，力求"使读者以领略各国学者的名言倪论，以收他山攻错之益"。创刊号上发表的《近代科学的综合观》（华汝成）、《相对真理与绝对真理》（李石岑）、《哲学与艺术——希腊大哲学家的艺术理论》（宗白华）、《大战以来的世界文学》（钱歌川）、《奇迹》（杜兰阑谛作，钱歌川译）、《舞女》（高尔斯华绥作，钱歌川译）等，就是其传播西学的几篇重头文章。

的确，从近代中国的发展历程来看，由于西方列强的侵略，造成了空前的民族危机和灾难。因此，任何的社会问题总会牵扯到民族问题，总会在文化上得到反映。当时，不少学者认识到，解除内忧外患，实现民族复兴，建立现代国家，"这种事业之根本工作，则在文化运动，所以我们今后要想使民族有一条出路，则应当在文化上把握住目前的民族问题"（陈高傭：《中国文化的过去与今后》，《新中华》第 2 卷第 1 期）。中华书局的西学传播，自然也有着与民族问题相结合的特点。

日本侵华，国难当头；远东危机，战云密布。中华书局的《新中华》杂志把灌输知识与弘扬民族精神相结合，每当国际上有重大事件发生，尤其是关系到中国问题时，总是邀请有关方面的专家进行评析。鉴于"由日德协定，而日意协定，而日德意三角关系，这其间有着欧洲的外交背景，和远东的侵略动向"。《新中华》当即推出《国际时事谈话》和《德国内政外交》等文章，向读者予以及时的介绍。1934 年，《新中华》推出"第二次世界大战展望"专号，表示："第一，这是非常新鲜的问题；第二，这是非常复杂的问题；第三，这是非常紧迫的问题。它具备'新鲜'、'复杂'、而又'紧迫'的三重资格，当然在讨论时不可轻轻放过。"中华同人这种关注现实，直指世界大势，唤起国民民族意识的一贯做法，成为其介绍世界知识的一个亮点。《新中华》"自创刊以来即很注意外国文学作品之介绍"，多次推出文学作品专号。一些世界著名作家及作品先后被译介刊载，如萧伯纳、高尔斯华绥、高龙芭、马克·吐温、高尔基等，不仅使人们了解到这些世界级文豪的文学艺术特色，而且还灌输了他们对于社会和人生问题的看法，给人以耳目一新的感觉。同时,还十分注意翻译文学作品普及于大众之中,贯彻"表现伟大而又明显的真理的文艺——表现全国民精神的文艺"(张梦麟:《大众文学与纯文学》)。

抗日战争时期,民族危难当头,反映在文化方面,"一切文化活动都集中在抗战这一点,集中于抗战有益的这一点,集中在能够迅速地并普遍地动员大众这一点。这对于文化活动的要求,便是需要它充分的大众化,充分的通俗化,充分地产生多量的成果"(郭沫若:《抗战与文化》)。总之,对抗战有益与充分地大众化,发挥文化在抗战中的鼓舞作用,应是知识界、教育界和出版界的首要任务。作为一份有影响的综合性杂志,《新中华》自觉承担起介绍时代知识,唤醒民族意识的重要职责,多方面、多层次、多视角地探讨民族复兴之路。因而它受到读者的广泛喜爱,"自产生以来,甫及三月,而销路激增,自第六期起增印万份,第三、四、五期皆经再版"。有的读者指出,《新中华》"确是很进步的一种,从诞生后三四个月,我才和它见面,因为我喜欢看这杂志的原故,便从创刊号起,补购完全,到现在是一本不缺,每逢新出的杂志到手,我欢喜先看编辑室谈话,接着选阅我所喜欢的如短篇论文、国际间政治纠纷、文艺、随笔、世界新闻、新词拾零等,尤以国际政治论文,我最关心"。又有的读者坦言,《新中华》"'灌输时代知识'的主旨,它是尽到相当的任务的"。这是一份"时时刻刻前进,力求内容充实与完备"的杂志,"二卷各期颇能注意到政治问题,尤其对于国际间各种重要问题,都有正确的分析",不但体制完整可爱,从内容上来说,"包含了整个的世界和中国","这是值得我们读者的钦佩与满足的"。还有的读者表示,"我买了一年的《新中华》,觉得一期比一期进步,于是在二卷一期开始的时候,便订了一份。……这朋友真使我受益不小"。

同时,为了提高办刊质量,《新中华》的编辑倾听读者的呼声,认真对待读者的建议,更是站在一个更高的层次。他们认为:"来信中的大部分希望读到描写破产的农村,被压迫的民众,足见现在读者的一般倾向。但我们的着眼处,还不是环境之如何压迫人,而是人怎样去应付环境,在恶劣环境作生存的奋斗或屈服,这才可以看出国民的性格,民族的精神。描写在恶劣环境中的痛苦,这只是人道主义报章记事,要描写恶劣环境促成的心理变化,那才可以看到民族精神的发展。中国人现在好像已走到山穷水尽,可是描写这种山穷水尽苦闷,最多只是近黄昏的夕阳,我们想看的是在山穷水尽中的苦斗,那才是新生的曙光。今后对于这方面的文艺,我们便打算以这个标准去取舍。"尤其值得注意的是,在"编辑室谈话"

中,表示:"至于文艺方面,我们现在四顾一下,似乎值得特别说几句话,一般读者来函都认为《新中华》的文艺栏目,不仅是同类杂志中所少见,即与专门文学杂志相较,亦有过之而无不及。这话我们不敢承认,在每期这短短的篇幅中我们却是尽了最大的努力来利用了。第一我们引以为荣的,就是目下文坛上活动的有些作家,大都是经过《新中华》这个阶梯踏上文坛的。这是我们一贯的主张,希望今后仍有不少的新人,可以源源地从这儿出去。译文方面也是独树一帜,选材之精,译笔之达,早有定评,毋庸赘述。我们相信这种模范的短篇,是很可以作他山之石,而有利于新进作家的。"

中华书局创办的多种杂志期刊中,《中华实业界》对国外有成就的企业家、管理理论、科技的发明和应用等,所及甚多。还登载《德帝之提倡国货谈》、《为巴拿马博览会敬告国人》、《暹罗华侨之势力》等文章,以唤起国人振兴实业之志。《中华学生界》面向大、中学生,把"介绍国外科技文化"作为宗旨之一。"所载文章有一半译自美、英、德、日等国的报刊,基本以介绍国外教育科技动态为主",诸如天文、地理、生物、化学、医药卫生、机器制造、摄影技术,以及农业和交通旅游设施等国外的新科技、新发明多有介绍。《中华小说界》译介的多种外国小说,为人们喜闻乐见。《中华妇女界》则"仿东西洋家庭杂志、妇女杂志办法。为女学生徒、家庭妇女,增进知识,培养性灵"。对于"中外妇女之技术、职业情形,悉为搜辑,以资模范,而供研究"。《中华教育界》——中华书局办刊时间最长的专业性杂志,为适应新文化运动,从第 10 卷起彻底改革,担任撰述的人,以南北高师和各处有经验有研究的青年教育工作者占大多数,将"介绍世界教育思潮,并世界教育状况"作为首要内容予以重视。甚至面向少儿读者的《小朋友》,也刊载了不少以外国童话为主的译作,如《金钥匙》、《阿丽思漫游奇境记》、《空房子》、《小火柴人》等。许多文化名人就是伴随着《小朋友》的故事长大的,北京大学教授吴小如曾深情地说:"在我读小学时,我曾连续几年把中华书局编辑出版的《小朋友》当作'课外必读书'……我对《小朋友》情有独钟,后来别的少儿读物就不大爱看了"。史学家王树民称,从自己能看故事书的时候起,"最喜欢看的是中华书局发行黎锦晖编的《小朋友》,一周一期,每期不误"(王树民:《我与中华书局的深情厚意》)。

还应看到,中华书局代为发行的许多刊物,也理当视为它传播西学的另一个出版领域。1914 年,在美国编辑的《留美学生季报》由中华书局印行,作者以身处美国的留学生为主体,有朱起蛰、任鸿隽、张贻志、胡适等。该刊分论说、实业、调查等栏目,多关于政治、教育、社会风俗之文,并及留学界近状,向国人介绍着亲自感受到的域外文化。① 此外,在新文化运动中声势颇巨的《改造》,原为《解放与改造》半月刊,北京新学会编,创刊于1919年9月,上海时事新报馆为之经理代售。从1920年1月第2卷第1期起,改由中华书局印行。此时,由梁启超、蒋百里、蓝公武、张东荪等重行组织,改名为《改造》,其宗旨为"群性与个性之交融,思想及经济社会之改造,并介绍世界有影响之学说,发扬我固有之文明",成为传播新文化的主要刊物之一。担任撰述者,除梁、蒋等人外,还有张君劢、瞿秋白、丁文江、沈雁冰、郑振铎等。在创刊第一号上,有梁启超的发刊词,题为《政治运动之意义及价值》,蒋百里的《军国主义之衰亡与中国》,寓公等《新思潮之研究》等文。少年中国学会编的《少年中国》月刊,从第四卷第一期起由中华书局印行,该刊为学会机关刊物,始创于1919年7月,原由亚东图书馆印行。编者先后有王光祈、李大钊、康白清、苏滨存、左舜生、黄仲苏等。经常撰述者还有张闻天、李劼人、余家菊、刘仁静、杨效春等。1921年,《戏剧》月刊由中华书局印行。该刊由民众剧社沈雁冰、柯一岑、徐半梅、张聿光、陆冰心、欧阳予倩等组织编辑,为五四后最早研究新戏剧的期刊。指出要"正风易俗,改良社会"。内容有创作,有翻译,有演戏方法及戏剧批评等。中国新诗社编的《诗》月刊,于1922年由中华书局印行。该刊以新诗运动为主旨,是中国新诗的摇篮,实际上为文学研究会人员叶绍钧等所编。内容有创作、翻译、诗人评传、论文等。撰述者有俞平伯、刘复、王统照、朱自清、胡适、周作人、郭绍虞、沈雁冰、郑振铎、冯雪锋等,自第一卷第四期起,改为文学研究会刊物之一,由朱自清主编。以上各刊都曾由中华书局印行出版。1922年3月,南京高师文学研究会与哲学研究会合编的《文哲学报》创刊,由中华书局印行。标榜"于文学不主一派,唯美是尚;于哲学不宗一家,唯真是归"。撰述者有景昌极、钱堃新、缪凤林、陈钟凡等。其他由中华书局印行的刊物,还有北京高师编的《教育丛刊》、南京高师教育研究编的《教育汇刊》、南京大学附中等编的《中等教育》、中华心理学会编的《心理》、北京高师编的《数学杂志》、《理化杂志》和《史地丛刊》等等。我们看到,"新文化运动以著名学者为领袖,以全国学生为中心,其传播与主要媒介则为出版物"(李泽彰:《三十五年来中国之出版业》)。这些新的出版物,"扬葩吐艳,各极其致,社会遂蒙绝大之影响。虽以顽劣之伪政府,犹且不敢撄其锋"(孙中山:《致海外国民

---

① 该刊到1916年12月止,此后由商务印书馆发行。

党函》)。它们大多数依附于各个民营出版机构,以此来达到阐释中西学说、建设近代文化的目的;出版业又因为它们,而使自己以出版服务文化的事业,更加增光添彩。中华书局印行以介绍西方文化为职志的多种学术刊物,无疑大大扩展了自身传播近代西学的张力。

诚然,"一切划时代的体系的真正的内容都是由于产生这些体系的那个时期的需要而形成起来的"(马克思、恩格斯:《"真正的社会主义"——一、"真正的社会主义"的哲学》)。民国时期,社会的剧烈动荡和政治纷争,经济的凋敝与民众的苦难,社会精英群体怀着对现实的不满和热心改造之的愿望,在意识形态领域进行了艰难的探索,形成了五四前后"兼收并蓄"的文化精神。作为一家民营出版企业,中华书局充分认识到"印刷物之普及在于文化之向上,文化之向上,又在于印刷物之普及,二者互为因果,而造成现代之文明"(钱歌川:《校勘漫谈》)。因而自觉融入到译介西方学理、传播新知学说、以图社会改造的文化运动中。"一个出版机构,对民族国家在学术文化方面的贡献,绝不亚于拥有高水平之教师队伍的大学文史系的贡献。中华书局乃最真实之例证也"[1]。此语,以今天的眼光来看,用来形容那个时代的中华书局,也丝毫没有过分溢美之处。

第三节　中华书局与传统文化承继

近代社会的变革与开放,西方文化以前所未有的深度和广度涌入中国,对近代文化的创新来说是不可缺少的。然而,"自由、理性、法治与民主不能经由打倒传统而获得,只能在传统经由创造的转化而逐渐建立起一个新的、有生机的传统的时候才能逐渐获得"(林毓生:《中国传统的创造性转化》)。不言而喻,文化的创新是一种建立在传统基础上的构建,近代文化是中西文化冲突、会通和融合的结果。从这个意义来说,传播西学与承继传统文化,具有同等重要的地位。中华书局奠定近代文化巨人的地位,与其出版国学著作,对传统文化的保存和继承有着密切的关系。

---

[1]王永兴:《我与中华书局》,《我与中华书局》,第 17 页。北京:中华书局,2002。笔者以为:就中华书局编译出版的西学书籍种类之多、涉及面之广、拥有读者之众而言,岂是一个大学"文史系"所能概括了的?

一、中华书局与整理国故运动

五四运动时期，"整理国故"——一个对传统文化再审视、再改造的思潮和运动，与各种外来主义、外来学说的输入，同时活跃在思想文化界。它犹如一束极强的冲击波冲击着近代出版界。作为一家有影响的民营出版机构，中华书局自觉地参与这一文化活动，在声势浩大的整理国故、承继传统文明的路途中，留下了自己的足迹。

近代以来，中西文化的论争此起彼伏、不断深入，并波及到文化结构的各个层面。在中西文化的剧烈碰撞中，引起人们观念发生变化，以儒学为主干的传统文化逐渐褪色，儒学的正统地位渐趋失落。但是，随着世界大战的结束，散发着浓浓血腥味的战争使人们对西方文明、传统文明开始重新审视，一度出现"西方文明破产了"的言论。大战结束后游历欧洲归国的梁启超，在《欧游心影录》中描述了当时看到的景象："全社会人心都陷入怀疑、沉闷、畏惧之中，好像失了罗针的海船遇着风雨遇着雾，不知前途怎生是好。"进而他提出，既然西方文明已破产，东方文明才是救世之良药，因此"用西洋人研究学问的方法"去整理和研究传统文化，通过一番整合的功夫，从而形成一个新的文化系统，"把这新系统向外扩充，叫人类全体都得着他好处"（梁启超：《欧游中之一般观察及一般感想》）。另一方面，数千年来的文化历史，既不是一夜之间创成，也不能由任何人一日之间毁灭。正是在这一背景下，有人开始再次审视传统，即用科学的方法研究中国典籍，用历史的态度认识中国文化，以试图寻求新文化创造的契合点。

1919 年 1 月，北京大学的刘师培、黄侃、陈汉章等人成立国故社，出版《国故》月刊，公开亮出研究国故、昌明传统学术的旗帜。

整理国故课题的提出，在当时的学术思想界掀起了轩然大波。对此，激进派代表人物毛子水慷慨陈词，认为作为"中国古代的学术思想和中国民族过去的历史"的国故，是"过去的已死的东西"，是"杂乱无章的零碎智识"，与"正在生长的"、"有系统的"西方学术不可同日而语。并由此断言"我们中国民族，从前没有什么重要的事业；对于世界的文明，没有重大的贡献；所以我们的历史，亦就不见得有什么重要。有这些缘故，所以国故在今日世界学术上，占不了什么重要的位置"。在他看来，那种试图从国故中去寻觅创造新文化的材料，无异于缘木求鱼，徒费心机。他断言："讲到学术思想，我们中国人实在是一种久经痼疾，缠绵床蓐，不能行动的人。欧洲近世确有价值的科学,就是我们最适当的药品。我们现在把这种药品,从速服下,还怕太晚,岂有再向别处去求的道理么?况且我们曾已说起国故在今日世界学术上,占不了什么重要的位置。似乎我们现在不当再去研究国故!"他告诫说,研究国故的人必须先具备"科学的精神",而"近来研究国故的人,多不知道国故的性质,亦没有科学的精神。他们的研究国故,就是'抱残守缺'。试问'抱残守缺',究竟有什么道理呢?"(毛子水:《国故和科学的精神》)

　　然而,以陈独秀、钱玄同、胡适为代表的新文化派,试图对以往偏激的"西化"做一些调适,因而对于国故的整理并没有持完全否定的态度,他们倡导的是用一种理性的和科学的方法去对待旧学。陈独秀指出:"讲哲学可以取材于经书和诸子;讲文学可以取材于诗经以下古代诗文,讲历史学及社会学更是离不开古书的考证。"(陈独秀:《新教育是什么》)钱玄同认为:"若有人肯研究孔教与旧文学,鲤理而整治之,这是求之不得的事。即使那整理的人,佩服孔教与旧文学,只是所佩服的确是它们的精髓的一部分,也是狠正当,狠应该的。""用科学的精神(分晰条理的精神),容纳的态度来讲东西,讲德先生和赛先生等固佳,即讲孔教,讲伦常,只是说明它们的真相,也岂不甚好"(钱玄同:《致周作人》)。1919 年,胡适发表《新思潮的意义》一文,提出了"研究问题,输入学理,整理国故,再造文明"的口号。他公开表明:"若要知道什么是国粹,什么是国渣,先须要用评判的态度,科学的精神,去做一番整理国故的工夫。"就是说,要"从乱七八糟里面寻出一个脉络来;从无头无脑里面寻出一个前因后果来;从胡说谬解里面寻出一个真意义来,从武断迷信里面寻出一个真价值来"。其后不久,他在《〈国学季刊〉发刊宣言》的文章里,更为系统地阐述了整理国故的主张,指出要用"历史的眼光"来认清"国故学"的使命是"整理中国一切文化历史";其目的是"使古书人人能用","人人能读";并断言,整理国故必须努力的三大方向:"第一,用历史的眼光来扩大国学研究的范围。第二,用系统的整理来部勒国学研究的资料。第三,用比较的研究来帮助国学的材料的整理与解释。"

　　整理国故思潮的勃兴,引起了文化界各派人士的广泛关注,并很快发展成为一个颇具声势的学术文化运动。当然,就整理国故的目的、意义、范围、方法等问题,各派见仁见智,争论甚大。但无论如何,它意味着人们对于西学猛烈冲击下的传统文化的再反省和再检视。何况,"每个个人都降生在先于他而存在的文化环境之中,这种文化自他诞生起便支配着他,并随着他成长和成熟的过程,赋予他语言、习俗、信仰和工具"(L. A. 怀特:《文化的科学》)。饱读经书的国学大师是如此,即使那些充分接受过西学洗礼的人们,也难以割舍与传统文化所结下的那份深厚的情缘。因而,从这个意义上说,以科学和理性的态度来整理国故是新文化运动的一个重要组成部分。不能将整理国故与守旧、复古划等号,在他们看来,整理国故是融合新知、再造文明的必要前提。

中华书局对传统文化向来抱有很深的感情,一面编译西书,输入"欧化";另一方面精印古书,提倡"国粹"。因此,对于文化界兴起的整理国故的思潮,中华书局持积极的欢迎态度。在中华同人看来,这个运动表现了一股求善、求真、求美的活力和热情,是以往任何一场运动中所没有的。它"决不反对历史文化的回顾,但着眼在旧文化价值的重估,其精神是进取的,决不是保守的,其目的在提炼旧的在新的中间去找位置,决不在歪曲或贬损新的在旧的中间去求附会"(周宝三编:《左舜生先生纪念集》)。张闻天热切地希望中华书局,"整理国故,把没有用的东西淘汰,以为后辈青年的便利"。并建议,在整理国故问题上一定要放宽眼界,与复古守旧者划清界限,不能叫一般的遗老去整理。他认为,担当这一重任的编辑人员须具备三个条件:"一、对于国故有彻底的研究;对于西洋学说也十分了解。二、有世界的眼光。三、有科学的见解"(张闻天:《对于中华书局"新思潮社"管见》)。随着一批学者纷纷入局担任编辑,一定程度上影响了中华书局在整理国故问题上步入正确的轨道。

从总经理陆费逵自学成才的历程中,我们不难看到西方学说而外,传统文化对他的厚重影响。陆费逵接受过《四书》、《五经》等儒学经典的熏陶,有着较为深厚的国学功底。一些有名的国学名著,成为他平时"编书撰文",经常查考利用,而"获益非鲜"的书籍。他自身学问的增长,有赖于大量古书的阅读。同时,"先太高祖宗伯公讳墀,通籍入词林;《四库全书》开局,以编修任总校官,后任副总裁,前后二十年,任职之专且久,鲜有匹焉"。"每阅《四库总目》及吾家家乘,辄心向往之"(陆费逵:《增辑〈四部备要〉缘起》)。书香门第的家学渊源和早年苦读的求学经历,不断强化其对中国古典文化的感情。于是,弘扬先人之绩,继承祖上之志的愿望,始终成为陆费逵出版理念的重要成分。

陆费逵受益于古书,但并不迷信于古书,认为有选择地阅读《孟子》、《论语》、《礼记》、《左传》等,吸收合理性的养分,不能就以为是复古、倒退和守旧。他主张对传统文化当应时而变化,随条件不同而取舍。陆费逵的这种态度,在所撰《孝道正义》一文中有着鲜明的体现。他认为:"孝为我国伦理之本原,然论者以为害国家之罪魁"。因而,有人"几视父母皆蛇蝎虎狼,一若共和国民,必反孝为仇而后可"。但是,实际上只是"摘取吾国世俗之谬说,视为吾国之天经地义而痛下针砭"而已。在陆费逵的心目中,那些"世俗谬说",如"父要子死子不得不死"、"割股疗亲,居丧毁身"、"九世同居"、"丧葬之奢侈"、"蔽于风水"等等之类,不能算是孝道之真义。因此,他断言:"孝道,为吾国伦理之特色,必当保存。惟谬说陋俗必屏弃之。"总之,"当随时变迁而已"(陆费逵:《孝道正义》)。

由于有这样的思想基础,陆费逵对整理国故运动倾注了较大的热情。而整理国故之基础,首先要对国学古籍有一定的阅读和了解。当时,许多学者就必读书目、阅读方法以及版本问题发表各自的见解。最著名的为胡适的《一个最低限度的国学书目》、梁启超的《国学入门书要目及其读法》等。但是胡适提出的书目,是应清华学校胡敦元等人的要求而拟定的,因为"他们都是将要往外国留学的少年,很想在短时期中得着国故学的常识"。所以,胡适在"拟这个书目的时候,并不为国学有根柢的人设想,只为普通青年人想得一点系统的国学知识的人设想"。梁启超则指出,胡适所列书目,一是"不顾客观事料,专凭自己主观为立脚点"。殊不知,一般的青年"并不是人人都要做哲学史家、文学史家。不是做哲学史家、文学史家,这里头的书十有七八可以不读"。他认为:"胡君的这个书目,从一方面看,嫌他挂漏太多;从别的方面看,嫌他博而寡要,我认为是不合用的。"因此,梁启超也提出《国学入门书及其读法》和《最低限度之必读书目》。

但是,针对胡适、梁启超提出的书目,陆费逵阐述了自己的看法。他认为:"近来青年颇注意国学,但是应当读些什么书却是一个问题。梁任公、胡适之两先生各有一种书目发表,但是各有数千册,不但读不了,而且买不起。"受读书力、购买力的限制,一般青年人"不能人人做到,所以我现在再降格以求,定一个最低限度"。因此,从读者的利益考虑,陆费逵写成《最低限度当读之国学书》和《国学入门书》二篇文章,对当读书目、阅读重点和版本问题,详细地予以指导。(见下表)

陆费逵所列"最低限度当读之国学书"

书　　名	读书建议	版　本
《四书》	最要,当熟读。先《论语》,次《孟子》,次《学》《庸》。	中华书局聚珍仿宋版最佳,石印本及坊刻本不可靠。

书　名	读书建议	版　本
《诗经》	就能了解而欢喜的熟读。	朱注版较佳。古注中华书局聚珍仿宋版佳。
《易经》	文言系辞当熟读。	古注中华书局聚珍仿宋版佳。
《礼记》	可选读《檀弓》《学记》《乐记》等篇。	陈注局版佳。古注中华书局聚珍仿宋版佳。
《左传》	可选读若干篇。	中华书局聚珍仿宋版佳。
《说文解字》、《文字蒙求》、《文字通诠》	三书可任读一种,《文字通诠》尤精而易读。	中华书局、商务印书馆均有影印本。
《史记》	此书为我国史学界创作,识力亘绝古今,文字尤佳,宜全阅。并选读二三十篇。	中华书局聚珍仿宋版、局版均佳。
《正续通鉴辑览》	所续《清史》虽不精,然此外并无佳本。如无力买此书,任何《纲鉴》阅一种均可。	文明书局印行。
《清朝全史》	日人稻叶君山著。其中不能免误,但较完备之清史只此一种。近代史事应该详知,此书不得不读。	中华书局印。
《中华地理大全》	在现在各地理书中最详。	中华书局印行。
《老子》	全书仅五千言,为子部最要之书,当熟读。注乏善本。	中华书局《老子古义》,可与他子互证。
《胡适中国哲学史大纲》上册	此书叙孔子不佳,但叙墨子……等极佳,可当诸子思想史读。读此一书,可窥诸子大略矣。	商务印书馆印行。
《古文辞类纂》、《经史百家杂抄》	可就此两书选读一二百篇。如尚嫌宽泛,则读《古文释义》《古文观止》亦无不可。	中华书局聚珍仿宋版较佳。
《古诗选》、《今体诗选》	可就此书选读三四百首。如嫌宽泛,则读《唐诗三百首》《宋元明诗三百首》亦可。	中华书局聚珍仿宋版、局版均佳。
《宋词三百首》、《花间集》、《绝妙好词笺》	词选此三书最佳,可浏览一过,就最喜的熟诵。	中华书局聚珍仿宋版。

书　名	读书建议	版　本
《陶渊明集》、《王临川集》、《曾文正公诗文集》、《曾文正公家书》、《饮冰室文集》	专集浩如烟海，无从读起。此四家均文从字顺，而陶之淡，王之深刻，曾之集大成（家书文字浅显，且于修养及人情事故有关，宜先读），梁之代表近二十年思想，均为现代青年所必读。且陶、王二家著作，选本不多载，故必读专集。	中华书局聚珍仿宋版、中华书局印行。

　　不难发现，陆费逵对传统的经、史、子、集等国学书籍做了认真而细致的研究，并将自己的心得体会介绍给那些致力于从事国学研究的青年学子。同时，对于小说，也不可忽视。他认为钱基博的《国学必读》、张之洞的《书目答问》、梁启超的《清代学术概论》，"读此三书，国学门径已得梗概。欲从事深造，尽可自定目的了"。由此可以看出，陆费逵及中华书局对整理国故运动的热情关注。当然，中华书局参与整理国故运动，秉承传统文化的理念，更重要的还在于出版一大批惠及学林的传统文化名著。

二、《四部备要》

　　中华书局整理出版《四部备要》，堪称近代出版业的世纪文化工程。这是一个了不起的成就，中华书局传承古代之文明、奠定自身在近代文化上的地位，可以说基本上由此而来。

（一）《四部备要》的出版

　　中国传统文化博大精深，源远流长，并以鲜明的个性形成了东方文化的主要代表。华夏文明之所以能够薪火相传，代代相衍，与其丰富的载体——古典文献书籍是分不开的。清朝乾隆年间，正式下诏搜求天下图书，并设立《四库全书》馆，汇聚文人学士，将征集到的书籍，加以校勘、整理、成编，是为《四库全书》。《四库全书》分经、史、子、集四部，共收书3470种、计79018卷，存目6793种、93551卷，共计10263部、172860卷。前后调集4000余人，历时15年才告完成。《四库全书》一共抄了7部，部数、卷数、册数、页数，各不相同，并特建南北7阁以贮藏。分别为：北京紫禁城内的文渊阁、热河行宫内的文津阁、辽宁沈阳的文溯阁、北京圆明园内的文源阁、江苏扬州的文汇阁、江苏镇江的文宗阁、浙江杭州的文澜阁。尽管由于秉承统治阶级的旨意，许多被整理的古书内容失其本真，甚至被鲁迅称之为中国文化史上的一场浩劫。他指出："现在不说别的，单看雍正乾隆两朝的对于中国人著作的手段,就足够令人惊心动魄。全毁,抽毁,剜去之类也且不说,最阴险的是删改了古书的内容。乾隆朝的纂修《四库全书》,是许多人颂为一代之盛业的,但他们却不但捣乱了古书的格式,还修改了古人的文章;不但藏之内廷,还颁之文风较盛之处,使天下士子阅读,永不会觉得我们中国的作者里面,也曾经有过很有些骨气的人。"又说:"清朝的考据家有人说过,'明人好刻书而古书亡',因为他们妄行校改。我以为这之后,则清人纂修《四库全书》而古书亡,因为他们变乱旧式,删改原文;今人标点古书而古书亡,因为他们乱点一通,佛头着粪:这是古书的水火兵虫以外的三大厄。"(鲁迅:《且介亭杂文·病后杂谈之余——关于舒"愤懑"》)但是,客观地说来,这项活动毕竟对浩如烟海的中国古典文献书籍,下了一番难得的爬梳整理的功夫,是封建朝代屈指可数的大型修书工程之一,被称为古籍丛书中最丰富和最完备的集大成之作。

中华书局从《四库全书》中选本而整理出版《四部备要》,是有多方面考虑的。陆费逵的祖先曾参与《四库全书》的编纂,他从小就引以自豪和心向往之。在《增辑〈四部备要〉缘起》中,陆费逵表露了自己的心迹:"先太高祖宗伯公讳墀,通籍入词林。《四库全书》开局,以编修任总校官,后任副总裁,前后二十年,任职专且久,鲜与匹焉。晚岁构宅嘉兴府城外角里街,颜其阁曰'枝荫',多藏《四库》副本。洪杨之乱毁于火,今者角里街鞠为茂草矣。小子不敏,未能多读古书,然每阅《四库总目》及吾家乘,辄心向往之。"但是,最主要的因素还在于应时之需要,出于保存和提供给人们研读传统国学书籍的需要。陆费逵在所写校印《四部备要》缘起的文章中,做了反复而详尽的说明,称:"吾国学术,统于四部。然四库著录之书,浩如烟海;坊肆流传之籍,棼若乱丝。承学之士,别择维艰;善本价昂,购置匪易。本局同人有鉴于此,爰于前年择吾人应读之书,求通行善本,汇而集之,颜曰《四部备要》。提纲挈领,取便研求;廉价发行,以广传布。……兹将第一集至第五集分年校刊,共计二千余册,经、史、子、集最要之书,大略备矣。"①又说:"迩来购置善本殊艰,欲办一图书馆,不第费巨,且苦无从着手。此书择要校印,陆续出版,既可供社会图书馆之求,又可便

---

① 《四部备要》的预约章程上说:"本书五集,分五年出书,丁卯年(一九二七年)底出第一集,戊辰年(一九二八年)底出第二集,己巳年(一九二九年)底出第三集,庚午年(一九三〇年)底出第四集,辛未年(一九三一年)底出第五集。"开始预约时名为《四部读本》,旋改。

学者研究国学之需,或亦不无小补欤!"他还指出:"中国书籍如此之多,学者欲研究中国学问,应读何书? 何书最要? 初学之人颇苦无从下手。精刻之书,版多无存,购买价值既大,且不易觅得;石印本印刷既不精,错误又多。此读书者人人感觉之痛苦也。"

经过一番周密的准备,为了从《四库全书》中选择出重要古籍,编辑出版《四部备要》,中华书局组成了较强的编辑队伍。决定由古书部主任高时显为辑校人,丁辅之为监造人,丁竹孙、吴志抱等 10 多人分任校对之责。从 1922—1936 年,先后印行和再版多种形式和规格的《四部备要》,共计 11305 卷,收书 355 种,附录 2 种。内含:经部 52 种,附录 1 种;史部 73 种;子部 83 种,附录 1 种;集部 147 种(见下表)。这部大型古书以聚珍仿宋技术印刷,印出之书,"款式古雅,字体优美。……古色古香,可与清代最精之仿宋刊媲美"(陆费逵:《六十年来中国之出版业与印刷业》)。《四部备要》初版为六开本,1934 年重印为五开大本,天地放宽,书品阔大,1935 年改印洋装本,至 1936 年出齐。这样,《四部备要》前后共出三种版本,并编印有《四部备要书目提要》,丛书要旨,一览无余。《四部备要》的主要特点如下:

其一,《四部备要》的编辑出版,并没有一味地追求珍本、孤本,而是依据宋元明清善本为原本,尤其是多用清代精刻本。这种做法,主要考虑的是读者的实用,是为了更方便人们研究国学之需。确实,读书而不得要领,无从选择有用和急需之书,会让读者白白地浪费大量精力而功效甚微。何况对于卷帙浩繁的《四库全书》呢? 中华书局有选择地刊印经、史、子、集中的有用之书。如经部,收录有汉魏《十三经注》、唐宋《十三经注疏》、《十三经清人注疏》,这是反映中国经学发展脉络的三个阶段和最基本的三部书;此外,《四书集注》、《段注说文》、《春秋繁露》等,均是名家名作。史部,《二十四史》、《正续资治通鉴》,另选收古史、别史、杂史、传记、奏议、地理、政书、史评、表谱考证等代表作,较为系统、全面,是学习和研究历史的必备之书。子部,分为周秦诸子、儒家、农家、医家、算法术数、杂家、小说家、释道家、诸子大意等九类。其他学派"十家九流"的著作,均有收录。末编有《子略》,汇考魏晋以前的子书 38 家,有每书各家的评论,考其真伪,附列注疏。集部,均为历代名家名篇,分先秦、汉魏六朝、唐、宋、金、元、明、清以及总集、诗文等,前部为名人续集,后部为综合性文集,如《古文辞类纂》、《经史百家杂钞》、《十八家诗钞》、《文心雕龙》、《诗品》等。值得一提的是,《四部备要书目提要》分经、史、子、集四部分,是阅读与检索《四部备要》的工具书。每书名下均记有著者小传、四库提要或本书略述、卷目,对于读者找寻原著、了解源流、内容梗概等提供了方便。可以说,《四部备要》把朱陆王全书、宋明学案、各大家文集、诗文词选集等,均包含在内,使广大有志于研究传统文化的莘莘学子们有了一个建设性的指针,读之而有所适从和有所收获。

其二,《四部备要》着眼点在于普及传统文化。图书出版后,贵在流通,而流通之关键在于适合人们的求购心理。中华书局在出版这部大型古书时,选择乾嘉以来清代学者的精校之本,使初学者得以较快入门。再说,价格定位上也能权衡社会承受力的大小,充分地考虑到人们的购书心理,购者人数增多,则古籍方可广为流传。

其三,从社会举办图书馆的藏书需求出发。新文化运动时期,留学归来的许多海外学子,对欧美发达国家的图书馆事业羡慕不已,因而发起建立新图书馆,以开启民智的倡议。至 1925 年,近代新图书馆运动兴起。其主旨"一为保存文化,一为建设文化"。中华教育改进社图书馆教育委员会提议,"将美国退还庚款的三分之一建设图书馆八所,分布中国各要地,为各该区域的图书馆的模范"。1928 年,全国教育会议大会通过,请大学院(即教育部)通令全国各学校均须设置图书馆,并以每年全校经费的 5% 以上用以购书(李泽彰:《三十五年来中国之出版业》)。《四部备要》受到人们的青睐,奉天省当局购置《四部备要》五集 90 余部,分别颁给省立学校和各县图书馆;京、津、沪、粤各埠绅商有人预约购置多部捐赠故乡及有关系之学校或图书馆;各地旅沪学界人中颇有酬资定购捐赠故乡或图书馆各校校友,也有酬资购之捐赠母校图书馆者。中华书局出版的这部古书名著,适应当时图书馆购书的需要,从而以另一种方式为古老文明的延续做着不懈的努力。

《四部备要》出版后,以其"选辑之精严,校对之精审,字体之优美,印刷之精良",以及方便读者利用等优点,受到学术界的广泛称赞。当时学者陈高傭撰文予以较高的评价,他认为,复兴中华民族,先要复兴中国文化;而要复兴中国文化,离不开古籍文献,"一部比较完善而扼要的中国古籍,如《四部备要》这一种书,在我们看来就要算是比较最适合时代需要的一种文化贡献。因为《四部备要》的辑印,就其已出版的五集而言,文化界人士已经公认其有内容丰富、形式优美之两特点"。他强调指出:"此书之选辑,从其系统上看来,真可说是中国文化史之标准材料,例如经部各书,行刊《十三经古注》,经注而需疏解,乃有《十三经注疏》,经学发展至清,纂诂最精,又有清代《十三经注疏》,因朱子所辑四书在中国近代文化上影响最大,乃更校印《四书集注》,如此有系统有条理之选辑,真可说是一部经学发展史。又如子部对于儒家书籍自先秦以至清代,应有尽有,吾人如欲研究二千余年维系中华民族与支配中国思想之儒家思想,于此中求之,已绰绰有余。至其对于宋明理学之书,采辑特多,尤足见其用意之深;因我们从宋明理学书中不仅可以认识中国近八百年来的社会组织意识形态,可以体会得当时人士应付印度文化的方法以决定今日我们应付西洋文化的态度……至其对于诵读之书用大字排印,浏览之书用较小字排印,一方面力求经济,一方面又务使读者不至有损目力,此种经营擘划,实为近年辑印古书之所仅见者。"(陈高傭:《中国文化与中国古籍》,《新中华》第 2 卷第 5 期)严范孙、梁启超等人难抑赞许之情,甚至称之为"旷古所无"。

　　社会上对古籍书刊的需求,《四部备要》的出版,也是恰逢其时,以致"民十一发售预约,民十三发售第二集预约,民十五发售全部预约,均满额截止"。还一度出现了"各地顾客纷纷惠购,愧无以应;有加价征求而不获者"的情形(陆费逵:《重印〈四部备要〉缘起》)。当代学者曹道衡曾饱含深情地回忆说:"当时有不少长辈认为年青人如有志于文史研究,应该从《四部备要》中的各种书籍入手。有一位老师曾以《诗经》为例,讲到《备要》中不但有《毛诗正义》,还有马瑞辰的《毛诗传笺通释》和陈奂的《诗毛氏传疏》,对刚着手研读《诗经》的人来说,最为合用。正因为如此,我当时很想有一部《四部备要》。……我上图书馆看书,一般都要借阅《备要》,因为《备要》所收各书,都用清代著名学者的校注本。所以某种程度上说,正是中华书局出版的一些书帮助我初入文史研究之门。"(曹道衡:《衷心的感谢》)酷爱读书的人民领袖毛泽东,在由陕北进北京后,工作人员特地买了一部《四部备要》,了解他读书的人回忆说:"《四部备要》对中国的主要古籍收辑得比较全,据我了解,不说全部,恐怕绝大部分,毛泽东都读过了。"(龚育之等:《毛泽东的读书生活》)直到现在,还有的学者认为"近几十年来凡读古书的人,差不多都接触过"的《四部备要》,"津逮学人数十年,爰及今日,微波尚传"(李鼎霞:《〈四部丛刊〉和〈四部备要〉》)。

　　诚然,出版的书籍拥有最大数量的读者群,是每一个出版家孜孜以求的目标。但是,大凡有见识的出版家,更应当注意的是提供高品位的文化产品来转移社会风气,以此作为本企业遵循的行动指针。诚如当时有人所期望于出版界的那样:"出版家应有两方面的努力,一为提高文化,一为普及文化,以此来增进中国民族的智识与实力,正是今日中国出版家最大的使命"(挈非:《所望于出版界》,《图书展望》1935 年第 2 期)。中华书局选辑出版《四部备要》,有商业利益的动机在内,但它同时为提高文化和普及文化于民众的追求,应当说没有辜负进步人士的美好愿望。今天,每当人们提及中华书局,总是情不自禁地与《四部备要》联系在一起,并不是没有道理的。

(二)《四部备要》与《四部丛刊》比较

从文化发展的视角来看,近代新文化的形成,也即西学冲击下的传统文化的再造。面对鸦片战后固有文化衰落的现状,"保存吾国数千年之文明,不至因时势而失坠","能使古书多流传一部,即于保存上多一份效力",成为有见识的出版家之追求(《张元济傅增湘论书尺牍》)。商务印书馆和中华书局身历其境,既传播西学,又承继传统,一直是其坚持不懈的出版理念。尤其在五四整理国故思潮的激励下,古典文献保存的呼声日高,传统国学的研究引起人们的广泛关注。因此,出版古籍,满足社会需求,演成两大出版业竞争的又一个热点领域。

20 世纪初年,在张元济入主编译所后,商务印书馆就开始有计划地搜集和出版古籍名著。在为数众多的商务版古籍中,《四部丛刊》和《百衲本二十四史》最为突出。后起的中华书局成立之初,即将印行古书作为重要业务,其种类和数量也取得很大成绩。在中华版古籍中,《四部备要》和《古今图书集成》最有代表性。此外,两大出版业竞出古书,如古籍丛书、尺牍、日记、文集、历史、文学等,适合社会需求,面向不同层次的读者,占据了当时古籍市场的绝对优势。

中华书局与商务印书馆角逐古籍市场,是它们整体出版竞争的重要组成部分。最为引人注目的,是中华版《四部备要》与商务版《四部丛刊》之争。两书都选自经、史、子、集,但由于双方选题指导思想的立足点不同,因而各有特点,均具相当的学术价值。两书受到读者的喜爱,销路颇广,这是两大出版业竞争创新的又一成功例证。

1909 年,商务印书馆设立涵芬楼(1924 年改名东方图书馆),有意识地搜求古籍珍本。在此基础上,1919 年起,张元济、孙毓修等开始部署《四部丛刊》的影印工作。到 1922 年,商务影印版《四部丛刊》初印本问世,共收入经、史、子、集之书 323 种、8548 卷,装订成 2100 册。该书受到学界重视,"1934 年已印刷三次,前两次印数超过 5000 部,尚供不应求"(陈刚:《中国近代图书市场研究》)。以后,商务印书馆又相继推出《四部丛刊初编》(1926 年)、《四部丛刊续编》(1934 年)、《四部丛刊三编》(1935 年)。

关于《四部丛刊》选本的问题,商务决策者曾发生过争议。时任编辑的茅盾在《革新〈小说月报〉的前后》一文中回忆说:"当权者的一派主张《四部丛刊》应该尽量采用宋、元、明的刊本而精工影印。这一派可称为'善本派'……另一派主张注重实用,例如《庄子》,便应该采用郭庆藩的《庄子集释》或王先谦的《庄子集解》;《墨子》就采用孙诒让的《墨子闲诂》等等。这是'实用派'。据说两派争论了五、六个月,最后还是'善本派'得胜。"这里所指的"善本派",实际上指的以张元济为主要代表,他强调书贵旧本、原本,要尽量保持善本秘籍的原貌。在张元济看来,收《四库全书》中的必要之书,"皆采用最善之本影印",可以解决旧书日渐沦亡、求书之难和"流行版本之差"的问题(胡道静:《孙毓修的古籍出版工作和版本目录学著作》)。经过张元济的多方努力,并得到学术界版本目录名家的响应,《四部丛刊》影印所采用的底本,除"涵芬楼所藏外,尤承海内外同志之助,得宋本三十九,金本二,元本十八,影宋写本十六,影元写本五,校本十八,明活字本八,高丽旧刻本四,释道藏本二,余亦皆出明清精刻"(张元济:《四部丛刊刊成记》)。

　　显而易见,《四部丛刊》选本的指导思想,主要是从古文献的收藏、保存的角度来考虑的。以初编本为例,《四部丛刊》的经部,用《孟子》赵歧注,用原藏清内府的宋刊大字本;史部的《资治通鉴》,用涵芬楼宋刊本;子部的《列子》张湛注,用的是南宋初年杭州刻宋元递修本,黄氏士礼居旧藏,《百宋一廛书目》著录,当时在铁琴铜剑楼,号称北宋刊本,虽然不确,却极为名贵;集部的如群碧楼所藏宋书棚本《李群玉诗集》、《碧云集》、《披沙集》,是群碧楼的镇库之宝,群碧楼即由前两书取名。像这些一流的版本,《四部丛刊》中屡见不鲜。影印《四部丛刊》,商务印书馆坚持"善本"的思想始终不渝,在随后的重印和再编过程中,不断更换底本,以更好的善本和稀见秘本代之。对此,张元济解释说:"此非喜为更张也:书囊无底,善本难穷,随时搜访,不敢自足。"(张元济:《四部丛刊刊成记》)由此,一些难见的稿本,如《嘉庆重修一统志》(即《大清一统志》,共526卷),堪称稀世珍本,被《四部丛刊续编》收辑在内。又如"顾亭林的《天下郡国利病书》,查东山的《罪罹录》,都是手稿本,为外间所未见,也列入三编之中"(郑逸梅:《书报话旧》)。不难发现,作为一部古籍善本的大汇集丛书,《四部丛刊》对我国稀少古本的保存与流传,做出了重要贡献。

　　然而,影印《四部丛刊》之"实用派"的主张,并非完全可弃。注重选书的版本无可厚非,但忽视其实用性,对一般读者来说,有些书就带来了阅读上的不便。"如《花间集》较好的刻本有明陆元大本,由于陆本较为常见,《四部丛刊》未加录用,反而用了明万历玄览斋本,这个本子出于陆本而讹误较多,又改动数卷,并不可取"(王余光:《中国新图书出版业初探》)。甚至到了后来,"只重善本,至于是否常见常用书,有时也就顾不得了"(李鼎霞:《〈四部丛刊〉与〈四部备要〉》)。

为竞争古籍市场,中华书局不甘落后,出版一部大型古籍丛书,也被提到了议事日程,这就是1922年开始印行的《四部备要》。但是,与商务决策者重选本的指导思想不同,在《四部备要》的选本上,中华决策者没有一味地去追求旧本,而是以较为流行带注的善本书为主,这就为一般读者阅读古典文献提供了便利。在排版印刷上,《四部备要》采用聚珍仿宋技术,字体精美,销路看好,多次再版以供社会需求。与此同时,中华书局展开宣传攻势:"以财产遗子孙,不如以书籍遗子孙!"大力倡导"古今名人藏书,既备自己阅读,更将以遗子孙也。盖财产遗子孙,不免长其骄侈淫逸,以书籍遗子孙,却可增其学问知识"。他们指出,《四部备要》正是遗给后代的最好礼物。

可以说,商务版《四部丛刊》与中华版《四部备要》,由于两家出版业选书的立足点不一,前者以版本著称,后者以实用为名。它们各具特色,可以互为补充,但不能彼此替代,均是津逮学人的著名古籍丛书。(见下表)

《四部丛刊》和《四部备要》不同点举要

比较项目	四部丛刊	四部备要	备　注
收书种、卷数	初编收书 323 种、8573 卷,续编 81 种、1438 卷,三编 73 种,1910 卷。	收书 355 种,11305 卷。分 5 集,各 500 册。	1934 年,中华书局出版《四部备要》。第二年出版《洋装四部备要》,该本从《四部备要》中选古籍 126 种,正文、注解均加标点,便于初学者。
印刷技术	以原书为底本影印,不失古书原貌。	以聚珍仿宋技术排版印刷,款式精美,古色古香。	
关于"二十四史"	没有收入"二十四史"。	收有完备的殿本"二十四史"。	

比较项目		四部丛刊	四部备要	备　注
选书侧重点举例	《十三经》	魏、汉、晋人注疏本。	魏、汉、晋人注疏本，唐人、宋人本，清人本，共三套，囊括了《十三经》主要的注疏本。	
	《说文》	用大徐、小徐两本。	用白文本、小徐本、段玉裁本和黎永春《通鉴》，共四本。	小徐本与大徐本相近，实等于一本；段、黎两书更实用。
	小学	收《广韵》。	收《广韵》、《集韵》。	《广韵》重要，但多承唐代旧文，繁略失当；《集韵》的收字比《广韵》多一部有余，参考当时注音更订反切，并注意文字形体和训诂。
	《国语》	用明刻本。	用清嘉庆年间的黄丕烈本。	
	《王右丞集》	用郭云鹏的无注本。	用赵殿成注本。	

　　为竞销各自的古籍丛书，两家出版业展开宣传攻势，"商务刊登广告，说《四部丛刊》照古本影印，不象一般排印本之鲁鱼亥豕，错误百出"。显然，这是针对《四部备要》而来的。"陆费伯鸿不甘缄默，也刊出广告，说《四部备要》根据善本排印，经过多次校对，还订正了原本错误，不象影印古本，有的以讹传讹，印刷上墨污，'大'字变了'犬'字、'太'字等等，贻误读者"。话虽这样说，但商务印书馆指责《四部备要》的排印错误，并非没有道理。因为对一部大部选本古籍丛书来说，排版校对之难可以想见。于是，中华书局又刊出广告，悬赏征求读者来信，称"如能指出《四部备要》排印错误者，每一字酬洋一元"（吴铁声：《解放前中华书局琐记》）。此举引起许多读者的广泛关注，纷纷来信指出其中的错别字。如1937年3月24日，叶圣陶致信编辑所，说："近读郭频伽词，所持为贵局四部备要本，发见误字数个，特书告，以便改正。浮镗楼词卷一第九页下半页第二行第十一字'约'字误为'纳'字，卷二第十页第一行第二十字'劫'字误为'刼'字，余绮语卷一第四页下半页第九行第四字'约'误'纳'，第七页下半页第六行第七字'陇'误'龙'，余不白。"（《中华书局收藏现代名人书信手迹》）为了纠正《四部备

要》中的错别字,中华书局支出数千元,这是一笔不小的费用。但该书再版时得以改正,进一步提高了质量,使广大读者深受其惠。这里,固然有商业竞争的成分,但也显示出中华人对出精品的决心,以及对读者认真负责的态度。有理由相信,《四部备要》与《四部丛刊》的竞争,"两家出版社不是取巧,而是在产品质量上下了真功夫,因而都赢得了学术界的赞誉。经过了半个多世纪的风雨,这两部丛书,依然以自己的独有特点,受到学术界的重视,就清楚地说明了这一点"(崔文印:《近代有影响的两部丛书》)。

不仅这两大名著如此,两家出版业在其他古书的出版方面,其竞争状况也大致如是。与之俱来的是,"惟因此而华夏文化,先贤名著,赖以益广流传,益获阐扬,与夫承学之士从此益得窥缥湘之美富,则其功不可没矣"(定域、慕骞:《对于中华商务两大书局影印珍籍之意见》,《浙江图书馆馆刊》第 3 卷第 1 期)。

三、《古今图书集成》

影印古籍,惠泽学林;仰慕国学,传承文明,这是中华书局的一贯追求。20 世纪 30 年代初期,影印《古今图书集成》一书,突出地反映了中华书局力保传统文化于不坠的那种深沉使命感与责任感。

类书,作为我国古籍中的特有品种,有着很长的编纂历史。它以"随类相从"(即摘录各种书上的有关材料,按照内容予以归类编排,以便于读者查考的书籍)的编排原则,对学者查阅帮助甚大。我国有编辑类书的传统,三国时魏文帝的《皇览》,堪称类书的起源。汉魏以后,随着人事繁衍,以分门便检的类书,层出不穷。唐代的《通典》、《艺文类聚》、《文思博要》;宋代的《太平御览》、《太平广记》、《册府元龟》、《通志》、《咸平御览》;元代的《经世大典》、《玉海》、《通考》;明代的《永乐大典》,均属较为著名之类书。我国的类书与欧美的百科全书、百科辞典在性质上近似;在内容上,因规模宏博,取材审慎,编制谨严,所以有独特的价值,这是欧美之书所不及的。在应用上,除使学者获检索之便外,且能使问津者执简驭繁,了悟蹊径。从中国的类书中可以看出:(1)中国典籍的丰富。(2)中国典章制度的概略。(3)中国民族文化的伟大。(4)研究专题的门径。(5)古人著作的用力之勤,历史上能遗留到现在的著作,往往是一个学者毕生心力的结晶。

到清朝时,草创于顺治、历经康熙和雍正两代编辑而成的《古今图书集成》,使类书蔚为大观,这是现存最大、分类详密、源流明晰的一部类书。主持其事的是陈布雷,字则震,一字省斋,福建人。康熙朝进士,授编修。著有

《周易浅说》、《松鹤山房集》、《天一道人集》。《古今图书集成》共 10000 卷，包括历象、方舆、明伦、博物、理学、经济等 6 汇编，32 典，目录 40 卷，收入古书 6117 种。每部又分为汇考、总论、图、表、列传、艺文、选句、纪事、杂录、外编等目。它收集了从上古到明末清初的古典文献资料，内容极为丰富，"凡在六合之内，巨细毕举。其在十三经、二十一史者，只字不遗；其在稗史子集者，十亦只删一二，较之前代《太平御览》、《册府元龟》精详何止十倍"（陈梦雷：《上诚亲王书》，引自陆费逵：《〈古今图书集成〉影印缘起》）。这部中国的第一大类书，其内容所涉，上至天文，下及地理，涵盖人伦世事、典章制度、经书史册等，贯穿古今；甚至山川草木、百工制造、琴棋诗画、医药秘方等，无不具有，实乃一部包罗万象的百科全书。它集学术性和实用性于一体，因而自问世以来，一直受到中外学者的推崇。

但是，《古今图书集成》于雍正初年以铜活字印刷 64 部（又称殿版铜活字本）后，再未重印。直到 1884 年，上海图书集成局以扁体字排印（又称扁字体本），但"讹误甚多"。1890 年，清政府总理衙门委托同文书局，照原书大小影印了 100 部（又称同文局石印本），"以若干部运京，若干部留沪。留沪之书不久即遭火厄，故流传甚少"（陆费逵：《〈古今图书集成〉影印缘起》）。由于该书"卷帙浩繁，书品阔大，除公家外，私人殊乏购置"（定域、慕骞：《对于中华商务两大书局影印珍籍之意见》，《浙江图书馆馆刊》第 3 卷第 1 期）。不但雍正时的铜活字本难觅，即使后来的扁字本、石印本也已成为珍贵古籍，除少数较大的图书馆有藏外，外间早已绝迹。

1926 年，中华书局在刊行《四部备要》之际，古书部主任高欣木提出重印《古今图书集成》。陆费逵深有同感，并从利于学术研究的角度阐述了重印该书的重要性，他在"影印缘起"中说："盖我国图书浩如烟海，研究一问题，检查多种图书，不惟费时费力，抑且无从下手。例如研究田赋，虽将《周礼》、《论》、《孟》、《管子》、《二十四史》、《通典》、《通考》以及各政论家专集尽行检阅，尚不能免遗漏。此书则每一事项将关系之书分条列入，一检即得，古人云事半功倍，此真可谓事一功万也。"因此，无论从保存传统文化古籍方面考虑，还是从推进学术研究的愿望出发，再次印行《古今图书集成》，已显得十分迫切和必要。

起初，中华书局重印《古今图书集成》，本想以扁字体版为底本影印，或用聚珍仿宋版排印。但经过整理后才发现该版本脱卷缺页、错字少行之处不可胜数。舒新城力主用铜活字版本，"然求之多年而不得"，同文书局的石印本，"亦鲜完全无缺者"。于是，中华书局想尽办法搜求殿版铜活字的《古今图书集成》。经过多番搜求，功夫不负有心人，1933 年冬，旅沪富商陈炳谦为中华同人这种流传祖国文化的精神所感动,将自己所藏的铜活字本送与中华书局影印。得到这部珍贵古籍,陆费逵掩饰不住内心喜悦,说:"是书旧藏孔氏(岳雪楼)、叶氏(华溪),继藏康氏(有为),全书五千零二十册,仅有六十二册抄配。每册首均有孔氏、叶氏、康氏藏书之印。武进陶氏谓'同文印本缺十余叶,以与故宫所藏四部对勘,所缺相符,岂六十四部一律耶?'乃一经核对,则《草木典》所缺之一页,此本居然存在,且确系铜活字本,并非配补,诚人间瑰宝已。"

于是,中华书局增强了印行《古今图书集成》的信心,决定尽快将这一稀世珍宝影印发行。关于陈氏收藏版本 62 册的手抄写稿,以致字体大小不一致的问题,中华书局得到浙江图书馆的大力帮助,借出该馆的文澜阁藏本参照,用以补缺;同时,经过与上海、北京、南京等地图书馆,及民间书肆的多方联系,又获同文书局石印本,将其书后所附、殿本所无的考证 24 卷一起影印,"两美既合,庶成完璧"。

影印底本的问题解决以后,还遇到成本高、价格贵的问题,即使按照原书缩印,其售价也需上千元,"当兹四海困穷之时,能以千元购书者究有几人? 非普及之道也"。陆费逵、张相、金兆梓等人商定,全书用 3 开本影印(即将原书 9 页裁去边框中缝,拼成 1 页缩小印制),每本加印书根、书名、册次,分订 800 册,每册定价 1 元。如此浩大的影印古书工程,在中华书局的历史上前所未有,并且人力不足、影印技术中的描修、制版印刷脱节、铅皮存版和底稿储藏等难题接踵而来。曾经亲历这项艰巨文化工程的孙莘人,在《〈古今图书集成〉影印经过》一文中深有感触地说:"从加工编稿起一直到制版看样付印、装订成册、分期交书止,加工的工序复杂而艰巨,在每道工序过程中,很难按预期进行,以致延期出版,并向订户说明延期原因。而另一个延期出版原因,在受时局的影响,使印制工作时停时续。""全书经编稿拼成整页,总页数达四万五千页以上,这是一项巨大的工作量。工作采取流水作业方式,边编稿边发裱,边校对,边描修,边照相,边阅看铅皮反样,边制版印刷,边发订作装帧。由于缺乏影印大部书的经验,在每道工序过程中发生了不少问题,需要更多的时间来解决。"就这样,中华书局克服了常人难以想象的困难,团结协作,日夜奋战,从 1934 年 10 月出版第 1 期 64 册,至1940 年 2 月全部出齐。共印行 1500 部,其中个别的分典,如艺术典、医部等有加印 1000 部者。如此浩大规模而艰难的文化工程,没有出版家对文化理想的执着,没有对流传中华文明的坚定信念,可以说是不可想象的。

《古今图书集成》的影印出版,是中华书局保存传统文化,承继华夏文明,惠泽学术研究的又一壮举。因为(一)它内容丰富,举凡一切典章制度文物无不具备,真可以说是巨细毕收,五光十色。(二)它杂引资料很多,次第也很分明,学者可以参考其资料,先做一个分析工作,如果分析得当,无论对一种制度,一种问题,一种事象,乃至一种文物,都可以寻出一个端绪来。(三)对于现行制度的得失有所商讨的时候,最好先了解这种制度在我国历史上的起源与发展,然后研究才有实际,批评才可得当,建议才能中肯。倘若将本书加以检索,不难得其梗概。总之,它是研究问题的一种指南,汇集了很多宝贵的资料。诚如时人所赞:"当此世方多故,古籍消亡,在在可虑。出其珍异,贡诸当世,实为保存之良法,固不仅获流通之益而已也。"(定域、慕骞:《对于中华商务两大书局影印珍籍之意见》)著名甲骨文学者胡厚宣是无数受惠人中的一个,他说:"中华影印殿版《古今图书集成》出版,我把它看成是研究国学的百科全书。就买了带原装木箱的一部,时光流逝,往复迁徙,我还一直保存到今天。"(胡厚宣:《回忆我同中华书局的关系》)博览群书的毛泽东主席,解放后要求工作人员给他配置的书籍中,《古今图书集成》名列其内。《古今图书集成》与《四部备要》一样,成为中华书局古典文献书籍的著名品牌,这种品牌效应,一直延续到今日。

四、中华书局保存和出版古籍概观

"自咸、同以来,神州几经变故,旧籍日就沦亡,盖求书之难,国学之微,未有甚于此时者也"(张元济:《印行四部丛刊启例》)。出版家张元济的忧心忡忡之言,深刻地表明了在近代保护和出版传统文化书籍的紧迫性。中华书局于动荡不安的社会环境中,自觉地承担起这一重要使命。

(一)中华图书馆

实际上,为了出版业务的需要,中华书局很早就十分注意收购古今图书。1916年,中华书局建立藏书楼,隶属于编辑所,它为编辑人员参考、检阅图书提供了极大的便利。当时,藏书楼的规模不算太大,至1920年时,藏书达10000余册。1925年,藏书量增至60000册。这时,近代新图书馆运动兴起,藏书楼改名为中华书局图书馆。时任编辑所长的戴懋哉为了检索、取书、阅览的方便,按照近代著名图书馆学专家杜定友发明的"杜氏图书分类法"进行编目,分为普通、教育、哲理、社会、艺术、自然、应用、语言、文学、史地等10个门类,并建立了一套新的购置、登记、出纳制度,设立专人负责。

陆费逵对建设图书馆、搜求图书的工作给予相当的重视。他对于一些重要古书流传的来龙去脉,简直达到了如数家珍的地步。常常为遭受火灾、流传甚少的古书倍感痛心，深刻体会到古书保存之不易。《古今图书集成》一书的入局，就是他坚持多年费心搜求古书的成果。他曾在《纪念陈炳谦先生》一文中说："康先生此书于民国初年以一万元让与简照南。简氏逝世，有外人欲买，炳谦先生闻之，亟劝止之，简氏遂让与炳谦先生。后先生想建图书馆公之于世，适与路锡三谈及。路告我，我遂请于炳谦先生拟影印行世，承先生慨允。询其代价，先生说'我如为利，则早已售于他人了。贵局肯印行，可无条件取去，将来关这两部书足矣。'其慷慨，其爱国，其热心文化，其笃于友谊，都非他人所能及。后来再三高量，总算奉还原价一万元，赠书数部——先生转赠广肇公学等。"虽说字里行间充满了对陈炳谦的赞美之情，但也可见找寻该书的不易。同时，书后附有康有为的手跋原文，也是弥为珍贵，文曰："《古今图书集成》为清朝第一大书，将以轶宋之《册府元龟》、《太平御览》、《文苑英华》，而与明之《永乐大典》竞宏富者。浙、杨、苏诸阁毁后，流传日少，闻刘忠诚督两江将翻印时查问，只有湖南及广东共三本，近经革乱，海内流传本益寥寥；京师经庚子破后，存本亦稀。此本自我邑叶氏领运，自京来粤费万金，后归我邑孔氏。昔先师朱九江先生语我当假读，馆孔氏三月焉。今归于我，一万卷皆完好，诚中国之瑰宝也，原为中国之文明保存之。自笑久为亡人，流离异国之日多，绝少安居，安能以暇读此秘笈，而藏此巨册，抑亦思古幽情，不能自已耶。孔子二千四百六十四年癸丑冬十二月，南海康有为。"

1934 年 3 月 27 日至 4 月 1 日，中华书局将《古今图书集成》康氏藏本在编辑所公开展览，社会上前来参观的人士络绎不绝，使那些热心研究国学者一睹为快。1930 年，著名教育家舒新城入主中华书局编辑所，同时兼任图书馆馆长。中华图书馆进一步加大投入，增添设备，使管理和藏书体系更加规范化、合理化。图书馆本着"收集方志、丛书、金石书、医书、类书、禁书"的原则，同时也非常重视版本，"如明清精刻本、殿本、套印本、巾箱本、老石印本，以及批校本、稿本等"，数年间即收购到 2500 多种，20000 册以上。各省重要县份的地方志，基本上齐备。丛书类书，如佛藏、道藏，以及原版铜活字本《图书集成》等，约有 1200 多种，50000 册以上。金石书，包括甲骨在内，约共 600 多种，3000 多册，有关甲骨的书，差不多也齐备了。至于明代精刻本，有 243 种，2980 册；清代精刻初印本及批校本，约 300 种，3000 册。还有其他更珍贵的宋版和元版书。这些古书，一直被中华图书馆列为重点收购的对象。一些文化名人的手稿也通过多种途径探访寻求，如梁启超的《财政原论》(《饮冰室全集》没有收入)、钱亦石的《时事问题鑑》、张闻天的《西洋史谈话》等,均被中华图书馆收藏于内。

中华书局的不少编辑人员,将自己收藏的图书转让或赠予图书馆。舒新城是一位爱书如命的教育家,多年来于工作学习中收藏了数量不菲的古旧书籍、期刊杂志,特别是有关教育等方面的资料,是其"十余年来一手一足搜集购置而来",甚至比自己的生命看的还重要。考虑到个人保存力量的限制,他欣然把它们转让中华书局图书馆,以便得到更好的珍藏(舒新城:《狂顾录》)。此外,张相所藏有关诗词曲赋方面的古典书籍、沈颐所藏有关音韵小学方面的书刊、陆费铭中所藏有关星相风水方面的书籍,均捐赠于中华图书馆。

1935 年,中华书局在上海澳门路 477 号建成新厂,图书馆定制新式钢书架 285 个,随同编辑所一同迁入,藏书数量亦不断增加。尤为难得是,在艰难的抗战时期,曾将馆藏的善本、珍本书籍分装成 700 余箱,疏散存藏各处,避免了这批珍贵书籍遭受损失。在战火纷飞的 1939 和 1940 两年间,中华书局"陆续购进古籍约三万余册";1941 年购进"吴兴藏书家蒋孟蘋古籍 54366 册";1945 年又向著名学者郑振铎"购进藏书 5500 册",包括郑的手稿《纫秋山馆书目》4 种,共 6 册,书目中的古书也一并入内,价值颇高。到 1949 年上海解放前,中华书局图书馆藏书已达 50 万册,其中一般图书(包括中文、英文、日文)36 万册,多复本书,主要图书131500 册,地方志 20000 册,丛书类书 50000 册,金石书画 3000 册,报纸合订本 105000 册,杂志合订本 40000 册,工具书 2000 册,教科图书 6000册(陈仲献、钱子惠:《有关中华图书馆的情况》)。

中华书局图书馆以丰富的图书收藏,尤其是大量的珍贵古籍而引起世人注目。这是近代民营出版业除商务东方图书馆而外的又一大图书馆,它在传统文化的保存方面起了重要的作用。当然,中华书局图书馆主要为本局的编辑人员服务[①],但即使如此,也不能掩去中华书局为保存日

[①]但也不尽然,中华图书馆为不少学者提供了方便。如 40 年代后期,王运照先生很想一看明刻本《古诗记》,但复旦图书馆没有,通过陈子展先生的介绍信找到舒新城,在中华书局里"迅速看到了稀见的明刻本《古诗记》"。参见王运照:《我与中华书局有缘》,《我与中华书局》,第 19 页。北京:中华书局,2002。陶菊隐先生回忆说,他修改旧作《六君子传》,由舒新城介绍,"到中华图书馆借阅书刊,收集有关资料,以提高其质量。……我去借阅时,管理人楼、陈诸公给了我很大的便利,深为感幸。《六君子传》脱稿后,我又继续前往收集资料,写成《督军团传》、《蒋百里传》等书"。陶菊隐:《同舟风雨话当年——忆舒新城先生》,《回忆中华书局》(上编),第 15 页。北京:中华书局,2001。

渐衰落的传统文化所做出的不懈努力。这种努力,利在当时,惠及后世。新中国建立后,我国知识界、学术界和教育界多所利用其藏书而从事学术研究,就是一个明证。

(二)中华书局的古籍出版

如上所论,近代多变故,我国许多珍贵典籍或因兵乱被焚毁,或被西人掠夺国外。太平天国运动后,清朝洋务派官僚成立官书局,进行了一些刊刻古籍、保存文献的努力。但由于其加强圣贤教化,维护世道人心的功利性目的相当明显,因而官书局的古籍出版之成绩极为有限。这说明,传统文化保存和流传的问题依然十分严峻。20 世纪初年,曾经有七阁之藏的《四库全书》,频经变乱,有的毁于战火。如江南三阁的文宗阁、文汇阁和文澜阁的《四库全书》,在太平天国战争中化为灰烬。以致有学者表现出深深的忧虑,"四库全书为吾国最大典籍,书成不及百载,而文汇文宗文澜文源次第毁于兵燹,顷所存者只文渊文溯文津三本,若不亟为影印,以广流传,恐再五十年不沦胥以亡,即以饱群蠹,好古之士宁不伤心?"(叶恭绰:《刊行四库全书提案》)《古今图书集成》成书后,数百年来仅存有三种印本。不幸的是,在"浙、扬、苏诸阁毁后,流传日少",以致有人要将其翻印时查问,却"只有湖南及广东共三本",后历经"革乱",造成"海内传本寥寥;京师经庚子破后,存本亦稀"。崛起于民国时期的中华书局,深感挽救传统文化衰落的重任在肩,揭起了"融和欧化国粹"的旗帜,输入"欧化",但也不忘"国粹";传播西学,但也出版古籍。

从 1914 年开始,中华书局选印古书精华,包括《史记》、《汉书》、《老子》、《庄子》、《列子》、《管子》、《墨子》、《淮南子》、《文选》、《古文辞类纂》等 10 余种。1915 年推出的"学生丛书",约集著名学者谢无量、吕思勉等编著《孔子》、《韩非》、《苏秦张仪》、《关岳合传》、《朱子学派》、《阳明学派》等。1916 年出版由张相选辑的《古今文综》,全书 40 册,共 6 部,分为论著、叙录、书牍、赠序、碑文、墓铭、传状、志记、诏令、表奏、辞赋、杂文等 12 类,计 36 纲、455 目,选文 2344 篇。起自三代,止于近世,内容广泛,不分骈散,可谓"古今名文应有尽有,各种体裁无不具备,且于每类每目之前略述文体源流,而于体制作法尤为注意,洵空前最精最备之古文选本"。该书的出版,成为研究国文者必备之书,教师学生的良友。1918 年,又印行《五朝文简编》28 册,选自《唐文粹》、《宋文鉴》、《南宋文范》、《元文类》、《明文在》、《清朝文录》等书。同年出版的谢无量编《中国大文学史》,共分 5 编 10 卷,第 1 编为绪论,详述文学的定义、研究法、分类法以及古今文学大势。第 2 编为上古文学史,自文学起源叙述,到秦代文学止。凡五帝三代的文学,都有述及;尤其是注意孔子与五经的关系以及春秋战国时代诸子百家的学说。第 3 编为中古文学史,历叙两汉至隋代文学的变迁。关于魏晋时代老庄文学的兴盛,参及南北朝的佛教势力,亦有叙及。第 4 编为近古文学史,详述唐宋元明四朝的文学史迹,并涉及辽金两国的文学情形。第 5 编为近世文学史,述清代文学史迹,以道咸时代为终点。"在当时的出版界中,诚不实为一部完善之书。其范围之广,无所不包"。到 1940 年时印至 18 版,可见受欢迎的程度。

随后,在五四整理国故思潮的感召下,中华书局适时地把出版、影印大部头古籍丛书提到了议事日程。中华书局制定并实施出版古籍丛书的计划,《四部备要》和《古今图书集成》成为其主要的出版工程。应当指出,《四库全书总目提要》和《四库全书简明目录》二书,"为国学门径之钥匙,而初学仍觉其相当繁重"。鉴于此,中华书局推出韩非木编写的《四库之门》,举出四部中的重要典籍,使初学者知所选择。此书分章介绍四部应选修的重要书目,凡经部 37 种,史部 63 种,子部 44 种,集部 74 种。各章抄录四库总目提要之各部总叙,附以注解,"于四部重要书籍,各注通行版本,著者小传,内容述要"。中国历来有重视修史的传统,史学书籍是记录中国古老文明的重要载体之一,亦是研究历史和文学者的必备之书。中华书局印行的各种版本的"二十四史",是流布传统文化的重要体现。如:竹简斋版《二十四史》,共 200 册,是中华书局早期影印的大部头古书,于 1923、1924 分二年出齐;《二十四史辑要》,共 30 册,附有二十四史全目并提要 6 册,1928 年出齐;聚珍仿宋版《二十四史》,共 500 册,1930 年至 1936 年分五期出版;1930 年发售殿版《二十四史》,此书对当时的图书馆运动有很大的帮助;此外,还出版《中国近三百年哲学史》(1930 年)、《中华学术思想文选》(1933 年)等。

中华书局出版的诸多丛书中,基本上都涉及到古籍,较为著名的有:"中国文学精华丛书"、"光华大学丛书"、大学丛书"、"史学丛书"等。为普及传统文化于民众之中,中华书局出版"国学丛书"、"历史丛书"、"民众常识丛书",以及各种文库、丛刊等,含有中国古代的文学、历史、典章制度、文物等内容,面向青少年学生,向他们灌输包括祖国历史文化在内的各科知识。值得指出的是,从 1936 年开始出版的"中国文学精华丛书",选自经史子集、总集、选本,共 68 种 80 册。可分为三部分,(1)经史子的精华,取经部、史部、子部中人人必读的几种书,再撷其精华,可说是精华中的精华。(2)历代总集的选本,这是精选各时代的代表作品,依时代编制,堪称一部文学史著。(3)名家专集的选本,这些名家选本,都是历来文学名家选定的,可算是以名家选名文。许多名篇佳作如《孟子精华》、

《战国策精华》、《史记精华》、《李太白诗》、《杜少陵诗》、《方望溪文》、《龚
定庵文》等被选辑在内。更为称道的是,中华书局分别聘请国学专家加详
注、音注,并采用新式标点,在古籍整理出版上实为开风气之先。

中华书局的传统文化名著,滋养了一批又一批的读者,他们从中吸取
知识,开阔视野,许多人因此而走上学术之路。吴小如深情地回忆说,自
己从四岁始开始识字,启蒙的课本不是《三字经》、《千字文》,而是当时中
华书局一册又一册陆续出版的《中华故事》。一般儿童都熟悉的故事,如
曹冲称象、司马光破水缸救伙伴等都是从《中华故事》上读到的。从中学
到大学,所阅读的由中华书局出版的古今图书,确有不少精品,堪称"不
朽"之作。如刘大杰最早的一版《中国文学发展史》和骆鸿凯的《文选学》
等,都极为难得。40年代北大中文系求学时,沈从文建议刘大杰的《魏晋
思想论》不可不读。

从历史的延续性来看,"社会发展的任何一个阶段都是上一个阶段以
至以前阶段的延续,但又是上一阶段和以前阶段的发展,截然分开或完全
一致都实际上取消了发展"(郑杭生主编:《社会学概论新修》)。作为一
种社会现象的文化,其发展也是如此,"一个有文化的国家,当他与外来文
化接触时,经过一个相当时期,必然要产生一种新的文化,外来的文化固
被吸收,固有文化亦有发展"(陈高傭:《中国文化与中国古籍》)。因此,
有理由相信,文化离开了继承,不可能得到健康的发展。源远流长的中国
传统文化,对中华民族的形成、繁衍、统一和自立于世界民族之林,起到了
不可估量的作用,对人类文明的发展也发生了重大影响。近代以来,在西
方文化的冲击下,传统文化在痛苦中发生了蜕变。然而,"近代文化是在
西方文化和中国传统文化互相冲突又会通融合的过程中形成的"。"文
化的近代化,不仅表现在新的部门的兴起,同时也体现在对传统领域用新
的观点、方法进行研究,加以改造"(龚书铎:《中国近代文化探索》)。明
乎于此,我们才能深刻地体会出,中华书局出版的《四部备要》、《古今图
书集成》,以及其他古典文献书籍等,在创造近代新文化上,所蕴藏的重要
意义和价值。

中华书局出版重点古籍书目举要

书　名	时　间	备　注
《四部备要》(1—5集)	1922—1934年陆续出版。	包含经史子集11000余卷,分订2000余册,二十四史均在内。
《二十四史辑要》	1928年出版。	共计30册,附有二十四史全目并提要6册。

书 名	时 间	备 注
《清史列传》	1928、1929 年分两次出齐。	共计 80 册,清国史馆原稿。
《袖珍古书读本》	1929 年出版。	聚珍仿宋版,仿巾箱本,204 册,50 开线装,选辑经史子集 30 种加句读,为研究我国古籍之一般入门读本。
《古今图书集成》	1934—1940 年出版。	三开本,以原书九页合印一页,计五万余页,线装,分订 800 册,后附考证 24 卷(8 册)。原定 1936 年底出齐,由于加工编辑和制版工作复杂艰巨,很难完全按照预期进行,复受"八·一三"战事影响,时停时续,以致从 1934 年 10 月出版第 1 期 62 册起,至 1940 年 2 月出齐。共印 1500 部,其中个别分典,如艺术典、医部等有多印 1000 部者。
《四部备要》(聚珍仿宋版洋装本)	1936 年出版。	16 开,精、平装,甲种精装 100 册,乙种精装 100 册,丙种平装 280 册。本书据中华书局出版的线装排印本 4 页合 1 页,分栏缩印而成。两书的子目相同。
《四部备要》(聚珍仿宋版洋装本)(除二十四史)	1936 年出版。	16 开,精、平装,甲种精装 78 册,乙种精装 78 册,丙种平装 230 册。本书是不包括二十四史的《四部备要》,其余部分与全套《四部备要》的点句本册数相同。
《四部备要》(重印聚珍仿宋版)	1927 年出版。	2500 册,12 开,线装。全书共 351 种,11305 卷,取经史子集最重要之书,据善本排印。其中加句点者占半数。
《四部备要》(洋装点句本)	1936 年出版。	119 册,16 开。本书从四部要籍中精选 126 种(二十四史全部包括在内),正文、注释,均加句点,便于初学古籍。
《国学必读》(上下卷)	1924 年 4 月初版,1926 年 4 版。	24 开,精、平装,钱基博著。本书上卷为文学通论,下卷为国故概论。
《国学指导二种》(饮冰室专集)	1936 年 3 月初版。	32 开,梁启超著。本书包括"国学入门书要及其读法"和"要籍解题及其读法"两部分。

书　　名	时　间	备　　注
《中国通史》	1937 年初版。	金兆丰著。仿通志例分总论、地形、食货、职官、刑法、兵政、选举、外交、文学、学说等 10 卷,分门别类地叙述中国历史。

第四节　中华书局与近代学术发展

中华书局出版大量中西学的典籍和文献,为人们从事学术文化研究,提供了必要的理论参考和资料依据,滋养了一代又一代的学人。并以严谨、求实的作风,出版大批学术价值较高的鸿篇巨制,内容涉及到哲学、文学、历史学、心理学、社会学等领域。其中,有不少是文人学者的成名之作。可以毫不夸张地说,中华书局为推动近代学术研究,发展社会文化,作出了引人注目的成就。

（一）学术名家名著的出版。在近代,曾为维新派领袖的梁启超,其著作文章,在学术界颇具影响。中华书局创办《大中华》杂志时,聘请梁启超为主任撰述人。中华书局出版梁启超的著作,较大规模的有三次。一是 1916 年出版"梁任公手定"的《饮冰室全集》①,共 48 册,全集偏重于政论、书牍类的文章。二是 1926 年,由梁廷燦编的"乙丑重编本"的《饮冰室文集》,涵盖了梁启超从戊戌变法以前到 1925 年以来的著作,共分四集和附集（题跋诗词曲小说诗话等）,全书 80 册,聚珍仿宋版印制。该文集内容丰富,涉及面广。中华书局在预约广告中称:"梁先生的文言文流利畅达,一洗古文积习,实文学革命的先锋,可作学文的模范;梁先生的语

---

①当时,围绕着梁启超著作的出版,中华书局与商务印书馆曾有一场版权纠纷。中华刊登《饮冰室全集》预约广告时,商务也有发售预约"梁任公先生编定《饮冰室丛著》"的广告。适逢普新书局刊行《梁任公文萃》一书,所收文章半辑自《大中华》和《庸言》报。中华登报声明对《大中华》和《庸言》报拥有版权,将控告编选梁著的出版者,其中有暗示商务之意。9 月 14 日,陆费逵造访张元济,就梁著版权问题进行协商。商务认为并无侵犯版权,任公自行编辑,与己无关。28 日,张元济两访梁启超,见其与中华所订全集合同,并称中华已复信允其自编文集及采用《大中华》文字。梁启超同意张元济的建议,于中华契约上声明"丛著"系自行编纂交商务发行,中华丝毫不得侵犯。版权问题就此解决。

体文委婉曲折,或讲文学、或讲科学、或讲政治经济、或讲中外大势,都是很好的作品,可作现代语体文的楷模。"三是1936年,由林志钧编的《饮冰室合集》,共40册。其中文集16册,专著24册,除将作者已刊论文700余篇、诗词300余首、专著104种基本上收录外,还汇集了不少未刊文稿,约计770余万言。可以说,这是对梁启超生平著述较全面而系统的整理,是作者1929年逝世后内容最全的版本。在很长的时间内,《饮冰室合集》成为我国学术界研究近代社会的政治、经济、文化的重要参考资料。值得提及的是,中华书局于1925年将梁启超讲课的笔记,以书名《中国韵文中所表现的情感》出版,引起有志于学的青年们的兴趣。著名学者赵之蔺回忆说,正是阅读了此书,使自己爱好上辛稼轩、顾贞观、纳兰容若等。"任公笔锋带情感,加以是口语记录,如闻其声。读得如醉如痴"。时过数十年,许多篇章还能背下来,"成了一生文史的起点"。

　　被称为近代"大儒"的康有为,所著《大同书》是其重要著作之一。实际上,早在变法前后,康有为已形成《大同书》的主体框架,在学生中传授"大同"思想。随后,于二十世纪初年,完成了全书的初稿,并将甲部和乙部在《不忍》杂志上发表出来。1919年,上海长兴书局将甲、乙两部合刊以《大同书》为名印成单行本。但是,直到作者死后8年,全书才由其弟子钱定安校订交中华书局出版。《大同书》分为甲、乙、丙、丁、戊、己、庚、辛、壬、癸10部。甲部为"入世界观众苦",揭示现世社会人类的种种苦难。后九部分别为去国界、去级界、去种界、去形界、去家界、去产界、去乱界、去类界、去苦界,提出了实现大同社会的方法。有学者评论说:"《大同书》是古代东方大同思想与西方空想社会主义相结合的产物,对全人类未来命运进行全方位的预役。……所吸收空想社会主义内容更为丰富,他设计的是全人类的未来福祉,全世界的大同社会蓝图。所以近几年来世界各国学者日益承认《大同书》是康有为留给人类的一份宝贵精神财富。"(何金彝等著:《大儒列传:康有为》)

　　著名状元资本家张謇精于经学、文学、史学和经世之学;尤其是在水利、盐垦等方面,也颇多建树。他晚年手定全集,名为《张季子九录》。1926年去世后,其子张孝若费三年之力校刊,由中华书局出版。该书内容分为:政闻录,关于政事经济农工商行政及水利计划盐务改革等项;实业录,关于手创之纱厂盐垦事业及其他实业事项;教育录,关于手创之南通教育事业及其他对于文化设施之论议并演说;自治录,关于手创之南通地方自治事业及其他对于自治之意见;慈善录,关于手创之南通慈善事业;文录,依文体分为论说记述类、序跋类、赠序类、信启类、碑传类、哀祭类、词赋铭赞类；诗录，分年编次，歌词附入；专录，凡可成书的单行著作；外录，科举、文艺。全书 200 多万字，分订 25 册，附图表一套。

此外，近代著名学者和教育家的著作，全部或大部分由中华书局出版的也不在少数。如舒新城的《人生哲学》、《中国教育建设方针》、《近代中国教育史料》、《心理学大意》等；胡哲敷的《陆王哲学辨微》、《老庄哲学》、《史学概论》、《历史教学法》等；左舜生的《近代中日外交关系小史》、《近代中英外交关系小史》、《辛亥革命小史》、《中国近百年史资料》初编及续编四册①；顾树森的《德国职业指导实施法》、《柏林职业指导总局概况》、《丹麦之农业及其合作》等；李劼人的《死水微澜》、《暴风雨前》、《大波》和《同情》等②；陶菊隐的《闲话》、《新语林》、《近代轶闻》、《世界珍闻》、《欧洲风云》（第一二集）、《欧洲五强内幕》、《欧美谈片》、《天亮前的孤岛》、《最后一年》等③；刘海粟的《晋唐宋元明清名画大观》、《十九世纪法兰西之美术》、《中国绘画史上的六法论》等。可以说，中华书局出版的多个领域、多种门类的学术名著，功在当时，利在后世，成为人们研究近现代政治、经济、文化、教育的重要资料，推动了学术研究的发展。

（二）多学科学术著作的出版。如前所述，中华书局出版的学术著作、译作，不少被列为"新文化丛书"、"少年中国学会丛书"、"大学用书"等丛书中，其中不乏高水平的创新性著作。除此之外，在多学科、多领域内，中华书局不断推出较高学术价值的论著。

在社会学方面，较有代表性的有常乃惪的《社会学要旨》、陈翊林的《社会学概论》、刘天予的《社会学纲要》等。其中，言心哲的《社会调查大纲》和吴泽霖的《新中华社会学及社会问题》，在许多方面具有开创性。时至民国年间，讨论社会调查原理与方法的书，在英美等国，不算太多；而

①左舜生任职中华书局，日处于人文荟萃、图书丰富的上海，研究近代史的兴趣日浓，堪称研究中国近代史的先驱者之一。

②除《同情》列入"少年中国学会丛书"外，其余三书均列为"现代文学丛刊"，被称之为"三部曲"。李劼人因在中华书局出书而一举成名，被郭沫若誉为"中国的左拉"。

③大多为陶菊隐任职《新闻报》时发表的专栏稿，涉及古今中外的遗闻轶事。作者将这些旧稿分类整理，送中华书局于 1936 年陆续出版，起名"菊隐丛谈"，先后出了25 册，至太平洋战事发生而止。他还写成《六君子传》、《督军团传》、《蒋百里传》等，均由中华书局出版。

在中国,则显得更加稀少。直到 20 年代末,才出版了有限的几本涉及该领域的著作。如樊弘的《社会调查方法》、蔡毓聪的《社会调查之原理及方法》、于恩德的《社会调查法》、李景汉的《实际社会调查方法》。但综观这些书籍,"或因篇幅过少,或因偏重于农村调查,都很难称完备"。1933年,中华书局出版言心哲著的《社会调查大纲》。该书共分两编,第一编为总论,第二编为各论。总论包括绪论、社会调查的步骤、组织、实地调查方法、调查谈话等七章;各论包括人口、教育、犯罪、卫生、农村、失业等六章。全书之后附有中英文参考书目、论文。从总体上来看,本书的论述较为深刻,在不少方面颇具新意。在论及调查员的素质时,"皆本经验立言,有供参考的价值"。在文字方面,作者下了一番大功夫精雕细琢,"于每一标点之下,都有明白的叙述,可以使人一目了然。至每章之分节,亦甚合乎逻辑,绝无重床叠架之感"。在材料的选择方面,"虽仍不免译录外籍,而于有利用中国材料之处,无不尽量容纳,这是很可贵的。社会调查,本来是有空间性的,在外国所适用的方法,在中国未必适合。所以我们很希望国人自著之书,都能注意及此"。于是,该书出版后,受到时人的好评,多次被称为"这可算是一部非常完备的书"。"所以截止今日,在这方面比较名实相符的著作,据我看来,还只是有这一本书"(吴文晖:《言心哲著社会调查大纲》,《图书评论》第 2 卷第 7 期)。另外,中华书局版《新中华社会学及社会问题》,作为适用高级中学的教科书,在社会学和社会问题研究的领域,同样有着重要的地位。该书由吴泽霖根据教育部颁布的课程标准编写,于 1932 年 6 月初版。全书分为 11 章,自第 1 章至第 6章讨论社会学原理,第 7 章至 11 章讨论社会问题。理论与问题相结合,每章之末附有参考书目及提问要点。据时人评论说:"吴教授对于社会学有极深的研究,且富有教学的经验,他为中华书局写的这本书,是成熟的著作,非初学者所可望其项背。"全书较为突出的特点有:(1)写作以浅显易懂的语言,说理明白准确,简明扼要。如讨论"国民性"时,认为:"所谓国民性,就是该国的国民受了他们特种文化影响所产生的普遍行为";文化对社会的重要性,指出:"文化既能给个人以种种的行为模型,文化的接触和传播复能影响于社会的发展,所以文化教育实是社会的命脉,社会的进化就是文化的进化,离开了文化,就不成为人类社会。"(2)在观点上不乏创见,给人耳目一新之感。在讨论金属器的发明与人类战争技术上有重大关系时,认为:"在金属器以前,大规模的战争是不可能的,自从到了铁器文化以后,剧烈的屠戮才能实现;所以金属的发现,一方面是物质进步的媒介,一方面也是人类残杀的进阶。"论及发明与社会变迁的关系,指出："只是发明不能算为一种势力，非得有了社会接受的态度，不能形成社会变迁。"(3)在阐述道理时，作者运用大量的比喻手法，使人饶有兴味。例如，讨论各种社会基础的重要性，认为："生物与心理基础可说是一种原料，地理和文化好像是工厂，同样的原料，送到不同的工厂里去会变出不同的制造品出来。在生产的历程上，工厂与原料一样的重要。"(4)作者提出观点时，总是抱着慎重的态度。对于意见不一致的理论，常把各种学说举出来，而加以综合、提炼。关于心理对象的研究，书中列举本能、行为、欲望、暗示模仿等派的主张，而概括地说："上述四派的学说，虽大有出入的地方，但是他们的根本观念，却有相同的——就是社会上的种种现象，都有心理基础的。"此外如条理清晰，文笔流畅，举例翔实等，均为本书的特色。"要之，著者在此很短的篇幅中，能把社会学与社会问题的重要原则，用很简单流畅的文笔，条分缕析，扼要叙述，使学者读此二百多页的书，就可以瞭然于社会学及社会问题的要点，即有可以商榷之处，亦属无关大体。这不可谓非社会学文献上的一种贡献。以目前已出版的高中社会学及社会问题教本言，此书自是最适用之本。"

在文学方面，有刘复的《中国文法通论》、金兆梓的《国文法之研究》、刘大杰的《中国文学发展史》、陈子展的《中国近代文学之变迁》、巴金的《幽灵》、沈从文的《旅店及其他》和《石子船》、庐隐的《玫瑰的刺》、王家棫的《成名以后》、胡云翼的《宋词研究》、雪菲的《现代中国女作家创作选》和谢无量的《中国大文学史》等。其中，《近代法兰西文学大纲》和《中国文学批评史》值得一提。因为在民国初期的出版界，所出的文学史与文学大纲一类的书籍，不论是关于本国的，还是涉及到外国的，绝大多数是偏重于各作家的环境、身世、作品等方面的叙述，"而对于文学本身的流变一层，则反都被忽略"。这种状况，使文学史几乎成为文学家的传记，而失其所谓"史"的性质。鉴于此，有人批评说："在编著文学史时，为明瞭各作家作品的渊源起见，对于他们个人的小史，固不能不加以叙述；但却不可仅以做到这地步为完事。须知文学史是把文学当作一个整个的有机体，而讲它的诞生、发育、长大、成熟、衰老、死灭等等的；故于文学本身的变革，尤应作有系统的解剖。如是则读者读后，始能得一贯的文学演化的观念。"1932年，中华书局出版黄仲苏撰写的《近代法兰西文学大纲》。全书除导言、结论外，分上下两卷，共有10章。从编写体例上来看，与一般的流水账式的文学史著不同，它"但就文艺思潮着眼"，提纲挈领，"把近代法兰西文学本身的流变陈述的淋漓尽致"。作者认为："研究任何一种外国文学最容易为其本国批评家所诱惑，或蒙蔽，如欲免除这种被欺的危险,除非先做文学批评家的比较研究……根据以上比较研究的心得,再收集文学批评家所共认的各种文学代表作家作品,为独立的研究,直接读其原作品,然后再研究次要作家的作品。此外还应该研究当时的政治、宗教、当地的社会、风俗,乃至于作家的小史。这才可以看出各作家的物性,求得时代环境与文艺思潮的关系。"(黄仲苏:《近代法兰西文学大纲·导言》)以这样一种学术研究的态度,书中对于近代法兰西各派文学的起源、发展、特点等,都有系统的阐述。从作者对于各文学作品所取的态度来看,完全站在研究者的立场上,不趋时髦,不惧权威,"纯以平等的眼光,从事各文学家的作品之钻研"。由此,"他研究的结果,亦比较公允;他对于各个文学的长处,固叙述得极精到,即短处也从不为他掩饰,都还他一个本来的面目"。在其他方面,如材料的选择、论证的条理、逻辑的严密,非粗制滥造作品所能相提并论。因此,它受到当时的评论家推崇。有人指出,本书"不但可以明白近代法兰西文学的前承后起,同时还可以得到研究外国文学的门径"。它"就大体上说,仍不失为一本叙述法兰西文艺思潮演化的好书。我愿研究文学者都有机会读到它"。"在这文学家传式的文学史陈满了坊间的年头里,突然有黄仲苏先生所编的《近代法兰西文学大纲》的出现,这在我国的学术方面,实不能不说是一件值得庆贺的事"(应普汉:《近代法兰西文学大纲》,《图书评论》第 1 卷第 8 期)。

中国文学批评有悠久的历史,而它成为专门的学科,则是近代以来的事情。至于综合历代文学批评的变迁和发展,以及文学批评家的主张,作为"史"的研究的书,直到 20 年代末,也仅仅处于起步阶段。1927 年,中华书局印行陈仲凡编著的《中国文学批评史》,"自有其披荆斩棘,开山开路的功劳。因为中国目前,只有他这部书,是在讲文学批评的史底组织的"。固然,本书在材料选择、行文论述和详略方面,有许多不尽人意之处。但是,"在中国,不是没有讲文学批评的书,也不是没有文学批评家,更不是没有文学批评的材料可资研究,而是没有把文学批评作为专门研究的人。所以《中国文学批评史》,直至最近才由陈先生撰著出来。以中国历史的久远,文学情形的复杂,要想写出一本有系统断制的文学史出来,已属难事;而况这关于文学批评的史。然而陈先生却能从古代到近世,将历代文学批评的情形,源源本本,叙述出来了"(沈达材:《陈仲凡著中国文学批评史》,《图书评论》第 1 卷第 5 期)。

此外,中华书局编印"中国文学精华",共 68 种,分订 80 册,包括经史子及历代总集,名家专集;"现代文学丛刊",包括李劼人、周作人、章克标、崔万秋、林徽因、刘天杰、铙孟侃、沈端先、王实味、陈翔鹤、钱歌川等著、译、编的小说、戏剧、理论书籍,共计60余种;"新文艺丛书"由徐志摩主编,包括丁玲的《一个女人》、胡也频的《一幕悲剧的写实》、徐志摩的《轮盘小说集》、胡山源的《虹》,以及谢六逸、沈端先、梁实秋、施蛰存等人翻译的《现代日本名家小说集》、《现代德国小说选》、《结婚集》等许多国家的小说;"儿童文学丛书"由黎锦晖、陈醉云、陆衣言等编写,分文艺、诗歌、笑话、谜语、故事、小说等,约100册。其他的单行本和丛书,如"中华文艺丛刊"、"新文艺丛书"、"中国文艺社丛书"、"文艺小丛书"、"文艺汇刊"、"文学丛书"、"英汉对照文学丛书"等作品,在文学界也是影响甚巨、久负盛名之作。

在音乐学方面,较有代表性的有朱稣典的《音乐概论》、潘澹明的《音乐的欣赏》、赵师震的《西洋音乐》、刘诚甫的《中国器乐常识》等。而应当指出的是,中华书局推出"音乐丛刊",收录王光祈音乐学著作,包括《对谱音乐》、《东西乐制之研究》、《各国国歌评述》、《西洋名曲解说》、《东方民族之音乐》、《西洋音乐与诗歌》、《西洋音乐与戏剧》、《欧洲音乐进化论》、《德国国民学校与唱歌》、《中国诗词曲之轻重律》、《西洋制谱学提要》、《西洋乐器提要》、《翻译琴谱之研究》等。其中,收录于"中华百科丛书"的《中国音乐史》(上下册),是不能不提的一部重要著作。我国的音乐虽然历史悠久,但对于音乐史的研究,却显得非常薄弱。直到民国后期,只有郑观文、许之衡先后所著《中国音乐史》两部书,其共同的缺陷"便是大部分比辑文献上的材料,讨论一些中国律吕的学说,而不能用近代的乐理来解释。中国的音律学说夹杂一些五行阴阳之说,已经难懂,如今仍然以难解难懂,结果还是一个不懂"。在这种情形下,中华书局于1934年出版王光祈《中国音乐史》一书,堪称音乐学界的一件盛事。此书分上下两册,共10章,分别说明写作本书的原因、律之起源、律之进化、调之进化、乐谱之进化、乐器之进化、乐队之组织、舞乐之进化、歌剧之进化、器乐之进化。值得注意的是,书末附有袁同礼的《中国音乐书举要》一篇。王光祈为少年中国学会发起人之一,后留学德国,"自民国十二年以后,遂决意放弃研究经济之愿,而改习音乐历史"。对王光祈来说,之所以做出这个抉择,既有谋求精神寄托的因素,又有振奋民族精神之意。他在《中国音乐史·序》中说:"国人饱受物质主义影响,多以自然科学为现在中国唯一需要之品,而不知自然科学,只能于吾人理智方面,有所裨益,只能于吾国生产方面,有所促进,而不能使吾民族精神为之一团结。因民族精神一事,非片面的理智发达,和片面的物质美满,所以相助者,必须基于民族感情之文学艺术,或基于情智各半之哲学思想为之先导方可,尤其是先民文化遗产最足以引起'民族自觉'之心,音乐史,亦先民文化遗产之一也,其于陶铸'民族独立思想'之功,固胜于一般痛哭流涕,狂呼'快邮代电'也。"他虽然身居国外,但与中华书局保持有密切的联系,其著作、译作基本上交由书局出版,《中国音乐史》同样是留居德国所作。正是因为如此,时人评论本书时,提及作者"对于国内讨论音乐方面的文字,见闻不免遗漏"。但王氏毕竟是位深谙音乐的学者,该书"以近代的乐理解释中国古代的音乐,在有系统的中文音乐史著作中还算是第一部"(参见"新书介绍",《图书季刊》第2卷第1期)。这已充分说明,本书在音乐学界的地位。

在历史学方面,代表性的有陈兼善的《史前人类》、金兆丰的《中国通史》、周谷城的《中国政治史》、徐澄的《中国近百年史》、陈怀与孟冲合著的《中国近百年史要》、金兆梓的《近世中国史》、盛朗西的《中国书院制度》、曹亚伯的《武昌革命真史》、向达的《中西交通史》、余子渊的《英国史》、萧石君的《西洋美术史纲要》等;重要的译著有胡雪译的《中国资本主义发达史》、孙怀仁译的《中国社会经济史》、余家菊译的《教育哲学史》、钟挺秀译的《近代政治思想史略》、郑诚译的《产业革命史》、陈绶荪译的《欧洲经济史纲》等。其中,有关宗教思想史、历史研究法、留学史和通俗历史读物等著作,均产生了较大的反响。众所周知,宗教在中国文化史上占有重要的地位。论及中国文化、思想、艺术和文学等,都不能不讲到宗教。在近代,从夏曾佑著《中国历史教科书》以来,历史著作总是以许多篇幅讲述宗教。但有的学者注意到,"在通史里讨论宗教,很难面面周到"。1933年,中华书局推出王治心编著的《中国宗教思想史大纲》一书,可以算是弥补宗教史学的一大缺陷。该书共分6章,在首篇的"绪论"中,解释"何谓宗教思想?"并述"中华民族与宗教"的关系,及"中华民族宗教的起源"。自第二章以下,分论三代、秦汉、魏晋、南北朝、唐宋元、明清时期的宗教思想。作者写作本书时,对于史料的选择,表现了一种谨慎的态度。他在"自序"中说:"在周秦以前所采取的史料,认为比较不可置信的,概不列入;间有引用古书之处,亦以怀疑态度出之,聊以供阅者的参考而已。"固然,这部书所提出的观点,有不少的地方需要商榷。但是,它的学术价值不可磨灭。我们看到,不仅"这种信信疑疑的态度,确是比前进步",而且"如要知道宗教对于中国文化上或人民生活上给以甚么样的影响,我们很需要有一种专著"。而中华书局所推出的这部《中国宗教思想史大纲》,时人评论说:"还可算是国人著的第一本中国宗教思想史"(李镜池:《王治心编著中国宗教思想史大纲》,《图书评论》第2

卷第 9 期）。

关于历史学研究方法，1940 年 10 月，中华书局印行蔡尚思所著《中国历史新研究法》。全书计 12 章，涵盖诸多内容，史实的成份与中国历史的特色，中国史书的分类，科学的新史观，新史观的应用与中国史的分期，归纳两种比较鉴别方法，书本内外两种搜集方法，选择分配、批评与社会眼光，批评叙述与客观态度，作史的条件，读史的要领等。自清末以来，中国史学界中分为"正统"、"怀疑"、"扬弃"三大派。蔡氏认为"博学应像正统派，明辨应像怀疑派，融贯应像扬弃派，即以扬弃派的精确方法，而兼正统派的学问与怀疑派的精神"。与梁启超所著《中国历史研究法》相比，该书可为其补充之篇，而"推陈出新之处颇多"（《图书月刊》第 1 卷第 6 期）。同年，中华书局出版的一部史学译著也值得关注，即《成吉思汗帝国史》。该书为 Joachim Barkhause 原著，林孟工译，共 12 章。与其他史书相比较，该书有不少独到的特点：如，"以活泼之想像力，为文学化之记述，取材拣其大要，而描绘栩栩如生"。凡与我国《元史》、《新元史》出入处，皆经译者注明、补充。再如，"此书又不同于浪漫派史书者，在其取材适当，仍属系统的科学研究"。对成吉思汗、耶律楚材等人的论述，能够从材料出发，得出较为合乎实际的结论（《图书月刊》第 1 卷第 2 期）。

派遣留学生赴欧美、日本留学，为近代新式教育的重要内容之一。中国政治、经济、教育、科学、文艺等，几无一不受到留学生的影响。为此，舒新城费数年之力，搜集材料，排比事实，编著《近代中国留学史》一书，由中华书局出版。该书将近代中国的留学问题，做了系统的研究，提出了许多有价值的见解。

1914 年 7 月，著名史学家吕思勉经沈颐介绍，来上海中华书局担任编辑。他写了许多通俗历史读物，有《苏秦张仪》（1915 年）、《关岳合传》（1916 年）、《国耻小史》（1917 年）等，至 1928 年时，分别发行到 9 版、10 版和 12 版。这些通俗性的读物，很受青年学生的欢迎，有力地普及了历史知识。

此外，在哲学、政治、法学、心理学和自然科学等方面，中华书局也出版了大量名著、译作。

自诞生之日起，中华书局的印行西书，出版古籍，给学术界提供了充实的文献资料，扎实的文本依据，并不断推出学术佳作，活跃学术氛围。可以断言，近代学术文化的繁荣与发展，体现着中华书局的辛勤劳动和不懈努力。陈平原在读到《中华书局收藏现代名人书信手迹》一书后，曾深有感慨地指出："书局的支持与诱导对现代文学、学术发展的深刻影响,随着时间的推移,将益发明显。在某种意义上,优秀的出版家可起到文化事业组织者的作用。"诚哉斯言!

结　束　语

迄今为止,中华书局已走过 90 余年的风雨历程。固然,今天的中华书局,已难觅昔日书业亚军的风采,但仍以出版高质量的学术文化精品,依旧被人们称为"心仪仰慕的明灯"。温故知新,继往开来,历史之所以有意义,是因为它在现实中存活,并给予现实中的人们以启示。时势沧桑变,弹指一挥间,当人类文明进入 21 世纪,将中华书局重新置于市场经济的大潮中搏击时,我们应从老中华人的身上悟出哪些启示呢? 当历史被重新回顾时,它所内涵的某些问题会被拿到现实中再次提出。以中华书局为个案,进而扩至整个近代民营出版业,探究它们与近代文化的互动关系、出版家的出版理念及其赋予出版物以文化价值,以及出版业的发展动力等问题,对于今天的出版界,乃至文化界来说,应当是不无裨益的。

一、近代文化与出版:互为促进的发展关系

近代中国是一个动荡变局的时代,随着政治、经济的变迁,西学冲击下的近代文化渐次形成。与之相适应,从初期的教会和官办出版业的创立,到 19 世纪末叶民营出版业的崛起,无不显现出文化与出版的互为因果。民国建立,政体刷新,以商务印书馆、中华书局为代表的民营出版业,真正成为"融和国粹欧化"的主力。及至波涛汹涌的新文化运动,造就了近代出版的"黄金时代"。可以说,每次社会文化的革新运动,总会带来出版业的发展机遇。反之亦然,近代出版业成为社会文化革新的有力推动者。

就意识形态领域的变化而言,戊戌变法运动无疑是一次具有相当规模的思想解放运动。它激励着人们从一个新的视角来了解和探究西学,演成兴学堂、译西书的时代潮流。诚如康有为所说:"言学堂而不言译书,亦无从收变法之效也。"(汤志钧:《康有为政论集》)许多人正是通过"日夕流览"西学译作,而"化其迂腐而开拓其心胸"(《与客谈中西事拉杂书之》,《申报》1897 年 1 月 27 日)。就连位居九五之尊的光绪皇帝,也令人

购置译书、新报,以供阅览。时代变迁,文化革新,造成对西学、新说的广泛需求,以商务印书馆、中华书局为代表的民营出版业,就是这种社会需求的反映。商务创始人之一的高凤池,深有体会地说:"正是维新时代,小印书坊设得也很多,机会极好,所以说商务之成功半由人事半由机会。"(高翰卿:《本馆创业史》)

从某种意义上说,中华书局是辛亥革命的直接产物。武昌起义爆发,民主共和政体建立,催生了中华书局等书业的创立。此后,伴随着五四新文化运动的洗礼,将其带入发展的"黄金时代"。而民营出版业"风气一变,莫不以发行新文化书籍为急务"(李泽彰:《三十五年来中国之出版业》),成为引领时代思潮,推动社会变革的重要动力。中华书局和商务印书馆等机构,通过新派知识分子的加盟,强化了编辑人员的文化构成,因之担负起传播西学和承继传统文明的主力军。

对后起的中华书局来说,新文化勃兴的历史机遇,表现得更为明显,其"民六危机"的渡过,在很大程度上有赖于出版迎合新思潮的书籍,才稳住了在书业中的地位,并进入快速发展的轨道。有学者指出:"与新文化运动相联系的是资本主义的发展,出版业更加面向市场,经受市场和读者的选择。'五四'新文化运动中的思想解放,对于民营出版业也是一次历史性的磨砺。资本主义的企业改革成为这个时期出版业发展的时代进行曲,'五四'新文化运动有力地促进了这一改革的进程。……以商务、中华为代表的中国民营出版业通过自身的改革,也完成了它们向现代成熟的过渡。"(王建辉:《"五四"和新出版》)出版业的繁荣与文化运动的兴盛,就是这样一种相辅相成、互为促进的关系。

出版业是联系著者和读者的媒介,"出版家在著作家和读者底中间像是两岸间的一条渡船"。也就是说,著者的思想只有通过出版业为其出版作品才能影响到读者。因此,"著作家必须有出版家的帮助才能把自己的工作普遍宣示于众,读者也要得出版家的帮助才能便利地获得著作家的工作。三者合力同心,一国的文化才能日日上进"(霆声:《出版界的混乱与澄清》)。社会总是处在不断的变化和发展中,由此也会带来学术文化研究的深入,不可避免地对出版业提出新的要求。因此,如何适时而变,以出版为手段而扶助学术文化,是摆在每一个有见识的出版家面前的重要课题。回顾民国时期中华书局三十八年的风雨历程,与近代文化相与发展的互动关系,或许会给我们以更多的启迪。

二、文化性与商业性：出版业面临的重要主题

美国出版家约翰·德索尔指出："图书出版是一项文化活动，又是一种经济活动。"作为搏击商海的出版者，对于精心推出的出版物，当然不能不考虑其市场价值，而且这是很重要的出版动机。但作为一种特殊的商品，出版物又蕴含着出版者的文化理想，具有更重要的社会价值。因此，出版业是文化性与商业性的统一。如何在追求利润的同时，赋予出版物以恒久的文化价值，的确是摆在任何时代的出版家面前的重要主题。也正因为如此，一个出版企业在人们心目中的地位，往往不在其规模的大小和利润的多少，而在于其出版物的文化含金量。

中华书局是近代社会崛起的有影响的民营出版业，历经波折而成长壮大，在学术文化界享有很高的声誉。一个非常重要的因素，就在于顺应时代潮流，于注重文化中求得营业的发展。早在 1906 年，陆费逵就指出："书籍诚最善之无形感化物，最精之灭国无烟炮哉。"他把书籍分为"善"和"非善"两类，并说："其为善也，足以涵养性情、培人格、增知识、造舆论、泯祸乱、促进化，菽粟布帛舰炮战阵无其效也。其为不善也，足以荡心意、涸性灵、淆是非、深迷信、损财产、致死亡，盗贼兵燹疫疠灾害犹无其酷也。"（陆费逵：《著作家之宗旨》）在多年的经营书业中，陆费逵多次阐述，作为一个出版者，应具有社会责任和职业道德。在他看来，书业商的人格"可以算是最高尚最宝贵的，也可以算得是最卑鄙最龌龊的"，其唯一的分界线在于是否出"有价值的书籍供献于社会"。因此，他强调："我们当刊行一种书的时候，心地必须纯洁，思想必须高尚，然后才可以将最有价值的结晶品供献于世。"（陆费逵：《书业商之修养》）陆费逵的这种认识，对中华书局形成服务民国文化教育的出版理念，可以说起了非常重要的指导作用。作为一家股份有限公司，一个私人企业，可以理解，"从他的本质上讲，一切进行，当然要以营业为本位。"难能可贵的是，中华书局"投资者与干部人员，并不'惟利是图，不计其他'。所以我们很想在经济基础稳固之后，要替社会上做一点事情"。"我们为着公司生存与教育文化的前途计，很不愿意迎合社会的弱点，作投机的事业。无论什么出版物，必得慎重考虑——我们经过慎重的工作，也有无裨实际的，这是我们的能力问题——所以一种系统的出版物，经过计划、集稿、整理、排校、发行种种手续，常需历时数年"（舒新城：《中华书局编辑所》）。毫无疑问，这是中华书局奉献于社会文化精品的重要因素。

　　近代时期，与欧美发达国家相比，我国图书销售状况不能同日而语。舒新城在《中华书局编辑所》一文中，深为感叹地说："我国的社会经济，还是农村本位，农村的人民，在日常生活上本不甚需要文字。"即使以上海为例，生活程度高出其他地方数倍，"以高过生活能力负担的情形之下，去购买生活上所不必需要的书籍，这岂是常人所能办的，更岂是饔餐不继的大多数农民所能办！外国的出版物，其主顾为广大的群众，中国的出版物，除去中小学教科书外，差不多就是著作者自己。社会经济无进展，出版业是绝对无法为大量生产的"。在这样一种状况下，"要出好书，实在不容易"。出版业印行的书籍，往往是"得利之书很少，蚀本者很多"。到1932年，"即民元开办的中华书局，艰险备尝，慎重紧缩，股东在近十七年中，或无利或得利一二，最多一年只四厘。办事人待遇也很薄，苦了二三年，总算勉强站住了。其他与中华书局先后开办的，现在一家都不存在了。试问如此情形，资本家和事业家谁肯来经营这种事业呢？"（陆费逵：《六十年来中国之出版业与印刷业》）可以说，在近代，没有一种关心国家兴亡的情怀，没有一种复兴民族文化的精神，要经办好出版企业，几乎是难以想像的。

　　但是，中华书局并不避讳言利，追求效益、赢得利润也是其一贯的目标。很显然，作为市场经济下的文化产业，只有在经济上立得住脚，才能在扶助文化和教育上取得成绩。中华书局无论是以教科书为主要业务，还是出版工具书、西学译著、古籍丛书等，既是社会之所需求，也是经济利益之驱动。有人说中华书局是"时代商机的驭手"，就说明它精明的商业性的一面。当日本发动"一·二八事变"后，商务印书馆遭受到巨大损失，人们寄望于中华书局"多负责任"，扩大规模。但中华书局有着自己的考虑，认为战祸漫延，必将影响到图书市场，因而做出"一切进行，均从紧缩"的决策，"以后的出版物，将努力于中小学生用书及社会一般人所需要的书籍之印行，高深著作，除去学术上有特殊贡献者外，暂不收印"。这里，就有较多的商业性因素。此外，中华书局还经营多种业务，如制作教具、挂图、标本、印刷烟盒、纸币、证券，甚至与一些生产药品的企业联合，以及在所属刊物上招揽广告的生意等。抗战结束后，中华书局的所得利润，主要来源于大量的印刷业务。即使如此，中华人也没有忘记自己的文化使命，出于慎重考虑，作为私营企业的中华书局，其经营原则"是要多出好书，扩大销售量，以争取利润"（陈世觉：《我的回忆》）。

　　实际上，兼顾经济效益和社会效益，实现商业性和文化性的统一，是许多出版业的重要指针。著名出版家邹韬奋认为："在经济方面，因为我们要靠自己的收入,维持自己的生存,所以仍然要遵守量入为出的原则。这里便牵涉到所谓商业性。我们的业务费,我们的资金,既然要靠自己的收入,所以我们不得不打算盘,不得不赚钱。这可以说是我们商业性的含义。"但是,"在另一方面,如果因为照顾到商业性而对于文化食粮的内容不加注意,那也是自杀政策,事业必然要一天天衰落,商业也将随之而衰落,所谓两败俱伤"。在他的心目中,赚取利润与发展文化并不矛盾,重要的是如何正确对待之。如何使这两方面相辅相成,互相促进,而"不许有所偏"(钱小柏、雷群明编著:《韬奋与出版》)。

服务社会,应时所需,总会给出版业带来可观的利润。有的学者指出,商务、中华等出版机构,"均为目光远大,理想崇高的知识分子所掌握"。他们贯穿人文精神,印行大型丛书,"耗费人力财力极大,但这些出版社的事业也随之不断扩大规模,不断获取利润,远非一般出版社所能望其项背"(陈思和:《论现代出版与知识分子的人文精神》)。出版活动是企业行为,当然要赚钱。但它又不是一般性质的企业,"把出版界看作一种投机、牟利的机关,实在有些危险"(郑振铎:《1919 年的中国出版界》)。出版家要具有更多的社会责任感,要以服务大众为从事出版的最高目的。这些,理应为当今的出版人以深思。

三、竞争与人才:出版业创新发展的根本

既然,出版活动是一种企业行为,出版物也是商品,它的质量当然要经市场的检验。在出版业内部,存在极其激烈的、属于其他产业界不存在的自由竞争。因而出版企业的发展,关键是要提高自身在市场经济条件下的竞争力。其能否经受得住市场的考验,关键在于其市场竞争力的强弱。但是,作为偏重意识形态的出版业,选题策划是非常重要的,"决非无学之人于此可占一席"。"书籍商决不可与他商并论,他商仅需商业上之知识而已足,书籍商者于商业上之知识而外,当别有学问也"。"为读者之引导,故必具有足以供人问难之学问"(《敬告书籍商》,《图书月报》第1 卷第 1 期)。出版业竞争力的增强,拥有知识人才是关键。

商务印书馆以张元济为代表,荟集许多学贯中西的英才。他们鼎力策划,不断推出富有创新性的选题,从而赢得了较好的社会效益和经济效益。以编辑"最新教科书"为例,"其事在我国为至新,虽积学能文之士,非其所习,则未易中程式"。商务则"往往一课之题,数人各试为之,而择其较善者,又经数人之检阅及订正,审为无遗憾焉,而后写定,其预拟而为

目,综合而成编,审慎周详,无不如是"。此后,"而同业之有事于教科书者,度不能以粗糖之作与之竞,则相率而则效之,于是书肆之风气,为之一变,而教育界之受其影响者大矣"(蔡元培:《商务印书馆部经理夏君传》)。

后起的中华书局,面对商务这个强劲的竞争对手,长期稳居书业界第二之位,重视和引进人才,同样是其发展的重要原因。如左舜生、张闻天等少年中国学会会员的加盟,黎锦晖、舒新城等教育家的入局,均是陆费逵重视招揽人才的例证。国语运动兴起,"儿童文学在本局出版物中确是个高点,而歌舞剧本的风行,面之广,时间之长,又是亮点中的闪光点。伯鸿先生是国语运动中的健将,本人也是作者之一,他在编辑所中,特设国语文学部,聘请了一批著名专家学者从事编著"(钱炳寰:《中华书局史事丛钞》)。中华书局汇集了各学科领域的许多知名人士,如教育家范源廉、史学家金兆梓、画家徐悲鸿、外语专家钱歌川等。还有,张润之,有"活资料"之誉;陈献之,有"活书目"之称,以及梁启超、田汉、周宪文、葛绥成等。他们中的大多数人,既是编辑,又是作者。值得指出的是,中华书局的编辑同人,风雨同舟,和衷共济,形成了良好的风气,包括:"(1)彼此切磋,文字尽管互相改削,毫无文人自是的积习;(2)彼此均以学术和公司为前提,无私人利害意气之争;(3)办公大家依时进退,很少迟到或早退的;(4)因努力工作之故,有几位用功的人,肚子里很宽,简直可以成一个专门图书馆;(5)俭朴成风,没有一个着华丽衣服的——同事间之婚丧喜庆,除去平日有私交者外,概不送礼。"作为出版业,"我们要替教育与文化上做点事业,自然需要专门的知识,然而为着经济限制,不能养活专门的学者;同时又不愿自作聪明,强不知以为知,因而也不能不要求相当的人才。"正是有了比较好的人才环境,"我们用人条件,严于官厅及学校,我们的待遇,却不能超过官厅及学校"。因而中华书局同人,除特殊情况外,中途去职的人不多。"我们公司创立,不过二十一年,同事服务达十年以上的很多,并有将近二十年的"。在印刷方面,陈寅、俞复、唐驼多有擘划。此外,沈逢吉,著名的雕刻专家;黄风采,绘石精细小品制版名手;郑梅清,熟谙分色制版技术;丁辅之兄弟,聚珍仿宋体的研制者。正是因为他们,中华书局的印刷技术独步一时,号称远东第一。

对人才的重视,还体现在尊重知识,尊重作者,以征集到优秀的作品。中华书局注意与知识界、教育界的联络,如胡乔木、薛暮桥、于光远、巴金、王亚南、郭沫若、郑振铎、郁达夫、李达、陈望道、马君武、王光祈、李劼人、沈从文等人,或在书局出过书,或在所属刊物上发表论见。因为他们,中华书局的文化职能得以强化,"一方以著作传世,一方以出版物闻世,在共同的理想实施中相得益彰,共创二十世纪中国文化"(陈思和:《论现代出版与知识分子的人文精神》)。中华书局对知识的尊重,对学有专长人才的招致,以及与学术界的密切联系,为其书海竞争与发展奠定了良好的基础。无疑,对今天的出版界来说,这是一笔宝贵的财富。

参考书目

一、文献资料：

钱炳寰：《中华书局大事纪要》（1912—1954），北京：中华书局，2002。

吕达主编：《陆费逵教育论著选》，北京：人民教育出版社，2000。

中华书局编辑部：《回忆中华书局》，北京：中华书局，2001。

中华书局编辑部：《我与中华书局》，北京：中华书局，2002。

宋原放主编：《中国出版史料》（现代部分），济南：山东教育出版社，2001。

中华书局编辑部：《中华书局图书目录》（1912—1949），北京：中华书局，1987。

沈云龙主编：《近代中国史料丛刊续编》，第 81 辑，台北：文海出版社，1981。

郑逸梅：《书报话旧》，上海：学林出版社，1983。

中国近代史资料丛刊：《辛亥革命》（二），上海：上海人民出版社，1957。

叶圣陶：《叶圣陶出版文集》，北京：中国书籍出版社，1996。

舒新城：《狂顾录》，上海：中华书局，1936。

舒新城：《道尔顿制概观》，上海：中华书局，1923。

《张闻天文集》，北京：中共党史资料出版社，1990。

《胡适文存》，合肥：黄山书社，1996。

《胡适的日记》，北京：中华书局，1985。

《鲁迅研究资料》，天津：天津人民出版社，1982。

《马君武集》，武汉：华中师范大学出版社，1991。

张允侯等：《五四时期的社团》（一）、（二），北京：三联出版社，1979。

陈崧编：《五四前后东西方文化问题论战文选》（增订本），北京：中国社会科学出版社，1989。

［荷兰］郭泰著，李达译：《唯物史观解说》，上海：中华书局，1921。

《目录学研究资料汇辑》，武汉：武汉大学出版社，1979。

［英］达尔文著,马君武译:《达尔文物种原始》,上海:中华书局,1920。

朱有瓛:《中国近代学制史料》,上海:华东师范大学出版社,1987。

《左舜生自选集》,台北:文海出版社,1977。

陈独秀:《独秀文存》,合肥:安徽人民出版社,1996。

《梁启超全集》,北京:北京出版社,1999。

梁启超:《清代学术概论》,北京:东方出版社,1996。

张树年主编:《张元济年谱》,北京:商务印书馆,1991。

《张元济书札》,北京:商务印书馆,1981。

《张元济日记》,北京:商务印书馆,1981。

《郑孝胥日记》,北京:中华书局,1993。

陈学恂主编:《中国近代教育文选》,北京:人民教育出版社,1983。

《黄炎培教育文选》,上海:上海教育出版社,1985。

余家菊:《乡村教育通论》,上海:中华书局,1934。

《中国近代现代丛书目录》,上海:上海图书馆编藏,1979。

黎锦熙:《国语运动史纲》,上海:商务印书馆,1934。

乐炳嗣:《国语概论》,上海:中华书局,1936。

张静庐辑注:《中国近代出版史料》(初编),北京:中华书局,1957。

张静庐辑注:《中国近代出版史料》(补编),北京:中华书局,1957。

张静庐辑注:《中国近代出版史料》(二编),上海:群联出版社,1954。

张静庐辑注:《中国现代出版史料》,甲编(1954)、乙编(1955)、丙编
     (1956)、丁编(上下卷,1959),北京:中华书局。

韦善美等主编:《雷沛鸿文集》(上),南宁:广西教育出版社,1989。

《中华书局图书馆基本教育图书教具展览目录》,上海:中华书局,1947。

《中华大字典》,上海:中华书局,1915。

《辞海》(上),上海:中华书局,1936。

《文史资料选辑》,第 94 辑,北京:中国文史资料出版社,1984。

《文史资料选辑》,第 40 辑,北京:中国文史资料出版社,2000。

汤志钧:《康有为政论集》,北京:中华书局,1981。

龚育之等:《毛泽东的读书生活》(增订版),北京:三联书店,1997。

《中华百科辞典》,上海:中华书局,1930。

《中华书局收藏现代名人书信手迹》,北京:中华书局,1992。

商务印书馆:《商务印书馆九十年》,北京:商务印书馆,1987。

商务印书馆:《商务印书馆九十五年》,北京:商务印书馆,1992。

张静庐:《在出版界二十年》,上海:上海书店,1934。

茅盾:《我走过的道路》,北京:人民文学出版社,1997。

中国蔡元培研究会编:《蔡元培全集》(三),杭州:浙江教育出版社,1997。

《巴金全集》,第17卷,北京:人民文学出版社,1991。

陈子善编:《刘半年书话》,杭州:浙江人民出版社,1998。

《近代史资料》(总25号),北京:中华书局,1962。

中华书局期刊:《中华教育界》、《大中华》、《新中华》、《中华妇女界》、《中华小说界》、《中华学生界》、《小朋友》、《中华书局月报》、《中华书局图书月刊》等。

中华书局教科书:"中华"、"新制"、"新编"、"新教育"、"新式"、"新课程标准"、"修订课程标准"等,以《国文》和《历史》为例。

商务印书馆期刊:《东方杂志》、《教育杂志》。

《申报》、《图书评论》、《上海文化》、《浙江图书馆馆刊》、《新青年》、《新教育》、《曙光》、《图书展望》、《出版月刊》、《教育公报》、《国语月刊》。

二、近人论著:

俞筱尧、刘彦捷编:《陆费逵与中华书局》,北京:中华书局,2002。

龚书铎主编:《中国近代文化概论》,北京:中华书局,1997。

龚书铎:《中国近代文化探索》(增订本),北京:北京师范大学出版社,1997。

邹振环:《影响中国近代社会的一百种译作》,北京:中国对外翻译出版公司,1996。

顾长声:《传教士与近代中国》,上海:上海人民出版社,1991。

顾长声:《从马礼逊到司徒雷登》,上海:上海人民出版社,1985。

杨扬:《商务印书馆:民间出版业的兴衰》,上海:上海世纪出版集团/上海教育出版社,2000。

吴湘:《从印刷作坊到出版重镇》,南宁:广西教育出版社,1999。

李侃:《近代传统与思想文化》,北京:文化艺术出版社,1990。

《中国大百科全书·新闻出版》,北京:中国大百科全书出版社,1990。

《中国大百科全书·教育》,北京:中国大百科全书出版社,1985。

王建军:《中国近代教科书发展研究》,广州:广东人民出版社,1996。

郑师渠:《在欧化与国粹之间——学衡派文化思想研究》,北京:北京师范大学出版社,2001。

郭汾阳、丁东:《书局旧踪》,南昌:江西教育出版社,1999。

梁景时、梁景和:《中国陋俗批判》,北京:团结出版社,1999。

詹德尤:《中文工具书导论》,武汉:湖北教育出版社,2000。

刘正伟:《督抚与士绅——江苏教育近代化研究》,石家庄:河北教育出版社,2001。

陈学恂主编:《中国教育史研究》(近代分卷),上海:华东师范大学出版社,2001。

李华兴主编:《民国教育史》,上海:上海教育出版社,1997。

卫道治主编:《中外教育交流史》,长沙:湖南教育出版社,1998。

丁守和主编:《辛亥革命时期期刊介绍》,第5集,北京:人民出版社,1987。

[英]斯坦·利昂温著、菲利浦·昂温增订,谢琬若、吴仁勇译:《出版概论》,北京:中国书籍出版社,1989。

[日]清水英夫著,沈洵澧、乐惟清译:《现代出版学》,北京:中国书籍出版社,1991。

[美]罗伯特·唐斯著,缨军译:《影响世界历史的16本书》,上海:上海译文出版社,1986。

[美]威廉·费尔丁·奥格本著,王晓毅译:《社会变迁——关于文化和先天本质》,杭州:浙江人民出版社,1989。

郑杭生主编:《社会学概论新修》,北京:中国人民大学出版社,2003。

郭延礼:《中国近代翻译文学概论》,武汉:湖北教育出版社,1998。

熊月之:《西学东渐与晚清社会》,上海:上海人民出版社,1994。

陈伯海主编:《上海文化通史》(上、下卷),上海:上海文艺出版社,2001。

宋原放等:《中外出版史》,北京:中国书籍出版社,1993。

王余光:《中国新图书出版业初探》,武汉:武汉大学出版社,1998。

王余光等:《中国新图书出版业的文化贡献》,武汉:武汉大学出版社,1998。

黄凯卿等:《跨世纪出版业发展研究》,武汉:武汉大学出版社,2000。

《中国出版年鉴》(2002),北京:中国出版年鉴社,2002。

晓义主编:《语言素质概论》,武汉:湖北教育出版社,2000。

刘叶秋:《中国字典史略》,北京:中华书局,1992。

钱小柏、雷群明编著:《韬奋与出版》,上海:学林出版社,1983。

卢继传:《进化论的过去与现在》,北京:科学出版社,1980。

林毓生:《中国传统的创造性转化》,北京:三联书店,1996。

孔令仁、李德征:《中国近代企业的开拓者》(上册),济南:山东人民出版社,1991。

三、论文

俞筱尧:《陆费伯鸿与中华书局》,叶再生主编:《出版史研究》,第 5、6 辑,
　　北京:中国书籍出版社,1997、1998。

俞筱尧:《爱国教育家陆费伯鸿——并介绍早年中华书局发展概况》,《新
　　文化史料》,1997 年第 4 期。

陆费铭琇:《我国近代教育和出版业的开拓者——回忆我的父亲陆费伯
　　鸿》,《编辑学刊》,1993 年第 1 期。

陈思和:《论现代出版与知识分子的人文精神》,《复旦学报》(社会科学
　　版),1993 年第 3 期。

原放:《从〈图书月报〉谈起》,《出版史料》,1990 年第 4 期。

刘立德:《陆费逵教育思想试探》,《教育史研究》,1988 年第 4 期。

吴迪:《陆费逵与中国现代出版事业》,《编辑之友》,1998 年第 6 期。

吴永贵:《中华书局的成功经营之道》,《编辑学刊》,2002 年第 3 期。

吴永贵:《浅论中华书局对我国现代学术文化的贡献》,《出版发行研究》,
　　2002 年第 8 期。

陈江:《从〈大中华〉到〈新中华〉——漫谈中华书局的两本杂志》,《编辑
　　学刊》,1995 年第 2 期。

王均:《提倡简俗字的先驱陆费逵先生》,《语文建设》,1996 年第 1 期。

熊月之:《略论晚清上海新型文化人的产生与汇聚》,《近代史研究》,1997
　　年第 4 期。

王建辉:《近代出版与近代教育》,《编辑之友》,2001 年第 6 期。

王建辉:《"五四"和新出版》,《出版科学》,1999 年第 2 期。

邹振环:《五四时期的学术著作翻译出版概观》,叶再生主编:《出版史研
　　究》,第 1 辑。北京:中国书籍出版社,1993。

郑振铎:《字典资料工作的反思》,《辞书研究》,1988 年第 2 期。

林玉山:《中国辞书编纂的历史分期、概况和特点》,《编辑学刊》,1991 年
　　第 2 期。

徐式谷:《历史上的汉英词典》(下),《辞书研究》,2002 年第 2 辑。

汪家熔:《近代出版三巨头:选题想得早还要做得好》,《出版发行研究》,
　　1999 年第 6 期。

汪家熔:《〈辞源〉、〈辞海〉的开创性》,《辞书研究》,2001 年第 4 期。

王余光:《近代我国新式教科书的产生和发展》,《图书馆学刊》,1984 年第

2 期。

李鼎霞:《〈四部丛刊〉与〈四部备要〉》,《文史知识》,1982 年第 3 期。

崔文印:《近代有影响的两部丛书》,《书品》,2002 年第 1 期。

于友先:《时代呼唤出版家》,《光明日报》,2003 年 11 月 6 日。

后　记

　　拙著是在笔者的博士论文基础上修订而成的。

　　上世纪八十年代初,我在大学里系统学习中国近代史的时候,所用的教材是导师龚书铎先生主编、中华书局出版的。没承想,二十年后,已近不惑之年的我,又能够就学京师,亲临龚先生的教诲,攻读博士学位,所做论文的选题又与中华书局有关!三年的努力终于不辱师命,如期完成论文的写作。而今,又承蒙中华书局出版,别有一番滋味在心头。

　　感谢导师龚书铎先生。先生为著名的史学家,享誉学术界。他博闻强记,治学严谨,常常以"读书之难史为最"的话语告诫我,并以"坐冷板凳"的精神和行动感染着我。当我深受论文选题的困扰、难下决断之时,是先生指点迷津,最终定夺。写作过程中,在资料搜集、提纲设计、行文用语等方面,又得到先生的精心指教。尤其在遇到难点、倍感困惑之时,先生提出的意见不仅令我茅塞顿开,而且鼓起了我战胜困难的勇气。先生以七十多岁的高龄,认真修正论文中的错误,大到框架排列,小到标点符号,等等。论文得以完成,凝聚了先生的大量心血。"谁言寸草心,报得三春晖?"此时此刻,我的内心充满了对先生的感激之情。先生的言行和精神,成为我学习和生活的宝贵财富。

　　感谢郑师渠教授对我的不吝赐教,他的许多建设性的意见,对于开阔我的写作思路启发很大。史革新教授、王开玺教授,在论文开题中提出了宝贵的建议,使我在写作时避免了不必要的弯路。崔薇圃教授、田海林教授、李帆教授,也时常对我予以学理上的帮助和精神上的激励。中华书局总编辑李岩先生、中华书局创办人陆费逵先生之女陆费铭琇教授,在资料线索的提供和取舍上给予我不少指教。对于诸位先生的帮助,除了深表谢忱之外,亦成为我日后工作和待人处事上的楷模。

　　2004年5月26日,北京大学房德邻教授、中国人民大学程歗教授、清华大学蔡乐苏教授、北京师范大学王开玺教授、中华书局李岩先生组成的答辩委员会,对我的论文给予充分的肯定,并提出了许多宝贵的意见。这对论文的修订和完善,起了非常重要的作用。

　　毕业后,我一边忙于教学事务,一边对论文进行修改。期间,中华书局俞国林先生,在章节的调整、内容的增补和图片的选择上,提出了许多很好的建议,使本书得以增色不少。对此,我表示深深的感谢。

　　中华书局与近代文化的关系,非区区拙著所能尽言。但我期望它的出版,能够对这个领域的研究,起到一点抛砖引玉的作用。鉴于笔者的学识和能力所限,书中的错误和不足实属难免,恳切希望读者的批评指正。

周其厚

2006 年 11 月